JANN MEYER-ABICH

Der Schutzzweck der Eigentumsgarantie

Schriften zum Öffentlichen Recht

Band 384

Der Schutzzweck der Eigentumsgarantie

Leistung, Freiheit, Gewaltenteilung

Zur teleologischen Auslegung des Art. 14 Abs. 1 GG

Von

Dr. Jann Meyer-Abich

DUNCKER & HUMBLOT / BERLIN

Gedruckt 1980 bei Buchdruckerei Bruno Luck, Berlin 65
Printed in Germany
ISBN 3 428 04735 4

Vorwort

„Das Eigentum wird das große Schlachtfeld bilden.“ Diese Prognose *Tocquevilles*[1] hat sich in Westeuropa mit den sozialen Revolutionen des 19. Jahrhunderts erfüllt. Heute finden offenbar nur noch Nachhutgefechte statt, die „Eigentumsfrage“ ist nur mehr ein gesellschaftlicher Konflikt unter anderen. Mit dieser Ruhe kann es jedoch schnell vorbei sein, wenn bei abnehmendem Wirtschaftswachstum nicht mehr aus den Zuwächsen verteilt werden kann. Dann wird die Substanz der vorhandenen Rechte — vom Produktiveigentum bis zu den Pensions- und Rentenansprüchen — erneut zum Gegenstand der Polarisierung werden. Die derzeitige Atempause eröffnet — auch auf dem eingeschränkten Gebiet der juristischen Auslegung des grundrechtlichen Eigentumsbegriffs — eine erhöhte Chance zu konsensverstärkender Argumentation, die hier genutzt werden soll.

Jede verfassungsjuristische Argumentation hat zunächst anzusetzen beim Schutzzweck der Norm; die teleologische Auslegung ist auch im Verfassungsrecht unverzichtbar und unvermeidlich, wie gerade die jüngere Geschichte der Eigentumsgarantie beweist (Kap. A, S. 11 ff.). Im folgenden zeigt sich, daß die traditionellen und herrschenden Auffassungen über die ratio der Eigentumsgarantie die Praxis ihrer Handhabung nur unzureichend zu erklären vermögen: Der Gedanke, es sei die *eigene Leistung* des Einzelnen, die den Eigentumsschutz für das Arbeitsprodukt rechtfertige, stellt diese Praxis mehr in Frage, als daß er sie begründet (Kap. B, S. 25 ff.). Auch die Vorstellung, mit der Eigentumsgarantie werde das gegenständliche Umfeld *individueller Freiheit* geschützt, versagt mindestens für den Eigentumsschutz von Großunternehmen (Kap. C, S. 58 ff., 78 ff.). Paradigmatisch für die Begründungslosigkeit und Aporie unserer Praxis ist insoweit das Mitbestimmungsurteil des Bundesverfassungsgerichts (dazu S. 102 ff.): Wie soll es zulässig sein, ausgehend von einer personalen Interpretation der Grundrechte Großunternehmen Grundrechtsschutz zu gewähren, wenn gleichzeitig — zu Recht — konstatiert wird, daß bei ihnen das personale Element „bis zur Bedeutungslosigkeit“[2] zurücktrete? Wenn das Bundesverfassungsgericht dies dennoch im Einklang mit der völlig herrschenden Meinung tut, dann spricht — auf der Basis einer zu vermutenden Ver-

---

[1] Parlamentsrede vom 27. Januar 1848 (Erinnerungen, S. 50).

[2] BVerfG — Mitbestimmung —, NJW 1979, 699 (706).

nünftigkeit unseres Rechts und seiner Handhabung[3] — viel dafür, daß hier ein Stück Rationalität unserer Eigentumspraxis noch nicht hinreichend ausformuliert ist.

Damit ist die Frage nach einem strukturellen Zusammenhang zwischen der Freiheit des Einzelnen und der von Unternehmen gestellt (Kap. D, S. 105 ff.): Gibt es eine primäre Evidenz für einen unlösbaren Zusammenhang zwischen politischem und wirtschaftlichem Liberalismus (S. 105 ff.)? Welche freiheitsrelevanten Wirkungen könnten einer auf Dezentralisation beruhenden Entscheidungsautonomie wirtschaftender Einheiten zuzumessen sein (S. 115 ff., 127 ff.)? Wo ließe sich der Gedanke einer *sozialen Gewaltenteilung* durch Eigentum ideengeschichtlich verankern (S. 119 ff.)? Welche Folgen hätte ein derartiges Verständnis der Eigentumsgarantie für die Handlungs- und Zwecksetzungsfreiheit des Staates (S. 138 ff.)? Welche Probleme ergeben sich schließlich bei einer Annahme verschiedener Schutzzwecke für die Einheit der Eigentumsgarantie (Kap. E, S. 156 ff.)?

Diese Arbeit ist am Seminar für Staatsphilosophie und Rechtspolitik der Universität zu Köln in einer von gleichberechtigter und offener Diskussion geprägten Atmosphäre wissenschaftlicher Freiheit entstanden, wie sie heute im Wissenschafts- und Lehrbetrieb zentralisierter Großinstitute kaum noch wiederzufinden sein dürfte. Mein Lehrer *Martin Kriele* hat mir jede nur denkbare Freiheit bei Auswahl und Bearbeitung dieses Themas gelassen und das Entstehen der Arbeit mit freundlicher Geduld begleitet; was sie ihm auch in sachlicher Hinsicht verdankt, bringen die Anmerkungen nur unvollkommen zum Ausdruck. Ihm vor allem möchte ich — neben den übrigen Angehörigen des Seminars — danken. — Gewidmet ist diese Arbeit meiner Frau Karen.

J. M.-A.

[3] *Kriele,* Die vermutete Vernünftigkeit unseres Rechts, in: Legitimitätsprobleme, S. 47 ff.

Inhaltsverzeichnis

A. Teleologische Argumentation im Verfassungsrecht

I. Grundsätzliche Unvermeidbarkeit

Mit *Jherings „Zweck im Recht“*[1] wurden 1877 die Weichen zugunsten einer Rechtsfindung mittels teleologischer d. h. am Schutzzweck der Norm orientierter Argumentation gestellt: Wenn der Zweck Schöpfer des Rechts ist, so ist die Frage nach dem „richtigen“ Recht wie auch nach der inhaltlichen Reichweite einzelner Vorschriften nur zu beantworten, wenn man nach dem Zweck fragt, dem sie dienen sollen. Jherings Abkehr von der Begriffsjurisprudenz, zu deren überzeugtesten Anhängern er zunächst gehört hatte, wurde zum Paradigma für eine schrittweise Konversion der juristischen Methodik in den folgenden Jahrzehnten[2]. Nachdem es vor allem *Heck*[3] gelungen war, die mit der teleologischen Argumentation verbundene Aufwertung des Richters mit dem Postulat der Gesetzesbindung zu verknüpfen — der Richter vollziehe nicht eigene Wertungen, sondern als „denkender Diener“ lediglich die des Gesetzgebers[4] — und damit dessen Überbewertung durch die Freirechtsschule zurückzuweisen, setzte sich die teleologische Argumentation insbesondere im Zivilrecht rasch durch. Im öffentlichen Recht stieß sie zunächst noch auf den starken Widerstand des staatsrechtlichen Positivismus *Labands* und auch *Kelsens*[5]. Nach dem Zusammenbruch des Kaiserreichs und der Errichtung der Republik vollzog sich aber auch hier Mitte der zwanziger Jahre die Wende zur teleologischen Argumentation[6]. Heute gehört die Frage nach der ratio legis eines Rechtssatzes oder Gesetzes nicht nur im Verwaltungsrecht zum Kernbestand des juristischen Argumentationsarsenals[7], sondern auch im Verfassungsrecht: „Aufgabe der Verfassungsrechtsprechung ist es, die verschiedenen Funktionen einer Verfassungnorm, insbesondere eines Grundrechts, zu erschließen[8].“

---

[1] 1. Aufl. 1877.

[2] s. die Darstellung bei *Haverkate*, Gewißheitsverluste, S. 119 ff.

[3] Gesetzauslegung und Interessenjurisprudenz, AcP 112 (1914), S. 1 ff.

[4] *Heck*, S. 19 ff., 53 ff.

[5] Vgl. *Kelsen*, Hauptprobleme der Staatsrechtslehre, 1911.

[6] Eingeleitet insbesondere durch *F. v. Hippel*, Untersuchungen zum Problem des fehlerhaften Staatsaktes, 1924; s. dazu *Haverkate*, S. 129.

[7] s. *Forsthoff*, Verwaltungsrecht, Bd. II, S. 160.

[8] BVerfGE 6, 55 (72); s. a. E 6, 32 (38) und 1, 299 (312); bestätigt u. a. in 11,

Demgegenüber hat *Forsthoff* noch einmal versucht, das Blatt zu wenden und die Rückkehr zum Auslegungskanon *Savigny's* gefordert: Zulässig seien im Verfassungsrecht nur grammatische, logische, historische und systematische Auslegungsargumente, also nicht teleologische[9]. Sein Versuch, wenigstens das Verfassungsrecht dem öffentlich ausgetragenen Diskurs, dem Meinungsmarkt und der politischen Wertung des Richters zu entziehen, ist jedoch ohne positive Resonanz geblieben. Dies beruht auf verschiedenen Gründen:

Die Frage nach dem telos — ist sie einmal gestellt — kann nur noch mit (meta)teleologischer Argumentation abgewiesen werden: Indem Forsthoff die Verfassung als teleologisch nicht hinterfragbare politische Entscheidung in einer historischen Spannungslage charakterisiert und damit im Ergebnis ihre Rationalisierungsfähigkeit verneint[10], stellt er sie in einen konkreten Zweckzusammenhang und muß sich damit selbst eines rational-teleologischen Arguments bedienen[11].

Eine Verfassung, die nur historische Spannungslagen entscheidet, wird — je stärker gesellschaftlicher Wandel stattfindet und neue Spannungslagen auftreten, desto mehr — zur Antwort auf veraltete Fragen; sie kann auf neue Probleme — etwa der „technischen Realisation“ — keine Antwort mehr geben[12]. Sie wird dann zwar vor dem Schicksal bewahrt, zum „Repositorium der gängigen Werte“[13] zu werden. Aber läßt sich mit einem „Repositorium vergangener Werte“ mehr Staat machen?

Abgesehen von der allgemeinen Frage, wie sich ein dezisionistisches Verfassungsverständnis und demokratischer Verfassungsstaat als institutionelle Sicherung des rationalen Diskurses auf einen Nenner bringen lassen könnten — die rechtlichen Rahmenbedingungen müssen ja selbst auch diskursiv einlösbar sein —, ist auch nach Forsthoff der „Entscheidungsgehalt der Verfassung zu ermitteln und der Verfas-

126 (130); 35, 263 (278 f.); zur teleologischen Argumentation des BVerfG bei Art. 14 GG s. u. A II 2 und B II 3 a); ebenso *Kriele*, Theorie der Rechtsgewinnung, S. 15, 96, 172 und pass.; derselbe, Staatslehre, S. 338 f.; *Stern*, Gesetzesauslegung, S. 218 ff., 318 und Staatsrecht I, S. 35, 105; s. a. *Fr. Müller*, Jur. Methodik, S. 163 und 107 ff. zum „Normbereich“; *Larenz*, Methodenlehre, S. 321 ff., 466 ff.; *R. Scholz*, Koalitionsfreiheit, S. 96 ff.

[9] Zur Problematik der Verfassungsauslegung (1961), in: Rechtsstaat im Wandel, S. 153 ff. (173 ff.); vgl. a. Staat der Industriegesellschaft, S. 147 ff.; ebenso *Abendroth*, Grundgesetz, S. 13 ff.; *Ridder*, Grundrechtsschutz, S. 48, 104 f.

[10] Verfassungsauslegung, S. 171 f. und Verwaltungsrecht Bd. I, S. 161: das Anrecht der teleologischen Methode reiche nur so weit, wie Rationalisierung möglich sei.

[11] s. *Haverkate*, S. 132.

[12] Dies ist jedenfalls *Forsthoffs* Fazit (Staat der Industriegesellschaft, passim); ebenso hinsichtlich der Eigentumsgarantie, Festg. Maunz, S. 96, 101.

[13] *Forsthoff*, Verfassungsauslegung, S. 172.

sungsanwendung verfügbar zu machen"[14]. Dies bedeutet, daß die Frage nach der ratio legis mindestens als Frage nach der ratio decidendi gestellt werden muß. Wenn aber auch auf dezisionistischer Grundlage die Frage nach Inhalt und Tragweite der Entscheidung des Verfassungsgebers nur teleologisch beantwortet werden kann, so ist die von Forsthoff befürchtete Entscheidungsverlagerung auf den Interpreten[15] der Verfassung mindestens tendenziell und partiell unvermeidbar.

Für das Verwaltungsrecht gehört Forsthoff zu den entschiedenen Befürwortern der teleologischen Methode: Sie leiste „ausgezeichnete Dienste"[16]. Warum nicht auch im Verfassungsrecht[17]? Die von Forsthoff für das Verwaltungsrecht als kennzeichnend herausgestellten und die Anwendung teleologischer Argumentation erzwingenden Momente (gestaltende Funktion der Normen, ihre normative Unvollständigkeit, ihr Ausgesetztsein gegenüber dem Wandel von Anschauungen und Verhältnissen sowie ihre Zweckhaftigkeit)[18] kennzeichnen das Verfassungsrecht mindestens ebenso. Welche sachlichen Gründe aber kann es geben, die Entscheidungsverlagerung vom Gesetzgeber auf den Interpreten da zu befürworten, wo der Verwaltungsbeamte im Zentrum der Rechtsanwendung gesehen wird[19], und da zurückweisen, wo der (Verfassungs)richter letztverbindlich entscheidet[20]?

Wenn teleologische Argumentation in der juristischen Praxis also unvermeidlich ist, so bedeutet die Forderung, zum Auslegungskanon *Savignys* zurückzukehren, nichts anderes als die Aufforderung, die eigentlich tragenden Gründe einer Entscheidung nicht bekanntzugeben; denn eine Entscheidung ist in der Regel nur dann erforderlich, wenn verschiedene Auslegungen lege artis vertreten werden können[21]. Wenn aber die ausschlaggebenden Erwägungen hinter dem „tarnenden Schleier"[22] eines der Verfügung des Verfassungsinterpreten scheinbar entzogenen „logischen Formalismus"[23] verborgen werden können, so besteht die Gefahr von Willkür und Parteilichkeit[24]. Sie kann nur von

---

[14] Ebd., S. 173.

[15] Ebd., S. 172.

[16] Verwaltungsrecht, Bd. I, S. 160.

[17] Auf diese Diskrepanz bei *Forsthoff* wird immer wieder hingewiesen, vgl. etwa *Kriele*, Rechtsgewinnung, S. 27 f.; *Maunz/Dürig*, GG, Art. 20 Rdn. 73; *Haverkate*, S. 132.

[18] Verwaltungsrecht, Bd. I, S. 161, 164.

[19] s. Verwaltungsrecht Bd. I, S. 164: Die Tätigkeit des Verwaltungsbeamten sei weniger durch positive Rechtssätze determiniert als die des Richters.

[20] Verfassungsauslegung, S. 172.

[21] Zur juristischen Entscheidung s. *Kriele*, Rechtsgewinnung, S. 177 ff. und (Nachwort zur 2. Aufl.), S. 310 ff. und Recht und prakt. Vernunft, S. 40 ff.

[22] *Kriele*, Rechtsgewinnung, S. 15.

[23] *Haverkate*, S. 123.

denjenigen erkannt und kritisiert werden, die in das arcanum der Rechtsfindung eingeweiht sind, und die den Kampf ums Recht ihrerseits nur hinter und mit den Fassaden der „juristischen Methode" führen können.

Exkurs

Warum kann ein derartiges Verfahren verteidigenswert erscheinen? Dazu muß man sich vor Augen halten, daß die Frage nach dem Zweck eines Gesetzes nicht nur den Anwendungsbereich, sondern zugleich die Legitimation einer Norm betrifft. Unter der Prämisse, daß Normen rational zu rechtfertigen sein müssen, sind solche Rechtssätze, deren ratio nicht einsichtig zu machen ist oder sie nur zum Teil abdeckt, irrational und damit nicht gerechtfertigt. Ein entsprechendes Frage- und Argumentationsverbot hätte also den Sinn, mögliche Rationalitäts- und Legitimitätslücken nicht zutage treten zu lassen: „Man schwächt die Kraft der Gesetze, wenn man nach ihren Beweggründen forscht[25]." „There is a secret veil to be drawn over the beginnings of all governments[26]." Wer diesen heiligen Schleier aufhebt, begeht also ein Sakrileg; er zerstört die Autorität des Rechts. Denn es ist „nichts an sich gerecht..., alles schwankt mit der Zeit. Die Gewohnheit allein macht das ganze Recht: daß es überliefert ist, ist sein einziger Grund; sie ist das mystische Fundament seiner Autorität. Wer es auf seinen wahren Grund zurückführen will, der hebt es auf." „Man darf die Wahrheit der gesetzlosen Setzung nicht merken lassen, sie wurde einmal ohne Begründung gegeben, sie ist vernünftig geworden; man muß sie als maßgeblich, ewig betrachten und ihr Herkommen verbergen, wenn man nicht will, daß sie bald ende[27]."

Pascal aber tut damit bereits den entscheidenden Schritt zum „Sündenfall" rationaler Argumentation: Er artikuliert die Frage nach der Legitimation des Rechts. Wenn diese Frage aber einmal gestellt ist, läßt sie sich nicht mehr zurücknehmen oder in ihrer Ausbreitung aufhalten — sowohl was die Anzahl derer angeht, die sich von ihr betreffen lassen, noch was ihren Gegenstand, noch was das jeweilige Aus-

---

[24] So schon *Gierke*, Labands Staatsrecht, S. 9 ff. gegen den staatsrechtlichen Positivismus.

[25] *Francis Bacon*, zitiert bei *B. Constant*, Über die Freiheit, S. 76; zum Eigentum s. a. *Blackstone*, Commentaries II, S. 2—3: „Pleased as we are with the possession, we seem afraid to look back to the means by which it was acquired, as if fearful of some defect in our title" — der selbst allerdings auf dem Postulat des Rechts als „rational science" besteht und der Frage nach dem Grund des Eigentums nachgeht; heute noch traditionalistisch *Röpke*, Jenseits, S. 38.

[26] *Edm. Burke*, Works, Bd. V, S. 401; bemerkenswert die Formulierung: nicht „is drawn", sondern „is to be drawn" — der Priester im Bewußtsein seiner Verfügungsmacht über den Inhalt des Glaubens.

[27] *Pascal*, Pensées, Nr. 294.

maß vertieften Weiterfragens angeht. Allein mit dem Aufwerfen dieser Frage ist eine neue Qualität erreicht, die den Rückfall in die alte „Naivität“ nicht mehr zuläßt. So ist heute, in einer von der Aufklärung und der von ihr postulierten Erkenntnis- und Entscheidungsautonomie des Individuums geprägten Situation, eine rein traditionale Legitimation ebensowenig denkbar wie eine Haltung, die lediglich Eingeweihten die Rationalitätsfrage erlaubt, im übrigen aber die Rechtsordnung auf dem ungebrochenen und auf Unwissenheit beruhenden Glauben der „Unaufgeklärten“ aufbauen will. Rechtsgeltung, Konsens und Rationalität sind nicht mehr voneinander zu trennen[28]; die Legitimität unseres Verfassungssystems beruht auf seiner durch die rechts- und verfassungspolitische Argumentation erschlossenen Rationalität. Dies bedeutet, daß auch konservative oder dezisionistische Positionen nur dann noch auf Konsens hoffen können, wenn sie sich rational rechtfertigen d. h., sich auf substantielle Begründung einlassen. Es ist weder zulässig noch möglich, das dezisionistische Element im Recht — notwendiger Bestandteil jeder parlamentarischen oder richterlichen Entscheidung — so zu verabsolutieren und gegen das Prinzip materialer Rationalität auszuspielen, daß es als ein rationaler Argumentation nicht zugängliches Gegenprinzip erscheint[29]. Kein Gesetzgeber und kein Richter könnte heute daran denken, eine Entscheidung zu treffen, ohne sie so zu begründen, daß Konsens bzw. begründbarer Dissens möglich werden. Zwar bedeutet diese Entscheidung, daß ein noch nicht zu Ende geführter Diskurs abgebrochen wird, ehe die Rationalitätsfrage im Konsens geklärt ist[30]. Doch liegt hierin kein Rationalitätsverzicht; denn zum einen geht die Diskussion weiter und kann zur Abänderung der jeweiligen Entscheidung führen. Zum anderen würde eine Einstufung der juristischen Entscheidung als grundsätzlich rational unerschließbarer Vorgang dazu führen, daß der Wahrheits- und Gerechtigkeitsanspruch des Rechts und der Jurisprudenz aufgegeben würden[31]. Aber die Erfahrung lehrt, daß es gute und schlechte, richtige und falsche, gerechte und ungerechte Entscheidungen gibt. Wer sich selbst den Blick auf die „veritas“ im Recht verstellt, dem bleibt nur noch, zur „auctoritas“, d. h. zu den jeweils stärkeren Bataillonen überzulaufen[32].

---

[28] Vgl. *Max Weber*, Wirtschaft und Gesellschaft, S. 130 ff., 497, 502; s. a. *J. Esser*, Gesetzesrationalität, S. 29.

[29] So aber *Forsthoff*, Verfassungsauslegung, S. 171, im Anschl. an den Dezisionismus *C. Schmitts;* vgl. a. *Quaritsch*, Staat und Souveränität, S. 19 FN 333 m. w. Nachw.; dazu *Haverkate*, S. 195 f.

[30] s. *Kriele*, Rechtsgewinnung, S. 117 ff., 310 ff. und Recht und prakt. Vernunft, S. 40 ff.

[31] So zu Recht *Haverkate*, S. 201.

[32] „Der Theoretiker der Entscheidung wurde als Kronjurist des politischen Irrationalismus zu dessen Büttel“, *Haverkate*, S. 196/197 — mit einzelnen Be-

II. Teleologische Argumentation und Eigentumsgarantie

1. Art. 153 WRV

Was es praktisch bedeutet, die Auseinandersetzung um die Auslegung einer — auf den ersten Blick klaren — Verfassungsvorschrift ohne teleologische Argumente und zurückgeworfen auf die vier Savigny'schen Auslegungsschritte führen zu müssen, braucht nicht hypothetisch dargestellt zu werden; der Gang der Diskussion in der Weimarer Republik zur Auslegung des Art. 153 WRV hat exemplarisch gezeigt, welche Schwierigkeiten zu erwarten sind.

Mitte der zwanziger Jahre fand der erste große Schub zu einer extensiveren Interpretation der Eigentumsgarantie statt, nämlich die Erweiterung des Eigentumsbegriffs vom zivilrechtlichen Sacheigentum auf alle vermögenswerten Rechte des Privatrechts als logisch vorrangiger Schritt zur entsprechenden Erweiterung des Enteignungsbegriffs (Art. 153 Abs. 2 WRV)[33, 34]. Dieser umfassende Eigentumsbegriff ist heute zu Recht völlig unstrittig: Wenn die Eigentumsgarantie das gegenständliche, vermögenswerte Substrat personaler Entfaltung sichern will, so ist es im Hinbick auf diesen Zweck ohne Belang, ob ein Eingriff in Sacheigentum oder in obligatorische Rechte droht. Wie aber soll zugunsten einer offensichtlich vernünftigen Rechtsentwicklung argumentiert werden, wenn dieses ausschlaggebende Argument nicht zugelassen sein soll?

Die Initiative zu dieser grundlegenden Veränderung des tradierten Eigentumsverständnisses hatte *Martin Wolff* ergriffen. In der Festgabe für W. Kahl erklärte er 1923: „Man ist mit Recht darüber einig", daß zum Eigentum auch Forderungsrechte zählen[35]. Der Begründung dieser von einem Zivilrechtler geäußerten[36] und die verfasssungsrechtliche Dogmatik zur Eigentumsgarantie geradezu umstürzenden Behauptung diente also nicht mehr als ein apodiktischer Halbsatz. Er enthält zwei Aussagen, von denen die eine unbegründet bleibt und die andere schlicht falsch ist. Unbegründet bleibt, warum „mit Recht" auch Forde-

---

legen — zu *C. Schmitt;* „alte", den neuen Verhältnissen nicht konforme Dezisionen sind dann möglichst unauffällig ungeschehen zu machen, s. *K. Löwith*, Der okkasionelle Dezisionismus von C. Schmitt, in: Abhandlungen, S. 93 ff., 113 f. mit Beispielen.

[33] Den zweiten großen Schub leitete dann BGHZ (GS) 6, 270 ff. mit der Erweiterung auf subjektiv-öffentliche Rechte ein.

[34] Parallel dazu und mit dieser Entwicklung eng verbunden setzt sich der Verzicht auf das Erfordernis eines Übertragungsaktes und das Postulat der Bindung auch des Gesetzgebers an Art. 153 WRV durch.

[35] *M. Wolff*, Reichsverfassung und Eigentum, S. 3.

[36] Wie *Ridder*, Soziale Ordnung, S. 106 und *W. Apelt*, Weimarer Verfassung, S. 342, tadelnd hervorheben.

rungen, Urheberrechte u. ä. Eigentumsschutz genießen sollen. Zu rechtfertigen wäre diese Kürze nur, wenn sich entsprechende Begründungen bei denjenigen fänden, die da als miteinander „einig" apostrophiert werden. Unterstellt man jedoch, daß *Wolff* hiermit die zeitgenössische Staats- und Verfassungslehre meint, so findet sich dort nichts weniger als entsprechende Begründungen. Außerdem stellt sich heraus, daß *Wolffs* Behauptung einer Einigkeit über den Eigentumsschutz von Forderungsrechten die Tatsachen auf den Kopf stellt: Nicht nur bis zum Inkrafttreten der Weimarer Reichsverfassung, sondern sogar bis zum Jahre 1923 war die ganz allgemein und unbestritten geltende Anschauung, daß der verfassungsrechtliche Eigentumsbegriff allein dingliche Rechte an Grund und Boden oder beweglichen Sachen umfassen könne[37].

Während *Wolff* also auf Argumentation von vornherein verzichtet und einen — teleologisch vernünftigen — Konsens als bereits vorhanden unterstellt, versucht der zweite einflußreiche Wegbereiter eines erweiterten Eigentumsbegriffs — *Heinrich Triepel* — mit dem gängigen Auslegungskanon zurechtzukommen[38]. Er beschränkt sich allerdings auf die historische Argumentation[39] — was verständlich ist, denn logische und grammatische Auslegung versprechen angesichts des Wortlauts des Art. 153 Abs. 1 WRV („Das Eigentum wird von der Verfassung gewährleistet") keinen weiteren Aufschluß, während die systematische Auslegung im Hinblick auf die Einheit der Rechtsordnung und auf den Wortlaut des Art. 138 Abs. 2 WRV („Das Eigentum und *andere Rechte* ... werden gewährleistet.") eher das Gegenteil nahelegt, nämlich die traditionelle Identität von zivil- und verfassungsrechtlichem Eigentumsbegriff[40].

Aber selbst die historische Argumentation *Triepels* ist alles andere als unanfechtbar. Der weite Eigentumsbegriff — so Triepel — folge zum einen „aus den bei den Beratungen über die Verfassung überall erkennbar gemachten Absichten des Gesetzgebers", zum anderen daraus, „daß die Begriffe Eigentum und Enteignung in den älteren Verfassungen, die der Reichsverfassung zum Vorbilde gedient haben, immer in diesem weiten Sinne verstanden worden" seien[41]. Beide Behauptungen werden von *Triepel* nicht belegt — mit gutem Grund: Der unmittel-

[37] *Schelcher*, in: Grundrechte, S. 201 mit einer Fülle von Nachweisen (einschl. *W. Jellinek* und *O. Mayer*); ebenso *J. H. Kaiser*, Staat und Eigentum, S. 14 m. w. Belegen (FN 37), s. a. S. 16 FN 46; im übrigen widerlegt *M. Wolff* sich selbst, wenn er, S. 21, der zeitgenössischen Kommentarliteratur vorwirft, „allzu mechanisch mit dem überlieferten Eigentumsbegriff" zu operieren.

[38] *Heinrich Triepel*, Goldbilanzenverordnung und Vorzugsaktien, 1924.

[39] Ebd., S. 16.

[40] So zu Recht *Schelcher*, Grundrechte, S. 199 ff., 203, 205 f.; *M. Wolff*, S. 3 hält diesen Umkehrschluß aus Art. 138 II WRV für „unzulässige(n) Buchstabenwissenschaft".

[41] *Triepel*, S. 16.

bare Vorläufer von Art. 153 WRV war Art. 9 der Preuß. Verfassung von 1850 („Das Eigentum ist unverletztlich")[42]; nach einhelliger Ansicht wurden von Art. 9 nur die dinglichen Zivilrechte erfaßt, nicht aber Forderungs- oder Mitgliedschaftsrechte[43]. Auch aus den Verhandlungen der Weimarer Nationalversammlung ergeben sich keinerlei Anhaltspunkte dafür, daß an ein Abrücken vom tradierten Eigentumsbegriff gedacht war: Der Art. 37 des Entwurfs wurde vom Verfassungsausschuß ohne wesentliche Erörterungen angenommen und auch im Plenum fand keinerlei Aussprache über den Eigentums- oder Enteignungsbegriff statt[44].

Den entscheidenden Wendepunkt zur endgültigen Durchsetzung des weiten Eigentumsbegriffs bilden dann drei Entscheidungen des Reichsgerichts. Deren erste, die „Bergrentenentscheidung" vom 13. Dezember 1924, stellt zunächst lapidar fest: „Enteignung" im Sinne des Art. 153 WRV „umfaßt alle subjektiven Privatrechte einschließlich der Forderungsrechte"[45]. In der Begründung für diese weitreichende Änderung der bisherigen Rechtsauffassung klingt mit der ratio decidendi — wenn auch unter Verkehrung der Argumentationslast — auch die ratio legis der Eigentumsgarantie an: „Es ist kein innerer Grund dafür erkennbar, daß die Gesetzgebung der Gegenwart verfassungsmäßigen Schutz gegen den Eingriff in die subjektiven Rechte nur in jenem beschränkten Umfange sollte gewähren wollen, nicht aber auch gegen Eingriffe in sonstige Rechte, die nach ihrem wirtschaftlichen Werte wie nach der Art des Eingriffs ebenso sehr des Schutzes bedürftig sein können[46]." Der entscheidende Grund aber, warum es für den Eigentumsbegriff des Art. 153 WRV auf den wirtschaftlichen Wert ankomme und nicht, wie es der Wortlaut nahelegt, auf die Rechtsform, in der er konkretisiert ist, fehlt allerdings.

Mit den dann folgenden Entscheidungen wird eine nicht mehr als rechtfertigungsbedürftig empfundene „ständige Rechtsprechung" geschaffen. Eine offene und damit konsensfähige Begründung liefern sie allerdings ebensowenig; sie fallen im Gegenteil im Argumentationsstandard noch hinter die Bergrentenentscheidung zurück. Im Urteil vom

---

[42] Zu den insoweit im wesentlichen gleichlautenden Verfassungen der anderen Länder s. *Schelcher*, Grundrechte, S. 199 ff.

[43] s. o. FN 37.

[44] *P. Krückmann*, JW 1928, 646: Es läßt sich „nichts, aber auch gar nichts dazu vorbringen, daß irgendeinem Revolutionsminister oder irgendeinem Revolutionsabgeordneten der Gedanke gekommen sei, in der Reichsverfassung einen neuen Enteignungsbegriff aufzustellen"; a. A. *Anschütz*, Art. 153, S. 709, weil ein Abgeordneter auch Eingriffe durch die Kriegsernährungs- und Flurschadensgesetzgebung im Auge gehabt, ein anderer zwei Reden in einem „durchaus antisozialistischen Geist" gehalten habe.

[45] RGZ 109, 310 (319) — Anhaltische Bergrente —, nachdem diese Frage in RGZ 107, 370 (375) — Hypothekenaufwertung — noch offengeblieben war.

[46] RGZ 109, 310 (319).

3. Juli 1925 steht nur die lapidare Feststellung: Die Enteignung umfasse „auch alle subjektiven Privatrechte, einschließlich der Forderungsrechte“[47], und im Urteil vom 4. November 1925 findet sich bereits der Verweis auf eine „heute herrschende allgemeine Meinung“[48]. Aus welchen Autoren sich diese herrschende Meinung zusammensetzen soll, wird nicht gesagt — auch hier mit gutem Grund, denn es gibt diese herrschende Meinung (noch) nicht.

Konnte man die vereinzelten Äußerungen von *M. Wolff* und *H. Triepel* noch unbeachtet lassen, gegenüber diesem völligen Außerachtlassen anerkannter Rechtfindungsregeln bei einer grundlegenden und weitreichenden Änderung der Rechtsprechung konnte jedenfalls von der Staats- und Verfassungslehre nichts anderes erwartet werden als entschlossener und energischer Widerstand. Aber das Gegenteil trat ein: Wo vorher in wortloser Selbstverständlichkeit vom Eigentum als den dinglichen Rechten die Rede ist[49], wird nun mit gleicher Selbstverständlichkeit und ohne Begründung der neue, erweiterte Eigentumsbegriff zugrundegelegt[50]. Die — ebenso mitgedachte wie unausgesprochene — teleologische Begründung für diesen bedeutsamen Interpretationswechsel findet sich zu dieser Zeit — soweit ersichtlich — nur im *Arndtschen* Kurzkommentar[51]: Der weite Eigentumsbegriff sei deswegen berechtigt, weil es der Eigentumsgarantie darum gehe, die Freiheit des Einzelnen vom Staat zu verbriefen[52]. Es ist nur konsequent, wenn *Arndt* dann auch die subjektiv-öffentlichen Vermögensrechte der Eigentumsgarantie unterstellen will[53]; er ist damit der verfassungsrechtlichen Diskussion um ein gutes Vierteljahrhundert voraus.

Die wenigen dezidierten Kritiker dieser neuen Rechtsentwicklung[54] argumentieren in erster Linie historisch: Die Weimarer Reichsverfassung habe den Eigentumsbegriff des 19. Jahrhunderts übernommen und

---

[47] RGZ 111, 224 (226) mit Hinweis auf RGZ 107, 375 und RGZ 109, 319.

[48] RGZ 111, 320 (328) unter Verweis auf *M. Wolff*.

[49] z. B. *Stier-Somlo*, 2. Aufl., 1920, S. 118; *Poetzsch-Heffter*, 2. Aufl., 1920, S. 205; *Arndt*, Komm. zur Preuß. Verf., 6. Aufl., 1907, S. 104.

[50] Vgl. etwa *Stier-Somlo*, 3. Aufl. 1925, S. 86: „alle subjektiven Privatrechte“; *Poetzsch-Heffter*, 3. Aufl., 1928, S. 482; s. a. *Giese*, 7. Aufl., 1926, S. 392; *W. Jellinek*, Verwaltungsrecht, S. 403 (klass. Eigentumsbegriff) und S. 409 (unter „Sonderfälle“): Enteignungsbegriff sei „mit Recht auch auf Forderungsrechte ausgedehnt“; bereits 1933 kann *Stödter*, öff.-rechtl. Entschädigung, S. 151, für die neue Auffassung 39 Autoren zitieren.

[51] 3. Aufl., 1927, S. 383 f.; ebenso wenige Jahre später (1933) die grundlegende Monographie *Stödters*, S. 150 ff.

[52] *Arndt*, 3. Aufl., 1927, S. 383/384.

[53] Ebd., S. 384; ebenso *Stödter*, S. 158 ff.

[54] Neben den im folgenden Genannten insbes. *A. Köttgen*, Grundprobleme des Wasserrechts, S. 83 ff. und *W. Hofacker*, Grundrechte und Grundpflichten, S. 34 ff.

nicht geändert[55], der Schutz des Privateigentums sei grundsätzlich durch die Rechtslage des Jahres 1919 bestimmt[56]. Es wird — wie immer, wenn ein Begriff unklar geworden ist, und wie immer erfolglos — der „klare Rechtsbegriff des Eigentums" beschworen[57], dessen Auflösung, Funktionalisierung und Entsubstanziierung drohe[58]. Damit wird zugleich die Berechtigung der in der Bergrentenentscheidung rudimentär angeklungenen[59] teleologischen Argumentation bestritten. So sieht *Schelcher* etwa Eigentumsschutz auch der Forderungsrechte zwar als „Gebot der Gerechtigkeit"[60], aber eben doch als ein unzulässiges rechtspolitisches Argument ohne rechtliche Beweiskraft[61].

Aber der von der Frage nach dem telos ausgehende Sog ist so stark, daß auch diejenigen, die diese Frage als unzulässig ablehnen, ihm nicht entgehen. *C. Schmitt* etwa argumentiert ebenso rechtspolitisch, wenn er die nach seiner Ansicht gefährdete Handlungsfähigkeit des Staates ins Spiel bringt[62], wie *Kirchheimer,* wenn er davor warnt, Eigentumsbegriff und kapitalistische Wirtschaftsordnung in eins zu setzen[63]. Bei *Schelcher* schließlich läßt sich kaum anderes als (halb) verdrängte Einsicht in den Schutzzweck der Eigentumsgarantie vermuten, wenn er — nach einer entschlossenen und wohlbegründeten Ablehnung der modernen Tendenzen — seinerseits zu den zu schützenden dinglichen, absoluten Rechten auch Pacht- und Mietrechte sowie durch Inhaberpapiere verbriefte Gläubiger- und Mitgliedschaftsrechte zählen will[64].

Der geschilderte Gang der Diskussion um den Eigentumsbegriff der Weimarer Reichsverfassung hinterläßt vor allem drei Eindrücke:

— Das Verbot teleologischer Argumentation führt dazu, daß die eigentlich tragenden Auslegungsgesichtspunkte undiskutiert bleiben und damit auch für diejenigen, die an sich wissen, worum es geht, kaum konkret und öffentlich kritisierbar sind.

— Die Einsicht in den Schutzzweck einer Norm läßt sich nicht verdrängen; sie wirkt und bricht sich ihre Bahn auch durch die Fassade der klassischen Auslegungselemente hindurch. Wenn einerseits

[55] *Kirchheimer,* Funktionen, S. 278; *C. Schmitt,* Verf. Aufsätze, S. 110, 114.

[56] *C. Schmitt,* Verf. Aufsätze, S. 116; *P. Krückmann,* JW 1928, 646.

[57] *Gebhard,* Handkommentar, S. 541; *Schelcher,* Grundrechte, S. 204.

[58] *C. Schmitt,* Verf. Aufsätze, S. 110 ff. und Nachtrag (1957), S. 118/119.

[59] RGZ 109, 310 (319).

[60] *Schelcher,* S. 205.

[61] Ebd., S. 203; s. a. *Kirchheimer,* S. 267.

[62] *C. Schmitt,* Verf. Aufsätze, S. 113 f.

[63] *Kirchheimer,* S. 278.

[64] *Schelcher,* S. 205; die Verwirrung ist dann vollkommen, wenn es wenig später (S. 207 N. 14) darauf ankommen soll, ob Pacht und Miete durch Eintragung ins Grundbuch dinglichen Charakter bekommen hätten (?).

von der ratio legis nicht geredet werden darf, andererseits aber ausschließlich in den Formen der logischen, grammatischen, systematischen und historischen Auslegungselemente argumentiert werden muß, dann wird damit auch die spezifische Rationalität des klassischen Interpretationskanons — ordnende Strukturierung entscheidungsrelevanter Gesichtspunkte — zerstört. Denn sie werden entweder so mit externen Gesichtspunkten aufgeladen, daß ihr jeweils eigener Argumentationsbeitrag unkenntlich wird, oder sie werden gar nicht erst zugelassen, oder die von ihnen erschlossenen Sachverhalte werden verzerrt oder falsch dargestellt. Es kommt dann zu einer Situation, in der eine Argumentation unter Indienstnahme der klassischen Auslegungsmomente unredlich, aber teleologisch rational ist, während die Gegenargumentation redlich, aber wenig vernünftig ist.

— Wenn teleologische Argumente nicht erlaubt sind und aus diesem Grunde die klassischen Auslegungsschritte ihre Rationalität verlieren, dann fehlen die Mittel zur Strukturierung der Argumentation und damit jedes konfliktbegrenzende und diskussionsordnende Differenzierungsmerkmal. Wechselseitiger Ideologieverdacht und Konfliktglobalisierung aus Weltanschauungsebene sind dann nur noch schwer zu vermeiden. Die zwar politisch bedeutsame, in ihrem Kern aber doch von Juristen juristisch zu führende Auseinandersetzung um eine konkrete Auslegungsfrage kann dann den Charakter eines nachträglichen Kampfes um die Durchsetzung von „Kapitalismus" oder „Sozialismus" bekommen[65]. Wenn aber unvermittelt politische Grundwertungen höchster Abstraktionsebene jeweils für sich Verfassungsrang beanspruchen, ist die Funktion der Verfassung als Friedens- und Konsensgrundlage gefährdet[66].

2. Art. 14 GG

Unter der Geltung des Grundgesetzes hat sich die Einsicht in die Notwendigkeit und Legitimität teleologischer Interpretation der Eigentumsgarantie rasch durchgesetzt, nachdem der Große Senat des Bundesgerichtshofs in seinem insoweit grundlegenden Urteil vom 10. Juni 1952 entsprechende Maßstäbe gesetzt hatte. Er beließ es nicht bei einer wortlosen Übernahme einer ständigen und gefestigten Rechtsprechung

[65] Vgl. *Anschütz,* Art. 153 Rdn. 7: In Art. 153 habe sich ein ausgeprägter individualistischer Antisozialismus durchgesetzt; ähnlich *M. Wolff,* S. 6, 22; dagegen *Kirchheimer,* S. 267 f.: Man spare sich den juristischen Beweis und versuche, Art. 153 widersprechende politische Zielsetzungen in ihn hineinzuinterpretieren; s. a. *Gebhard,* S. 542 f.: Da sich der „Individualismus" in der Defensive befunden habe, könne Art. 153 WRV nicht mehr Schutz geben als die älteren Verfassungen.

[66] s. *Kriele,* Legitimitätsprobleme, S. 131 ff., 133.

des Reichsgerichts, sondern holte die unterschlagene Begründung nach: „Der in den Staat eingegliederte Einzelne bedarf, um unter seinesgleichen als Person, d. h. frei und selbstverantwortlich leben zu können und um nicht zum bloßen Objekt einer übermächtigen Staatsgewalt zu werden, also um seiner Freiheit und Würde willen einer rechtlich streng gesicherten Sphäre des Eigentums"[67]. Damit konnten dann begründete Konsequenzen für die Interpretation gezogen werden: „Wenn die staatliche Enteigung nach dem ganzen Vermögen der Bürger greift, muß die Eigentumsgarantie und der Enteignungsschutz auch das ganze Vermögen der Bürger decken. Sie müssen daher folgerichtigerweise auf jedes vermögenswerte Recht bezogen werden[68]." Auch das Bundesverfassungsgericht hat sich inzwischen der teleologischen Interpretation des Art. 14 GG zugewandt. Es hat zwar zunächst mit der Formulierung, Art. 14 GG schütze das Eigentum so, „wie es das bürgerliche Recht und die gesellschaftlichen Anschauungen geformt haben"[69], den Anschein erweckt, der Eigentumsbegriff sei — nach stattgehabter teleologischer Entwicklung — nunmehr historisch festgeschrieben[70]. Es hat diese Formel jedoch seit 1970 bewußt nicht mehr verwandt[71]. An seine Stelle ist zunächst die konkrete Frage nach der spezifischen „Aufgabe" der Eigentumsgarantie getreten — besonders deutlich und unübersehbar im Hamburger Deichurteil[72]. Das BVerfG hat dann diesen Interpretationsansatz auch ausdrücklich formuliert: Das Grundgesetz enthält „keine Definition des Eigentumsbegriffs im verfassungsrechtlichen Sinn. Bei der Beantwortung der Frage, welche vermögenswerten Güter als Eigentum im Sinne des Art. 14 GG anzusehen sind, muß daher auf den Zweck und die Funktion der Eigentumsgarantie unter Berücksichtigung ihrer Bedeutung im Gesamtgefüge der Verfassung zurückgegriffen werden[73]." Die „Frage" *Bendas*, ob ein Wechsel von einer mehr historisch bezogenen zu einer mehr funktionsbestimmten Auslegung bevorgestanden habe[74], ist also durch die Praxis des Bundesverfassungsgerichts inzwischen in eindeutiger Weise zugunsten teleologischer Argumentation beantwortet[75]. Auch in der Lehre ist heute anerkannt, daß ein Rückgriff auf ein historisches Verständnis von Eigentum allein nicht mehr mög-

---

[67] BGHZ (GS) 6, 270 (276).

[68] BGH a.a.O., 278.

[69] BVerfGE 1, 264 ff. (278); wiederholt in E 2, 380 (402); 4, 219 (240); 11, 64 (70); 19, 354 (370); 28, 119 (142).

[70] So z. B. bei *Ekk. Stein*, Mitbestimmung, S. 50 und *Ipsen*, AöR 91 (1966), S. 90.

[71] *Benda*, ZfSR 1974, S. 10 — zuletzt in E 28, 119 (142).

[72] BVerfGE 24, 367 (389); ebenso E 31, 229 (239).

[73] BVerfGE 36, 281 (290); ebenso E 42, 64 (76); 42, 263 (292 f.).

[74] *Benda*, ZfSR 1974, S. 10.

[75] BVerfGE 42, 263 (292 f.); NJW 1979, 706: „Das Schutzgut bestimmt den Inhalt des Grundrechts."

lich ist, sondern daß es notwendig geworden ist, den „verfassungsrechtlich vorgegebenen Gewährleistungsbereich von der Funktion des Grundrechts her zu bestimmen"[76].

Neben der allgemeinen Einsicht in die Unvermeidlichkeit teleologischer Argumentation im Verfassungsrecht bestehen darüber hinaus noch speziell die Eigentumsgarantie betreffende Gründe:

— Bei der Betrachtung anderer Grundrechte fällt sofort auf, daß diese ein genuin verfassungsrechtliches Schutzobjekt besitzen. Warum sollte dies bei der Eigentumsgarantie anders sein[77]?

— Wenn Eigentum im Sinne des Art. 14 Abs. 1 GG nicht mehr wäre als eine auf außerverfassungsrechtliche Normen und Tatbestände verweisende Begriffshülse, so könnte es nicht wirksam verfassungsrechtlich garantiert werden; sein Schutz könnte dann nicht weiter reichen, als es die im vorverfassungsrechtlichen Raum wirksame Definition durch Gesetzgeber und Zivilrechtsdogmatik zulassen würden. Die Ausgestaltung der Eigentumsordnung durch den Gesetzgeber nach Art. 14 Abs. 1 Satz 2 GG aber soll sich gerade an Art. 14 GG — in Verbindung mit Art. 19 Abs. 2 GG — legitimieren[78]. § 903 BGB ist durch die „Regelungsbrille der Verfassung" zu lesen, nicht umgekehrt[79].

— Entscheidend aber ist die Tatsache, daß es heute faktisch nicht mehr möglich wäre, auf die zivilrechtliche Dogmatik zurückzugreifen. Denn die bisherige Entwicklung hat irreversibel zu einem eigenständigen verfassungsrechtlichen Eigentumsbegriff geführt[80]. Für die Frage, in welchem Umfang etwa obligatorische Rechte oder gar subjektiv-öffentliche Rechte verfassunggeschützt sein können, bietet das Zivilrecht keine Antworten. Selbst für das traditionell anerkannte, vom Zivilrecht im Rahmen des § 823 Abs. 1 BGB entwickelte und

[76] Aus der Fülle einschlägiger Äußerungen: *Badura*, Verh. 49. DJT, T. 21 f., 26; ders., AöR 98 (1973), 153 f., 163; *W. Böhmer*, in: Grundrechtsschutz des Eigentums, S. 69; *Breuer*, Bodennutzung, S. 15; *Friauf/Wendt*, Eigentum, S. 16; i. E. auch *Kimminich*, Der Staat 1975, S. 397 ff.; *Ekk. Stein*, Mitbestimmung, S. 48 ff., 50; *Suhr*, Entfaltung, S. 196; *F. Werner*, Tendenzen, S. 18; bei *Scholz* (Koalitionsfreiheit, S. 96 ff. und Grenzen staatl. Aktivität, S. 123 ff.) und *Saladin* (Grundrechte, S. 130 ff.) liegt die Betonung mehr auf der faktischen Funktion der geschützten Güter als auf der normativen Regelungsabsicht des Verfassungsgebers; ähnlich auch *Badura* u. a., Gemeinschaftsgutachten, S. 225 und *Schwerdtfeger*, Mitbestimmung, S. 227 ff. („Typus Aktieneigentum"); method. unklar *Chlosta*, Wesensgehalt, der vom zivilrechtl. Eigentumsbegriff ausgehend (S. 89, 115) zu — teleologisch zu begründenden — Schlußfolgerungen kommt (S. 143 ff.); gegen „funktionelle Verfassungsauslegung" wendet sich *Ridder*, Grundrechtsschutz, S. 48, 104.

[77] *Badura*, AöR 98 (1973), S. 154.

[78] So zu Recht *Badura*, S. 154.

[79] *Ipsen*, AöR 91 (1966), S. 93.

[80] Vgl. u. a. *Papier*, VVDStRL 35, S. 62 f.; *Rupp*, Grundfragen, S. 230 N. 405, S. 235; *R. Weber*, JZ 1978, 208 ff.

von hier aus in das Verfassungsrecht übernommene Institut des eingerichteten und ausgeübten Gewerbebetriebes[81] kann die Zivilrechtsdogmatik keine Lösungen mehr bereithalten; zu unterschiedlich sind Schutzrichtung und Funktion der einschlägigen Normen des Zivilrechts auf der einen, der Grundrechte auf der anderen Seite[82].

---

[81] s. dazu unten C II 3 a).

[82] Dies ist das Fazit der entsprechenden Untersuchungen von *Badura*, AöR 98 (1973), S. 153 ff., 155, 163, 169, 171; ebenso *Buchner*, Gewerbebetrieb, S. 133; *Opfermann*, Enteignungsentschädigung, S. 174 ff.

B. Eigentum und Leistung

Nach traditionsreicher und heute noch lebendiger Auffassung ist es die Funktion der Eigentumsgarantie, dasjenige zu schützen, was der Einzelne durch seine Arbeit geschaffen hat. Die Leistung des Einzelnen sei die „typische causa des verfassungsrechtlichen Eigentumsschutzes“ in seiner Gesamtheit[1]. Dementsprechend sei „das Eigentumsgrundrecht die typische Schutznorm der vermögenswerten Objektivationen eines persönlichen Einsatzes“[2]. „Die Eigentumsgarantie konserviert... zurückliegende Leistung... und spornt zu zukünftiger an[3].“

Ihre besondere Wirksamkeit hat diese Auffassung bei der Abgrenzung zwischen eigentumsgeschützten und von Art. 14 GG nicht erfaßten subjektiven öffentlichen Rechten entfaltet; sie ist hier verfassungsdogmatisch ernst genommen und zur weithin herrschenden Meinung geworden[4]. Dabei hat das Merkmal der eigenen Leistung entweder die Funktion, den Kreis der „an sich“ Art. 14 GG unterfallenden subjektiven öffentlichen Rechte wieder einzugrenzen — dann bleibt es in seinem Geltungsanspruch auf dieses Feld beschränkt[5] —, oder es hat die umfassende Aufgabe, den Eigentumsschutz subjektiv-öffentlicher Rechte positiv erst zu begründen — dann muß auch bei privatrechtlichen Positionen das Vorliegen einer eigentumskonstituierenden Leistung unterstellt werden[6].

Neben dieser mehr auf individuelle Rechtsstellungen bezogenen Anschauung hat der Leistungsgedanke auch seine hiervon deutlich unterschiedene gesellschaftsbezogene Variante: Das durch eigene Leistung Geschaffene soll deshalb eigentumsgeschützt sein, weil dadurch ein Anreiz zur Leistung erzielt werde, der zu einem volkswirtschaftlichen Optimum und damit auch zum Wohl der Allgemeinheit führe.

---

1 *Dürig*, Festschr. W. Apelt, S. 13 ff., S. 31.

2 Ebd., S. 32.

3 *K. H. Friauf*, Eigentumsgarantie, Leistung und Freiheit, S. 438 ff., S. 447.

4 s. dazu unten B II 3.

5 *Nicolaysen*, Diss., S. 91.

6 So insb. *Friauf*, Eigentumsgarantie, S. 446: „Grundfunktion der Eigentumsgarantie überhaupt“; vgl. *Leibholz/Lincke*, BVBl. 1975, S. 934; *Brammen*, Diss., S. 106, 112.

I. Eigentum als Leistungsanreiz

Eine wohl weitverbreitete, im juristischen Schrifttum allerdings eher peripher anklingende Legitimation des Eigentums, insbesondere desjenigen an Produktionsmitteln, fußt auf der ökonomischen Effizienz der kapitalistischen Wirtschaftsweise. Das Erklärungsmuster gibt eine gesellschaftlich-utilitaristisch formulierte Leistungsthese: Die motorische Kraft der heutigen Leistungsgesellschaft liege darin, daß nur derjenige der Früchte seiner Arbeit als Eigentum sicher sein könne, der den nötigen Anreiz zu erhöhter und produktiverer Arbeit verspüre[7]. Ergebnis dieses eigentumsstimulierten Einsatzes der einzelnen sei eine „Optimierung des ökonomischen, sozialen und kulturellen Leistungseffektes", wie er sich an den „Produktionsstatistiken der Länder dieses Erdballs" ablesen lasse[8].

Läßt man zunächst einmal beiseite, daß zweifelhaft ist, welche verfassungsrechtliche Relevanz das Argument ökonomischer Effizienz im Hinblick auf verfassungsintendierten Freiheitsschutz haben kann[9], so stellt sich vor allem die Frage, inwieweit diese — in ihrem Kern empirische — Aussage die Wirklichkeit trifft. Denn bei aller Verwurzelung, die die These vom Eigentum als Triebkraft des Wohlstands im common sense haben mag, bietet sich dem auf die Fachaussagen anderer Disziplinen angewiesenen Juristen hier ein eher verwirrendes Bild:

Schon die klassische Doktrin des ökonomischen Liberalismus mit ihrer Betonung des Eigennutzes als Triebfeder ökonomischen Fortschritts[10] hat diesen Gesichtspunkt keineswegs verabsolutiert, sondern im Gegenteil die Wirksamkeit anderer Motivationen durchaus anerkannt. Diese traten nur deswegen kaum in Erscheinung, weil sie als nicht zum Gegenstandsbereich der Ökonomie gehörig aus der Betrachtung ausgeschieden wurden[11]. Soweit heute von soziologischer oder ökonomischer Seite umfassender nach Motivationen für ökonomische Leistung gefragt wird, ergeben sich durchweg weitere Modifikationen[12]: So kommt etwa *Schmölders* mit der von ihm 1953 begründeten „Sozial-

---

[7] Vgl. *F. v. Schiller*, „Spaziergang": „Munter entbrennt, des Eigentums froh, das freie Gewerbe."

[8] *W. Weber*, Festschr. Michaelis, S. 32 f.; vgl. a. *Friauf*, Eigentumsgarantie, S. 449; *Stern*, Grundgesetz in Gefahr?, S. 16.

[9] Ablehnend etwa *Maihofer*, in: Eigentum als Fundament, S. 73, 100; zur Gefahr einer „Ökonomisierung" der Verfassung s. *Ehmke*, Wirtsch. u. Verfassung, S. 19 f., 28, 34; immerhin aber werden Realbedingungen von Freiheit geschaffen — mit „Schornsteinen, die nicht rauchen, gibt es keine Demokratie" (*A. Arndt*, Polit. Schriften, S. 27) — und erst recht keinen Sozialstaat.

[10] s. *A. Smith*, Wohlstand, S. 70/71, 645 f.; vgl. *Krüger*, Staatslehre, S. 425 f.

[11] Vgl. *Ad. Wagner*, Polit. Ökonomie, Teil I, S. 89, der selbst (S. 87 ff.) eine Fülle anderer Leistungsmotivationen unterscheidet.

[12] *B. Weiner*, Theories of Motivation, S. 169 ff.

ökonomischen Verhaltensforschung" zu einer erheblichen Relativierung der These vom Erwerbstrieb als eigentlichem stimulus wirtschaftlicher Leistung und betont die „komplexe Motivation ..., in der gerade auch immaterielle Werte und Reaktionen ihre wichtige Rolle spielen"[13]. Im Hinblick auf das Eigentum an Großunternehmen ist sogar der Schluß gezogen worden: „Wenn große Unternehmen auch ohne wirkliche Mitarbeit ihrer Eigentümer florieren, ist der Nachweis erbracht, daß das Privateigentum aufgehört hat, Motor des wirtschaftlichen Fortschritts zu sein. Als Instrument des Fortschritts wird es nicht länger gebraucht[14]." Schließlich ist auch von psychologischer Seite der These von der Leistungsmotivation durch Erwerbstrieb widersprochen worden: Profit, Gewinn, Einkommen seien „in marktwirtschaftlichen Systemen ... gesellschaftlich etablierte Rückmeldekriterien der unternehmerischen Leistung, aber nicht die eigentlich motivierenden Anreize"[15]. Am bekanntesten ist wohl *Max Webers* These zu den Triebkräften des Kapitalismus geworden: Nicht der Erwerbstrieb, sondern das aus der protestantischen Ethik stammende „rationale Wirtschaftsethos"[16] bestimme die Unternehmer- und Arbeitnehmerpersönlichkeit: Leben und Arbeit als mönchisch-asketische Dienst- und Pflichterfüllung des Menschen als „Verwalter des ihm von Gott Geschenkten"[17]. *Weber* zitiert aus einer Art Bergpredigt des kapitalistischen Ethos: „Wer ein Fünf Schilling Stück umbringt, mordet alles, was damit hätte produziert werden können: Ganze Kolonnen von Pfund und Sterling[18]."

Ob das Eigentum als Leistungsanreiz wirklich so dominierend sein kann, wie es gelegentlich dargestellt wird, wird schließlich auch fraglich, wenn man sich vor Augen hält, daß es Privateigentum — auch an Produktionsmitteln — schon immer gegeben hat. Es bestand etwa an den (vorwiegend agrarischen) Produktionsmitteln im Feudalsystem, ohne daß hierdurch eine Mobilisierung der Produktivkräfte zugunsten einer Abkehr von einer Bedarfsdeckungswirtschaft bewirkt worden wäre. Die Einführung der Gewerbefreiheit — wohl einer der wesentlichsten Faktoren für die explosionsartige Freisetzung der ökonomischen Kräfte — schuf ja nicht das Privateigentum an Produktionsmitteln, sondern setzte es voraus; neu konstituiert wurde allein die freie, Zunft- und Standesgrenzen außer Kraft setzende Konkurrenz. Wenn aber eher die Wettbewerbswirtschaft notwendige oder gar hinreichende

---

[13] Leistungsprinzip, S. 24; s. a. ORDO V (1953), S. 203 ff. und Verhaltensforschung im Wirtschaftsleben, 1978.

[14] *H. Pross*, Manager und Aktionäre, S. 164.

[15] *Heckhausen*, Leistung, S. 178.

[16] Protestant. Ethik, S. 360.

[17] Ebd., S. 372.

[18] *Benj. Franklin*, Advice to a young tradesman (1748), bei *M. Weber*, S. 41.

Bedingung für die Entfaltung ökonomischen Fortschritts ist, so bleibt die Frage offen, ob sie nur auf der Basis von Privateigentum an Produktionsmitteln verwirklicht werden kann oder auch in sozialistischen Systemen[19]. Nimmt man nun noch hinzu, daß selbst in Planwirtschaften über einen längeren Zeitraum erheblich höhere Zuwachsraten des realen Bruttosozialprodukts pro Kopf erzielt werden können als in kapitalistischen Marktwirtschaften[20], so beginnt das Bild vom Eigentum als notwendigem Leistungsanreiz vollends zu verschwimmen; offenbar können auch die Anreize sozialistischer Planwirtschaften[21] ökonomischen Fortschritt und wirtschaftliche Effizienz gewährleisten.

Dem Verfassungsjuristen jedenfalls muß es angesichts dieses unübersichtlichen Bildes und abgesehen von der Gefahr einer Verfasssungstheorie nach Maßgabe ökonomischer Doktrin verwehrt sein, die These vom Eigentum als Motor wirtschaftlicher Effektivität unreflektiert in seine grundrechtsteleologische Argumentation zu übernehmen. Um sie aber reflektiert übernehmen zu können, fehlt ihm die Kompetenz. Angesichts der in dieser Frage bestehenden Unsicherheiten in den einschlägigen Fachdisziplinen wäre eine Parteinahme einigermaßen willkürlich — zumal sie mit einer entsprechenden Gewichtung der Anreizfunktion des Eigentums im Verhältnis zu anderen Motivationen verbunden sein müßte.

II. Eigentum als geronnene Arbeit

1. John Locke

Sucht man nach den ideengeschichtlichen Wurzeln einer mehr subjekt- als systembezogenen verfassungsjuristischen Ausprägung der Arbeitstheorie, so fällt der Blick wie von selbst auf *John Locke*. Auf ihn geht die naturrechtliche, individualbezogene Begründung von Privateigentum aus Arbeit im wesentlichen zurück[22].

Nach *Locke* hat Gott in die Menschen den Trieb zur Selbsterhaltung eingepflanzt und ihnen damit auch das Recht gegeben, die Schöpfung

---

[19] Vgl. einerseits *O. Šik*, Marktwirtschaft ohne Kapitalismus, passim, andererseits *Eucken*, Grundsätze, S. 271 und passim; s. a. *Leipold* (Hrsg.), Sozialistische Marktwirtschaften, passim.

[20] UdSSR und USA im Vergleich seit 1945, s. die in *A. Smith*, Wohlstand, S. 830, abgedruckte Graphik von *P. A. Samuelson* (Economics, 10. Aufl., 1976).

[21] Von Titel, Orden, Privilegien bis hin zu internalisierter sozialistischer Arbeitsmoral und Disziplinarmaßnahmen, s. d. Darstellung bei *Förster*, Leistungsprinzip in den kommun. Staaten, S. 196 ff.

[22] s. insbes. Second Treatise (II), 1690, §§ 25—51; vor ihm (1642) schon *Johann de Lugo:* Quae „aliquis propria industria sibi procreasset, essent iure naturae in eius dominio" (zitiert bei *Höffner*, Staatslexikon der Görres-Gesellschaft, Bd. 2, „Eigentum", Sp. 1071).

Gottes für sich zu nutzen und sie sich anzueignen[23]. Indem er diese seine Arbeit mit den Dingen vermischt, werden auch sie sein Eigentum[24]. Er erhebt sie durch seine Arbeit — *Lockes* Beispiele sind das Sammeln von Früchten und das Jagen von Tieren — dem Allgemeinbesitz und entnimmt sie so den Händen der Natur[25]. Durch Bearbeitung wird auch das Eigentum an Grund und Boden, nicht nur der geernteten Früchte, begründet[26]. Aus dieser Legitimation privaten Eigentums folgen aber auch Einschränkungen: Erstens: Mehr, als durch eigene Arbeit erworben wird, darf sich niemand aneignen[27]. Zweitens: Niemand darf sich mehr aneignen, als er zur Selbsterhaltung benötigt, es darf nichts verderben[28]. Drittens: Für die anderen muß noch „genügend und ebenso Gutes" übrigbleiben[29]. Erst mit der Erfindung des Geldes — „a little piece of yellow metal"[30] — fallen diese Einschränkungen[31], vor allem die zweite und dritte: Geld verdirbt nicht und läßt sich ohne Verstoß gegen die Selbsterhaltungsrechte Dritter akkumulieren. Erst die Einführung des Geldes beruht auf Konvention, d. h. auf grundsätzlich widerrufbarem Vertrag, nicht schon der Eigentumserwerb selbst. Damit sind das Privateigentum und seine Verteilung naturrechtlich abgesichert[32]; die Errichtung eines politischen Gemeinwesens durch Gesellschaftsvertrag hat folgerichtig den Zweck, die schon im Naturzustand erfolgte Eigentumsverteilung abzusichern („a mutual preservation of their lives, liberties and estates, which I call by the general name property")[33].

Locke geht es also eher um Fragen der Eigentumsverteilung als um die Begründung des Rechtsinstitutes Eigentum als Kategorie; die Struktur von Eigentum, die Eigentumsfähigkeit von Gütern der Erde und die Nutzungsbefugnis des Menschen sieht er bereits durch 1. Mos. 1, 28;

---

[23] First Treatise (I) § 86 unter Berufung auf 1. Mos. 1, 28; 29: „und machet sie euch untertan"; II, § 25 unter Berufung auf Ps. 115, 16.

[24] II, § 27.

[25] II, §§ 27—30.

[26] II, §§ 32—34.

[27] II, § 36.

[28] II, §§ 31, 37 a. E.

[29] II, § 33.

[30] II, § 37.

[31] II, § 36; vgl. die ausführliche Darstellung von *Macpherson,* Besitzindividualismus, S. 225 ff., 229 f. und *Euchner,* Naturrecht und Politik bei John Locke, S. 88 ff.

[32] Quod erat demonstrandum: „I shall endeavour to shew, how Men might have come to property ... without any express compact of all the commoners" (II, § 25).

[33] II, § 123; dieser weite Eigentumsbegriff reduziert sich — so *Euchner,* Naturrecht und Politik bei John Locke, S. 202 — bei Locke dann doch wieder auf „Eigentum im engeren Sinne von Besitz"; zu Lockes Sprachgebrauch hinsichtlich „Eigentum" s. a. *Macpherson,* Besitzindividualismus, S. 223 ff.

29 — „und machet sie euch untertan" — vorgegeben[34]. Insoweit steht *Locke* also ganz in der Tradition neuzeitlichen, auf Expansion und rationale Weltbemächtigung gerichteten Denkens[35].

Im einzelnen hat *Lockes* Arbeitstheorie politisch-gesellschaftliche Auswirkungen vor allem in dreierlei Hinsicht:

a) Abwehr staatlicher Eingriffe

Sie richtet sich insbesondere gegen Eingriffsrechte des Souveräns, und zwar nicht nur gegen den von Gottes Gnaden, sondern auch gegen den gesellschaftsvertraglich legitimierten: Indem der Entstehungsgrund des Eigentums von der Verleihung durch den Feudalherren in den persönlichen Einsatz des einzelnen Individuums bzw. seiner Rechtsvorgänger verlagert wird, fällt die bisher durch den Verleihungsakt legitimierte öffentlich-rechtliche Verwalterstellung des Eigentümers, seine Eigenschaft als „Amtsträger des Staates"[36] in sich zusammen. Dies wird besonders deutlich, wenn man die Auffassung *Hobbes* dagegenhält: Erst durch seine Gesetzgebung schaffe der souveräne Staat das Eigentum aus dem chaotischen und vom Kampf der Individuen beherrschten Naturzustand, in dem jeder ein Recht auf alle Gegenstände habe und es durchzusetzen versuche[37]. Was der Souverän geschaffen habe, könne er aber auch wieder nehmen, er nehme dann lediglich sein Eigentum wieder an sich[38]. Damit wird aber auch zugleich der gemeinsame Ansatz von *Locke* und *Hobbes* deutlich: Verfügungsberechtigter Herr vermögenswerter Rechte ist derjenige, der sie geschaffen hat. Für *Locke* ist dies das autonome Individuum; daher darf ohne Zustimmung des Betroffenen kein Eigentum vom Souverän entzogen werden[39]. Diese Legitimationsauswechslung — an die Stelle von Verleihung durch den Staat tritt eigene Arbeit — hat zumindest eine Umkehr der Argumen-

---

[34] Daß es ihm wesentlich auf diese Frage ankommt, zeigt sich auch darin, daß er sich um ein präziseres Verständnis dieses göttlichen Herrschaftsauftrages nicht weiter bemüht, obwohl hierzu genügend Anlaß bestünde: Einmal enthält die Aussage des Jahvisten in 1. Mose 2; 15 („und setzte ihn in den Garten Eden, daß er ihn bebaue und bewahre") einen deutlich anders akzentuierten Auftrag, zum anderen hätte die Redeweise von der Eigentumsfähigkeit für den Menschen einer Konfrontation und Aufhellung durch diejenigen biblischen Aussagen bedurft, die die Erde als Eigentum Gottes bezeichnen — auch dies übrigens unter Berufung auf die Arbeitsthese: Gott hat sie geschaffen (besonders deutlich Ps. 24, 1 und 2; s. a. 2. Mose 19, 5; Ps. 50, 10—12; 1. Kor. 10, 26).

[35] Vgl. *Euchner*, S. 95. Zur Parallele zwischen Bacon'scher Erkenntnis- und Locke'scher Eigentumstheorie siehe *R. Brandt*, Eigentumstheorien, S. 75 ff.

[36] *H. Rabe*, Phil. Lex., Bd. 2, „Eigentum", S. 339.

[37] *Hobbes*, Leviathan, Kap. 18, Zi. 7 (ed. Fetscher, S. 140).

[38] Ebd., Kap. 29, Zi. 5 (S. 248).

[39] II, §§ 138, 139.

tations- und Begründungslast zur Folge: Nicht der Einzelne muß darlegen, daß „sein" Eigentum dem Allgemeininteresse dient, sondern der Staat muß die Einbeziehung privater Güter in die Verwirklichung öffentlicher Zwecke legitimieren.

In dieser Staatseingriffe zurückweisenden Wendung ist die Arbeitstheorie nicht nur in der Staatslehre des 19. Jahrhunderts erhalten geblieben — „Der Staat schafft das Eigentum und erhält es nicht, er darf es daher auch nicht nehmen"[40] — sondern hat auch explizit (in der Hobbes'schen Version) Eingang in die Rechtsprechung des Bundesverfassungsgerichts gefunden: Der Staat nehme „von jeher für sich das Recht in Anspruch, solche Rechte, die er selbst erst geschaffen hat, ... wieder zu entziehen"[41]. Gerade diese staatsabwehrende Funktion kennzeichnet heute die Leistungsthese: Bei bestimmten subjektiv-öffentlichen Rechten, nämlich den „erdienten", scheine es nur so, als würden sie vom Staat verliehen; in Wirklichkeit seien sie als Ergebnis eigener Leistung im Kern unantastbar.

b) Diskreditierung arbeitslosen Einkommens

Eine zweite Konsequenz der Arbeitstheorie liegt in der Diskreditierung arbeitslosen Einkommens: Wer nicht arbeitet, gerät an den Rand der bürgerlichen Erwerbsgesellschaft. Nicht für Launen und Begierden, sondern allein den Fleißigen und Vernünftigen hat Gott das Mandat zur Ausnützung der Naturgüter gegeben[42]. Zu Lockes Zeiten war es vor allem der agrarische Feudaladel, der arbeitsloses Einkommen bezog und dem die neuen Normen der aufkommenden bürgerlichen Erwerbsgesellschaft die Legitimation entzogen. Heute ist dieser Aspekt der Arbeitstheorie weitgehend bedeutungslos geworden und stellt lediglich die Position derjenigen infrage, die sich als Erben von Großvermögen ohne eigenen Einsatz und ohne eigenes Risiko dem Verzehr ihrer Kapitalrente widmen.

Dagegen findet sich arbeitsloses Einkommen in sozialrelevanten Dimensionen heute bei denjenigen, deren Existenz ganz oder teilweise auf solidarisch getragener Daseinssicherung beruht. Vom Boden der Arbeitstheorie aus haben sie nur eine schwache Rechtsposition, soweit die von ihnen bezogenen Lesitungen ihren eigenen Arbeitsanteil übersteigen. Dies gilt besonders für die Versorgungsrechte derjenigen Gruppen, die mit keinerlei korrelierender Leistung aufwarten können: Kinder, Arbeitslose, Geisteskranke, Sozialhilfeempfänger u. ä. Insoweit kann die Arbeitstheorie also nicht nur feudale Rechte als Privilegien er-

---

[40] *Bluntschli,* Allgemeine Staatslehre, Bd. 1, S. 289; ebenso *Lorenz von Stein,* Rechts- und Staatswissenschaft, S. 231.

[41] BVerfGE 2, 380 (401); vgl. a. W. *Leisner,* Sozialbindung, S. 224.

[42] *Locke,* II, § 34.

scheinen lassen, sondern auch zu einer Entsolidarisierung mit den schwächsten Bevölkerungsteilen beitragen. Der Versuchung, unproduktive Randgruppen der Gesellschaft zu Staatsbürgern zweiter Klasse zu degradieren, sind insbesondere totalitäre Gesellschaften erlegen: Von der Forderung nach Abschaffung „arbeitslosen und mühelosen Einkommens“[43] ist es nicht weit bis zur allgemeinen Arbeitspflicht und zum Damoklesschwert eines „Wer nicht arbeitet, soll auch nicht essen“[44] — bis hin zur Annahme einer grundsätzlichen „Verschiedenartigkeit und -wertigkeit der Menschen selbst“[45].

c) Aneignung fremder Arbeit?

Von Bedeutung ist schließlich die Frage, welche Konsequenzen die *Lockesche* Eigentumstheorie für den Eigentumserwerb in einer arbeitsteiligen, auf abhängiger Arbeit basierenden Gesellschaftsordnung haben kann[46]. Wenn die Aneignung von Natur durch Arbeit auf dem ausschließlichen Eigentum des Einzelnen an seiner Person und seiner Arbeit beruht[47], warum erwirbt dann jener bekannte torfstechende Knecht[48] nicht selbst Eigentum an dem eigenhändig gestochenen Torf, sondern sein Herr? *Locke* selbst war dies offenbar selbstverständlich. Für eine naturrechtlich ansetzende Betrachtungsweise, die die Annahme grundsätzlicher und nicht nur historisch ursprünglicher Gleichheit aller Menschen zum Ausgangspunkt hat, muß hier aber ein entscheidendes Problem liegen: Eigene Arbeit soll Eigentumsschutz rechtfertigen, nicht fremde.

Läßt sich diese Diskrepanz bei *Locke* mit der Erwägung auflösen, daß er ja auch für die Arbeit selbst von Eigentum spreche, damit also die

---

[43] Vgl. Punkt 11 des 25-Punkte-Programms der NSDAP, abgedr. bei *G. Feder*, Programm der NSDAP, S. 17.

[44] Art. 9 I d. Verfg. d. VR China v. 17. 1. 1975; dieses „sozialistische Prinzip“ (Lenin) findet sich erstaunlicherweise auch in Art. 33 des Naumannschen Verfassungsentwurfs für die WRV (vgl. *E. R. Huber*, Verfassungsgeschichte, Bd. 5, S. 1198); s. a. — mit anderem Akzent — *Paulus*, 2. Thess. 10: „Wer nicht arbeiten *will*, soll auch nicht essen.“

[45] *A. Hitler*, Schlußansprache auf dem Reichsparteitag der NSDAP v. 3. 9. 1933 (zit. bei *Aschenbrenner*, Staat und Gesellschaft, S. 10).

[46] Seine Eigentumstheorie bleibt auch für eine Gesellschaft relevant, die den „Naturzustand“ weit hinter sich gelassen hat und in der durch Arbeit erwerbbare herrenlose Sachen kaum noch vorhanden sind: Zum einen sind die zu erarbeitenden Zuwächse noch unverteilt, zum anderen kann der Locke'sche Naturzustand nicht als quasi-empirisch festgestellte Phase einer sozialen Genese verstanden werden, sondern hat — ebenso wie Utopien — wesentlich normativ-kritischen bzw. legitimierenden Charakter.

[47] Niemand außer dem Arbeitenden soll ein Recht auf das mit seiner Arbeit verbundene Produkt haben, II, § 27.

[48] II, § 28; s. a. II, § 85, wo *Locke* ausdrücklich von der Verkaufbarkeit der Arbeitskraft ausgeht.

Veräußerbarkeit von Arbeit als Ware implizit voraussetze[49]? Wer die Existenz von Eigentum unlösbar mit der Persönlichkeitsnähe von Arbeit verknüpft und so mit dem Eigentumserwerb die Weihe naturrechtlicher Personalbezogenheit zukommen läßt, müßte dann auch die Dialektik dieses Prozesses in Kauf nehmen: Daß nämlich der Warencharakter des geschaffenen Produktes auf seine Produktion, auf die Arbeit zurückschlägt. Warum dann nicht auch auf die Person selbst, auch sie wird ja von Locke als „property" bezeichnet[50]? Da *Locke* nun ausdrücklich dem Menschen kein Verfügungsrecht über sein eigenes Leben und seine eigene Freiheit zubilligt[51], so bleibt nur die Interpretation, daß er zwischen Leben und Arbeit einen entscheidenden Trennstrich ziehe[52]. Seine Leistung läge dann darin, daß er mit dem Eigentum an der eigenen Arbeit auch das Recht begründet hätte, sie frei zu veräußern; er hätte damit der kapitalistischen Gesellschaft, d. h. der Aneignung fremder Arbeit, eine „positive moralische Grundlage" geliefert[53]. „Workers do all the work and masters do all the owning"[54] also als Fazit von *Lockes* Arbeitstheorie?

Diese Interpretation kann schwerlich überzeugen. Denn sie kann einerseits nicht erklären, wieso *Locke* der Verkaufbarkeit der Arbeit nicht mehr als einen beiläufigen Satz widmet, während der Begründung des Eigentums durch Arbeit immerhin siebenundzwanzig Paragraphen gewidmet sind. Zum andern kann sie die bei *Locke* in der Tat vorhandene Diskrepanz nicht wirksam auflösen, sondern sie nur verschieben. Denn wenn man den Weg, den *Locke* von der Person über die Arbeit zum Eigentum geht und so die Unverletzlichkeit der Person in das Eigentum hineinträgt, vom veräußerlichten Eigentum zur Person zurückgeht, so bedeutet die angesichts der Unveräußerlichkeit der Person unvermeidliche Trennung zwischen Person und Arbeit, daß man der Arbeitstheorie ihren naturrechtlichen, im Zentrum der Lockeschen Argumentation stehenden Charakter nimmt: Wie soll ein von Arbeit getrenntes Selbsterhaltungsrecht bzw. wie soll Arbeit, wenn sie selbst veräußerliche Ware ist, ein unveräußerliches Naturrecht begründen können?

In der Nachfolge Lockes hat jedenfalls seine Begründung von Eigentum durch Arbeit in der Kritik an der vermögensrechtlichen Zuordnung der durch die Industrialisierung geschaffenen Werte mehr Dynamik

---

[49] So *Macpherson*, Besitzindividualismus, S. 242; ihm folgend *Euchner*, Naturrecht, S. 84 ff.; *Laslett*, S. 104 N hält dies für eine Überinterpretation; s. auch *R. Brandt*, Eigentumstheorien, S. 85.

[50] II, § 27.

[51] II, §§ 23, 135.

[52] *Macpherson*, Besitzindividualismus, S. 250.

[53] Ebd., S. 250

[54] Vgl. *R. Schlatter*, Private Property, S. 11.

entfaltet als eine mehr affirmativ akzentuierte Interpretation zur Verteidigung der Eigentumsrechte von Arbeitgebern. So beriefen sich schon die Chartisten in ihrem Programm von 1838 auf Lockes Arbeitstheorie und wiesen zur Begründung ihrer Forderung nach gerechtem Lohn auf den Arbeitsanteil der Arbeiter an den produzierten Gütern hin[55].

Es ist in der Folgezeit nicht nur das Kommunistische Manifest[56], sondern auch einer der Klassiker des Liberalismus, *John Stuart Mill*, der den Gedanken vom Eigentumserwerb durch Arbeit ernst nimmt und von hier aus die praktizierte Verteilung der erarbeiteten Güter kritisiert[57]: In Wirklichkeit sei die Relation zwischen Arbeit und Eigentum so, daß diejenigen, die am wenigsten arbeiteten, den höchsten Ertrag davon hätten, die aber am meisten arbeiteten, den geringsten[58]. Er bekräftigt noch einmal *Lockes* Ansatz: Aus der Arbeitstheorie folge, daß jedem Individuum nur die Früchte seiner eigenen Arbeit zu sichern seien, eine Garantie der Früchte fremder Arbeit gehöre nicht zum eigentlichen Wesen der Institution des Eigentums[59].

Ebenso wie *Mill* versteht auch *Adolph Wagner* die Arbeitstheorie: Für ihn ist sie in ihrem „unbedingt richtigen Kern" nicht „Ausgangspunkt der Entwicklung der Eigentumssituation", sondern „vielleicht der Endpunkt"[60], zunächst aber jedenfalls Postulat „zur Reform der bestehenden Eigentumsordnung, besonders in bezug auf die Produktionsmittel"[61]. Für den Fall, daß wirtschaftliche Güter allein als Produkt von Arbeit erklärt werden könnten, wäre dann bei konsequenter Durchführung den Arbeitern der volle Produktionsertrag zuzusprechen[62]. Und auch in einer der grundlegenden Publikationen der jüngsten Zeit wird der Variante, daß das Arbeitsprodukt dem Arbeiter gehören sollte, der Vorrang eingeräumt[63].

---

[55] *Östreich*, Grundrechte, Bd. I/1, S. 93.

[56] „Schafft aber die Lohnarbeit, die Arbeit des Proletariers, ihm Eigentum? Keineswegs. Sie schafft das Kapital" (*Lieber/Furth*, Bd. II, S. 834); s. auch *Engels*, Ursprung, S. 213: „der letzte verlogene Rechtsvorwand".

[57] *J. S. Mill*, Politische Ökonomie, S. 313 ff., 343.

[58] Ebd., S. 313.

[59] Ebd., S. 315.

[60] *Adolph Wagner*, Politische Ökonomie, Teil II, S. 235.

[61] Ebd., S. 247.

[62] Ebd., S. 246.

[63] *Rittstieg*, Eigentum, S. 84, s. a. S. 357.

2. Subjektive Privatrechte Konsequenzen und Probleme bei der Anwendung der Leistungsthese

Man kann es — zumindest in Industriegesellschaften — geradezu als Regelfall bezeichnen, daß vermögenswerte Rechte nicht allein durch Arbeit und Leistung erworben werden, sondern daß eine Unzahl anderer Faktoren hinzutreten muß, deren Gewicht und Verursachungsanteil ohne Zuhilfenahme wertender Kriterien nicht beschrieben werden kann[64]. Will man hier nicht den Weg gehen, jedes noch so akzidentielle menschliche Tun oder Unterlassen als „Leistung" zu apostrophieren und diesen Verursachungsfaktor dann von vornherein als den eigentlichen herauszustellen — Evidenzgehalt und dogmatische Verwendbarkeit der Leistungsthese würden aufgehoben —, so bleibt nur, den jeweiligen Leistungsanteil einer Rechtsposition zu ermitteln bzw. „wahre" Leistung von nur akzidentiellen Handlungen abzuschichten.

a) Unentgeltliche Zuwendungen

Daß die Begründung des Eigentumsschutzes von subjektiven Privatrechten durch den Gedanken eigener Leistung zu Lücken innerhalb der Eigentumsgarantie führen müßte, ist seit langem bekannt: Zu den häufigsten gegen die Leistungsthese erhobenen Einwänden gehört der Hinweis auf die unbestritten eigentumsgeschützten, aber vom Leistungskriterium nicht abgedeckten unentgeltlich erworbenen Rechtspositionen. Hauptbeispiele sind das durch Vererbung und das durch Schenkung Erlangte[65].

aa) Erbrecht

Hält man an dem inneren Zusammenhang zwischen Eigentums- und Erbrechtsgarantie fest, wie er durch die Zusammenfassung in einem Grundrechtsartikel indiziert ist[66], so muß man zur Verteidigung der Leistungsthese Argumente dafür suchen, warum die Rechtsstellung des — exemplarisch leistungslosen — Erben geschützt wird[67]. Man kann hier entweder zum argumentum e contrario greifen — gerade weil die Eigentumsgarantie nur das Selbsterworbene schütze, sei die Nennung

[64] *Hans Huber*, Festschr. Gutzwiller, S. 561 FN 89: Leistung ergreife „nur noch einen Bruchteil des neuzeitlichen Phänomens Eigentum"; vgl. auch *Schmidt-Aßmann*, Der Staat 1977, S. 145.

[65] *Maunz*, GG, Art. 14 Rdn. 37 nennt daneben noch den Lotteriegewinner; außerdem werden Probleme gesehen bei der Ersitzung (§ 937 BGB) und der Aneignung herrenloser Sachen (§ 958 BGB); *Dürig*, Festschr. W. Apelt, S. 31; *Richter*, Diss., S. 60.

[66] Vgl. etwa *Kimminich*, Bonner Kommentar, Rdn. 18 zu Art. 14 GG.

[67] Vgl. *Dürig*, Festschr. W. Apelt, S. 32; *Friauf*, Leistung, S. 448; *Richter*, S. 60; *Brammen*, Diss., S. 60.

des sonst schon nach der Eigentumsgarantie gewährleisteten Erbrechts erforderlich[68] —, dann bleibt der Widerspruch zwischen Eigentums- und Erbrechtsfunktion bestehen. Oder man bezeichnet die Erbrechtsgarantie als „Komplementärgarantie", die das Ergebnis der Leistung „über die Generationen hinweg" perpetuiere[69]. Die damit implizierte Aussage, alle heute vererbbaren Rechte seien irgendwann einmal durch Leistung der jeweiligen Rechtsvorgänger erworben, beruht aber entweder auf einer durch nichts gerechtfertigten Fiktion oder führt zu der unerfüllbaren Forderung, in der Vergangenheit nach legitimierenden Leistungen zu suchen.

bb) Schenkung

Noch größer als bei der Erbrechtsgarantie werden die Schwierigkeiten bei den durch Schenkung erworbenen Rechtspositionen. Denn hier fehlt es an einer ausdrücklichen verfassungsrechtlichen Gewährleistung, so daß der Ausweg über das argumentum e contrario versagt. Dennoch versteht es sich von selbst, daß geschenkte Rechte ebenso verfassungsrechtliches Eigentum sind wie selbsterworbene; ob etwa ein Künstler seinen Lebensunterhalt mit dem Erlös seiner Werke oder mit der von seinem Mäzen ausgesetzten Rente bestreitet, ist verfassungsrechtlich irrelevant.

Um vom Boden der Leistungsthese aus den Eigentumsschutz auch für geschenkte Rechtspositionen zu begründen, kommen drei Wege in Betracht: Einmal eine analoge Anwendung der Erbrechtsgarantie; dies wird mangels Regelungslücke und angesichts der Tatsache, daß die Erbrechtsgarantie offensichtlich einen abgeschlossenen Sonderbereich regelt, zu Recht nicht vertreten. Die zweite Möglichkeit, beim Beschenkten doch noch eine „Leistung" aufzuspüren — etwa das „Auslösen des Schenkungswillens"[70] —, würde das Leistungskriterium vollends inhaltlos werden lassen. Es bleibt damit auch bei geschenkten Rechten nur die Möglichkeit, die Leistung durch Rechtsvorgänger ausreichen zu lassen, d. h., entweder die Fiktion, alle verschenkten Rechte beruhten auf Leistung, oder die unerfüllbare Aufgabe, auf seiten des Schenkers oder seiner Rechtsvorgänger eine den Eigentumsschutz legitimierende Leistung aufzufinden[71], damit nicht der „Kausalzusammenhang des verfassungsrechtlichen Güterschutzes"[72] unterbrochen werde.

---

[68] Vgl. *Richter*, S. 60.

[69] So *Friauf*, Leistung, S. 448; *Richter*, S. 60: „Modifizierter Eigentumsschutz über den Tod hinaus." Die Erbrechtsgarantie ist dann allerdings eine Garantie des Erblassers, vererben zu dürfen — er hat ja u. U. Leistungen erbracht —, nicht aber, wie es Art. 14 GG offenbar sieht, auch eine originäre Rechtsgarantie für den Erben.

[70] Dies läßt auch *Richter*, S. 60, nicht ausreichen.

[71] So *Brammen*, S. 98; ihm folgend *Richter*, S. 61: „derivative Leistung".

So berechtigt diese häufig genannten Einwände gegen die Leistungsthese also sind, so sehr stellt sich doch die Frage nach ihrem Gewicht: Schenkungen und Lotteriegewinne stehen wohl kaum im Zentrum der Eigentumsgarantie und ihrer Begründung, und das Erbrecht ist — mit welcher teleologischen Legitimation auch immer — positiv verfassungsrechtlich gewährleistet. Allerdings läßt die Tatsache, daß diese Randpositionen überhaupt Objekt verfassungsdogmatisch komplizierter Erörterungen und Konstruktionen sind, vermuten, daß sich hier ein tiefergehender Zweifel an der Legitimierbarkeit privater Rechte aus individueller Arbeit artikuliert. Dieser Zweifel verdichtet sich, wenn man sich vor Augen hält, welche Produktionsfaktoren das Ergebnis individuellen Einsatzes wesentlich mitkonstituieren.

b) Produktionsfaktor Natur

Das Rohmaterial von Arbeit sind weitgehend Gegenstände der Natur. Ihr Vorhandensein ist selbstverständliche Grundlage und Vorbedingung jeder Bearbeitung und Produktion[73]; sind sie aus tatsächlichen — oder insbesondere aus rechtlichen — Gründen nicht verfügbar, so geht jede Arbeit ins Leere. Indem die Natur also Rohstoffe und Energiequellen für die Produktion von Gebrauchswerten bereitstellt, ist sie ebenso Produktionsfaktor wie bei der Wiederaufnahme von Schadstoffen und abgenutzten Gebrauchsgütern in ihren Kreislauf. Ist diese ihre Kapazität nicht umsonst verfügbar, insbesondere weil sie bereits Eigentum Dritter ist, so kann die Arbeitstheorie keinen originären Rechtserwerb begründen; das durch Arbeit erworbene Eigentum muß sie als Eigentum am Rohstoff bereits voraussetzen[74]. Diese bekannte Schwäche der Arbeitstheorie gilt modifiziert im übrigen auch für diejenigen Bereiche, in denen Natur noch umsonst zu haben ist, also etwa bei der Nutzung von Luft und Wasser zur Aufnahme von Schadstoffen. Nachdem absehbar ist, daß die entsprechenden Kapazitäten begrenzt sind, wird auch hier die Verteilungsfrage virulent: Welchem Rechtssubjekt soll die unentgeltliche Nutzung der Natur als Einkommensquelle zugewiesen werden? So war etwa bei der Abwassergesetzgebung zu entscheiden, ob sich die Selbstreinigungskraft der Gewässer auf dem Umweg über Gebühren auf der Einnahmeseite des Staates oder als eigentumsfähiger Aktivposten in der Unternehmensbilanz niederschlagen sollte[75].

---

[72] *Dürig*, Festschr. W. Apelt, S. 32; er befürwortet — wohl allgemein für unentgeltlich erworbene Rechte — eine verschärfte Sozialbindung (S. 32 FN 43); ebenso *Richter*, S. 61 FN 4.

[73] „Denn es wuchs durch Hände der Menschen allein die Frucht nicht." (*Hölderlin*, „Mein Eigentum".)

[74] So schon *Kant*, Metaphysik der Sitten, Rechtslehre, § 17, gegen die Arbeitstheorie.

[75] AbwAbG v. 13. 9. 1976 (BGBL. I, S. 2721 ff.); aus volks- und betriebs-

Dieses Beispiel, wie auch das der Luftverschmutzung, macht deutlich, daß mit der Erinnerung an den Produktionsfaktor Natur nicht nur eine nostalgische Reminiszenz an ein im Laufe der Industrialisierung mehr oder weniger verlorengegangenes Abhängigkeitsgefühl einer vorwiegend agrarischen Epoche gemeint ist[76]; denn der Vermögenswert derartiger Verschmutzungsrechte läßt sich (etwa anhand der Vermeidungskosten) relativ exakt bestimmen. Schließlich dient es auch der Abwehr einer vorschnellen Ideologisierung, wenn man sich vor Augen hält, daß der Reichtum, d. h. die Summe eigentumsgeschützter Privatrechte bestimmter Regionen bzw. ihrer Oberschichten, weniger auf einer vergleichsweise höheren Summe an Arbeitseinheiten beruht, sondern eher natürlichen Reichtum widerspiegelt.

c) Produktionsfaktor Gesellschaft

Arbeit schafft Eigentum nicht im luftleeren Raum, sondern im Rahmen eines gesellschaftlichen Wirkungszusammenhanges, der den Wert erarbeiteter Rechte und Güter verringern, aber auch beträchtlich erhöhen kann. Diese Einwirkungen beginnen bereits bei der Person des jeweils Leistenden: Quantität und Qualität des Selbstgeschaffenen hängen nicht nur von seinem Fleiß ab, sondern ebenso von dem sozialen Umfeld, das seinen persönlichen Werdegang prägt und seine persönliche Leistungsfähigkeit und -bereitschaft durch Erziehung, Ausbildung, Normvermittlung u. ä. mitbestimmt.

In besonderem Maße aber wirken sich gesellschaftliche Kausalfaktoren bei unternehmerisch genutztem Eigentum sowie bei Grundbesitz aus.

aa) Markteinflüsse

Kein unternehmerischer Erfolg läßt sich allein auf Bemühungen, Geschick oder Investitionen der Unternehmenseigentümer zurückführen. Wesentliche Ursache etwa für die Höhe von Unternehmensgewinnen oder von Wertsteigerungen bei Grundstücken liegen in einem sozialen und marktwirtschaftlichen Geflecht von Daten und Entwicklungen, auf das der Einzelne keinen Einfluß hat und — nach marktwirtschaftlicher Theorie — auch nicht haben soll. Besonders deutlich wird diese Problematik des Verhältnisses von eigener Leistung und individuell nicht zurechenbaren Bereicherungsfaktoren bei den sogenannten Spekulationsgewinnen[77]. Hier wird beispielhaft und besonders augenfällig deut-

---

wirtschaftlichen Gründen (s. SV-Rat für Umweltfragen, Die Abwassergabe, S. 40) wurde sie den Unternehmen zugewiesen.

[76] In der Landwirtschaft „tut die Natur die Hauptsache, und der eigene Fleiß ist dagegen das Untergeordnete“, während dem Gewerbe das „Naturprodukt nur als Material“ erscheint (*Hegel*, Rechtsphil. § 203 Zus.).

[77] Ausführlich hierzu *Leisner*, Sozialbindung, S. 121 ff.; die Diskussion hat

lich, was für eine marktwirtschaftliche Ordnung insgesamt gilt — „Marktwirtschaft liegt vor, wenn alle spekulieren“[78] —: Für die Inhaber knapper Güter entsteht verfassungsgeschütztes Eigentum ohne jedes Zutun des Bereicherten. Hinsichtlich der Berücksichtigung marktverursachter Gewinne und Wertsteigerungen steht die Leistungsthese also vor folgendem Dilemma: Sie muß entweder auch bei Spekulationsgewinnen noch einen „arbeitsintensiven Kern“[79] aufspüren, etwa „das Besitzen und Verwalten, gar nicht zu sprechen von der Mühe der Marktbeobachtung“[80]; dann führt dies zu einer an die Grenzen der Auflösung stoßenden Verflüchtigung des Leistungsbegriffs, die vom naturrechtlichen Evidenzgehalt der Arbeitstheorie so gut wie nichts übrig läßt. Oder sie kommt zu dem Ergebnis, daß aus Marktveränderungen resultierende Gewinne und Wertsteigerungen kein verfassungsgeschütztes Eigentum seien; dann stellt sich die Frage nach der Quantifizierung marktverursachter Gewinne und damit die in einer marktwirtschaftlichen Ordnung unbeantwortbare Frage nach dem „wahren“, marktfrei ermittelten Wert eines Gutes.

Es ist daher nicht verwunderlich, daß gerade ein prominenter Verteidiger liberaler Wirtschaftsordnung die Arbeitstheorie als Begründung für Unternehmenseigentum ausdrücklich zurückgewiesen hat[81]: *F. Böhm* geht davon aus, daß sich „Eigentum“ und „Arbeit“ wie zwei Pole feindlich gegenüberstehen. Er verwendet diese Begriffe nicht als Kürzel für „Unternehmer“ und „Arbeitnehmerschaft“, sondern stellt explizit fest, daß der eigentliche „Multiplikator“ für unternehmerischen Erfolg das bereits vorhandene Vermögen sei: „Bei gleicher Fähigkeit, Bewährung und Glück wirft die Großinvestition ... viel höhere Einkommen ab als die kleine Investition und das kleine Unternehmen.“ Daraus folgert er, daß „bei großen Kapitaleinkommen und bei großen Unternehmergewinnen ... ein progressiv wachsender Teil dieser Einkommen *allein durch Reichtum* verdient ist“[82]. Wenn diese Feststellung zutrifft, so müßten auf der Basis der Leistungsthese Unternehmen und Vermögen desto weniger von Art. 14 GG geschützt sein, je größer sie gewachsen wären.

sich hier vor allem auf die Bodenwertzuwachssteuer konzentriert, vgl. den umfassenden Überblick über die aktuelle Diskussion bei *Kimminich*, Bonner Kommentar, Rdn. 33 ff. zu Art. 14 GG; die Forderung nach einer Bodenwertzuwachssteuer findet sich in der jüngeren Geschichte vor allem bei der Bodenreformbewegung (*Damaschke*) und bei den Kathedersozialisten (*Adolph Wagner*, 1908: „Der Wertzuwachs ist das Produkt der Arbeit der ganzen Bevölkerung und dementsprechend sollte auch die Gesamtheit Anteil haben an dem Wertzuwachs!“).

[78] *Leisner*, Sozialbindung, S. 123.

[79] *Richter*, S. 58 FN 2: „den Einsatz“.

[80] Vgl. *Leisner*, Sozialbindung, S. 123.

[81] Festgabe für Kronstein, S. 11 ff.

[82] *Böhm*, S. 33 (Hervorhebung von Böhm).

bb) Leistungen Dritter

In einer arbeitsteiligen Gesellschaft verdanken die Eigentümer von Unternehmen ihre Rechtsposition weniger eigener Arbeit, als vielmehr der Arbeit und Vermögensleistungen unbestimmt vieler Dritter[83]. Die Koordination sachlicher und persönlicher Mittel zu einem unternehmerischen Erfolg — soweit sie überhaupt noch von Eigentümern und nicht von leitenden Arbeitnehmern wahrgenommen wird[84] — stellt hier nur einen Bruchteil an Leistung unter vielen anderen dar. Die schon bei Locke unaufgelöste, aber zu seiner Zeit angesichts vorwiegend handwerklicher Produktionsweise zunächst wenig relevante Diskrepanz wird in einer arbeitsteiligen Industriegesellschaft zur zentralen Frage: Warum werden diejenigen, die in einem differenzierten und aufgabenverteilenden Produktionsgang gemeinsam Werte erzeugen, vom Boden der Arbeitstheorie aus nicht auch Miteigentümer „ihrer" Produkte[85]? Warum werden diejenigen Eigentümer, die — wie bei den modernen Kapitalgesellschaften der Regelfall — diesem Produktionsprozeß am fernsten stehen?

Die moderne juristische Leistungsthese hat sich mit dem Begriff einer „derivativen Leistung"[86] zu helfen gesucht; dies bedeutet nichts anderes, als daß zur Begründung von Eigentum nicht eigene Arbeit erforderlich ist, sondern daß die Leistung jedes beliebigen Dritten diesen Schutz rechtfertigt. Damit aber geht der Evidenzgehalt der Arbeitstheorie verloren; dieser liegt ja darin, daß Selbstgeschaffenes in einer gewissen „Nähe und Beziehung zur Person" steht, daß Eigentum „persönlichkeitsessentiell und persönlichkeitsdurchwirkt"[87] ist. Wenn Selbsterarbeitetes nicht dem freien Zugriff der Allgemeinheit unterliegt, so deshalb, weil sich in ihm die Persönlichkeit seines Urhebers niedergeschlagen hat[88]: „Die Person wird in ihrem Recht verletzbar auch an einem Ort, wo sie physisch nicht gegenwärtig ist[89]." Wenn dieser eigentliche Kern der Leistungsthese aufgegeben wird, fällt sie in sich zusammen. — Das kleinere Übel dürfte also sein, Begründungslücken und konstruktive Inkongruenzen bewußt in Kauf zu nehmen und zu versuchen, den an sich unbegründeten Eigentumsschutz von ganz oder teilweise leistungslosen Rechtspositionen durch eine verschärfte Sozialbindung[90] oder

---

[83] Ebd., S. 19.

[84] *Krüger* setzt die „eigentumslose Leistung" der Manager dem „leistungslosen Eigentum" der Aktionäre gegenüber (Staatslehre, S. 433).

[85] Eine derartige Neuinterpretation des § 950 BGB hat in der Tat *Fabricius*, Mitbestimmung, S. 83 ff., befürwortet.

[86] *Richter*, S. 61 im Anschl. an *Brammen*, S. 98.

[87] *Dürig*, Festschr. W. Apelt, S. 32 FN 43.

[88] Vgl. *Hegel*: „Ich gebe ihm meine Seele" (Rechtsphilosophie § 44).

[89] *R. Brandt*, Eigentumstheorien, S. 11.

durch eine entsprechende Berücksichtigung bei der Höhe der zu leistenden Entschädigung[91] Rechnung zu tragen. Doch auch dieser Weg ist nicht gangbar. Denn zum einen stehen anders als bei Schenkungen und Lotteriegewinnen mit Unternehmen und Großvermögen zentrale Bereiche der Eigentumsgarantie in Frage, deren Eigentumsschutz zu begründen wäre. Zum anderen will wohl niemand — sieht man von den Extremfällen unberechtigter Spekulationsgewinne ab — ernstlich leistungsschwache oder leistungslose private Rechte anders behandeln als die selbsterdienten[92]. Selbst wenn ein derartiger Wille bestünde, wäre kaum zu sehen, wie er zu realisieren wäre: Wie sollte angesichts der Komplexität von Kausalfaktoren in einer arbeitsteiligen Industriegesellschaft ermittelt werden, zu welchem Bruchteil sich eigene Arbeit in Unternehmensgewinnen oder anderen Wertsteigerungen niedergeschlagen hat?

Hier wird noch einmal deutlich, in welcher Ideologisierungsgefahr die Leistungsthese steht: Daß diejenigen, die arbeiten, kein Eigentum erwerben, sondern diejenigen, die arbeiten lassen, ist ein Tatbestand, den die Arbeitstheorie in ihrem naturrechtlichen Kern nicht begründet, sondern kritisiert. Die — u. U. sinnvolle und legitime — Verteidigung „wohlerworbener Rechte" aber gehört eher in die Tradition der Absicherung feudaler Rechte gegenüber absolutistischem Zugriff als in die des bürgerlich-liberalen Naturrechts seit John Locke — auch wenn dessen Sieg Vorbedingung für das Entstehen dieser Rechte war. In diesem naturrechtlichen Kern richtet sich Lockes Arbeitstheorie heute wieder — oder noch — gegen die neuen, alten Rechte: Sie erleichtert nicht den Eigentümern die Argumentation, sondern denen, die arbeiten, ohne Eigentümer „ihrer" Produkte zu werden.

d) *Produktionsfaktor Staat*

Die bei gesellschaftsverursachten Gewinnen vermißte Konsequenz der Leistungsthese scheint demgegenüber bei den „staatsverursachten" Vermögensrechten vorhanden zu sein: Hier ist es ja gerade ihre erklärte Aufgabe, rücknehmbare Staatsgeschenke von Erarbeitetem abzuschichten, um so den Eigentumsschutz des letzteren zu begründen. Dieser Vorgang einer Wiederauflösung der „Verflochtenheit der privatrechtlichen

---

[90] *Dürig*, Festschr. W. Apelt, S. 32 FN 43; *Friauf*, Leistung, S. 448: *Richter*, S. 58 FN 2; vgl. auch *Sendler*, DÖV 1971, S. 21.

[91] So insbes. *Opfermann*, Enteignungsentschädigung, S. 95 ff.

[92] Symptomatisch *Richter*, der für die geringere Schutzintensität leistungsschwacher Positionen auf den letzten Teil seiner Arbeit verweist (S. 58 FN 2, S. 61 FN 4); dort aber finden sich lediglich die sonst schon eingeführten Gesichtspunkte (Unvermehrbarkeit von Grund und Boden, polizeirechtliche Schranke, Stärke öffentlich-rechtlicher Interessen u. ä.), S. 98 ff.

und öffentlichen Elemente beim Vermögenserwerb"[93] darf sich nun nicht auf den engeren Bereich der subjektiv-öffentlichen Rechte beschränken, wenn nicht der Anspruch aufgegeben werden soll, mit dem Leistungskriterium eine den Eigentumsschutz im wesentlichen rechtfertigende Grundfunktion der Eigentumsgarantie überhaupt zur Verfügung zu haben. Dieser allgemeine Geltungsanspruch erfordert, daß auch andere tatsächliche und rechtliche Vorteile, die dem Einzelnen aus Staatsverhalten entstehen, als „unerdient" in Rechnung gestellt werden.

Dabei soll hier diejenige These außer Ansatz bleiben, die jedes private Eigentum von vornherein als staatsgeschaffen ansieht. Ein Satz wie „der Staat schafft die Rechte, die Individuen haben die Rechte"[94] bringt entweder nur die historisch bekannte Tatsache zum Ausdruck, daß Ausschließlichkeitsrechte nicht mehr selbst, sondern nur über die vom Staat geschaffene, gewaltmonopolisierende Rechtsordnung durchgesetzt werden können, oder er bereitet eine undifferenzierte und flächendeckende Argumentationslastverschiebung zugunsten des Staates vor. In beiden Fällen trägt er wegen seiner allzu allgemeinen Formulierung zu dem Verhältnis zwischen staatsverursachten und individualverursachten Bereicherungsfaktoren nichts bei.

Demgegenüber meint die Redeweise vom Staat als „Produktionsfaktor"[95] etwas anderes. Sie bezeichnet die Tatsache, daß in einer Vielzahl von Fällen staatliche Leistungen sich als private Bereicherungen niederschlagen, ohne durch „Leistung" erworben zu sein[96].

In einem sehr weiten Zusammenhang gilt dies einmal hinsichtlich der Erfüllung der klassischen Staatsaufgaben. Die Gewährleistung innerer und äußerer Sicherheit, die Bereitstellung eines rechtlichen Rahmens, der Ausbau von Infrastruktur, die Übernahme von Bildungs- und Ausbildungsaufgaben und nicht zuletzt der Ausbau eines Netzes sozialer Sicherungen sind Grundbedingungen jeder industriellen Erwerbsgesellschaft. Welchen Ertrag individuelle oder gesellschaftliche Arbeit haben kann, aber hängt entscheidend von der Qualität dieser staatlichen Vorleistungen ab. Wenn die Stabilität der Währung zu wünschen übrig läßt, wenn es an adäquater Infrastruktur und hinreichend ausgebildeten Arbeitskräften fehlt, so müssen etwaige Instabilitäten durch erhöhten Einsatz von Mitteln, Arbeit und Risiko kompensiert werden. Sollen

[93] *Dürig*, Festschr. W. Apelt, S. 36 ff. im Anschluß an Forsthoff NJW 1955, S. 1250.

[94] *Macpherson*, Demokratietheorie, S. 201; vgl. auch *Ridder*, Grundrechtsschutz, S. 103.

[95] Ausdruck von *Adolph Wagner*, Politische Ökonomie, Teil II, S. 235.

[96] Es sei denn, man beschriebe das politisch-staatliche System mit marktwirtschaftlichen Begriffen: Tausch von Wahlstimme und Steuern gegen entsprechende staatliche Leistungen, dagegen zu Recht *Macpherson*, Demokratietheorie, S. 225 ff.

also vermögenswerte Rechte, die ohne staatliche Konjunkturpolitik nicht erworben worden wären, kein oder nur zum Teil verfassungsgeschütztes Eigentum sein?

Je mehr der Staat unmittelbar Einzelne begünstigt, je präziser der Kreis der Betroffenen bestimmt werden kann, desto deutlicher und bezifferbarer wird der jeweilige Staatsanteil am Wert der erworbenen Vermögensrechte, desto mehr müßte auch über die Feststellung fehlender persönlicher Leistung hinaus der Gesichtspunkt Gewicht gewinnen: Was der Staat gibt, darf er auch wieder nehmen[97]. Warum kann z. B. der Inhaber einer Kohlenzeche oder eines Betriebes im Zonenrandgebiet, der ohne staatliche Subventionen längst den Gesetzen der Marktwirtschaft erlegen wäre, sich ebenso und im gleichen Umfang wie ein „normaler" Betrieb auf Art. 14 GG berufen? Wenn der Staat aus Gründen des öffentlichen Wohls bestimmte Wirtschaftsbereiche ganz oder ansatzweise aus dem Markt herausnimmt[98] und — mindestens de facto — eine Existenzgarantie gibt, so kann von einer allein auf eigene Leistung zurückzuführenden Rechtsposition nur schwerlich die Rede sein. Daß auch individuelle Leistung im Regelfall notwendige Bedingung derartiger Rechtspositionen sein wird, hilft hier nicht weiter, denn es geht der Leistungsthese ja gerade darum, die verflochtenen Kausalketten mit Hilfe ihres Kriteriums zu entwirren.

Immerhin ist versucht worden, das Leistungskriterium im Bereich des Bodenrechts fruchtbar zu machen[99]. Hier ist die Abschöpfbarkeit planungsverursachter Wertsteigerungen, soweit ihre Vereinbarkeit mit Art. 14 GG infrage stand, mit dem Mangel eigener Arbeit begründet worden: „Bodenwertsteigerungen entstehen ohne Arbeit und Leistung des Eigentümers, so daß sie nicht unter dem besonderen Schutz des Art. 14 GG stehen[100]." Die Gegenposition hat im wesentlichen auch nicht die Berechtigung des Leistungsgesichtspunktes bestritten, sondern hat mit der Undurchführbarkeit einer derartigen Abschichtung zwischen privater und öffentlicher Verursachung argumentiert[101]. Wenn sie hiermit recht hat — der Verzicht auf den anfänglich vorgesehenen Planungswertausgleich in der Baurechtsnovelle 1977[102] scheint ihr recht zu geben —, so spricht dies entscheidend gegen die verfassungsrechtliche

[97] Vgl. BVerfGE 2, 380 (401).

[98] Wie z. B. bei der Produktion und Verteilung von (elektrischer) Energie, vgl. *Rinck*, Wirtschaftsrecht, Rdn. 439 ff., 1063 ff.

[99] s. die umfassende Darstellung zum Planungswertausgleich bei *Kimminich*, Bonner Kommentar, Rdn. 33 ff. zu Art. 14 GG.

[100] *von Heynitz*, DVBl. 1975, S. 477; ähnlich *Leibholz/Lincke*, DVBl. 1975, S. 935.

[101] So immer wieder *Engelken*, DÖV 1974, S. 361 ff., S. 403 ff.; DÖV 1975, S. 296 ff.; vgl. DÖV 1976, S. 8 ff.; s. a. *Kimminich*, Art. 14 Rdn. 33 ff. m. w. N.

[102] §§ 135 a und 135 b des Entwurfs (BT-Drs. 7/2496).

Arbeitstheorie: Wenn schon für diese Fälle, bei denen ein hinreichend präzise benennbares Verhalten des Staates einen konkret meßbaren Vermögensvorteil verursacht, das Leistungskriterium nicht anwendbar ist, dann ist es jedenfalls für subjektive Privatrechte überhaupt nicht anwendbar.

Der Gedanke, daß Selbsterarbeitetes grundsätzlich nicht vom Staat angetastet werden darf, kann mithin keine Grundfunktion der Eigentumsgarantie insgesamt sein; er ist also ungeeignet zur teleologischen Definition des verfassungsrechtlichen Eigentumsbegriffs[103]. Dies bedeutet nicht, daß er damit als relevanter Gesichtspunkt bei der Auslegung des Art. 14 GG auszuscheiden hätte: Indem er die durch Arbeit vermittelte besonders enge Beziehung zwischen einer Person und einer Sache beschreibt, bietet er Anhaltspunkte für das Ausmaß der jeweiligen Sozialbindung, das um so geringer ist, je enger dieses Band zwischen Person und Sache ist. Ob er darüber hinaus jedenfalls für den engeren Bereich der subjektiv-öffentlichen Rechte eigenständigen Legitimationsgehalt beanspruchen kann, wird im folgenden zu untersuchen sein.

3. Subjektiv-öffentliche Rechte

a) Das Leistungskriterium in der Rechtsprechung des Bundesverfassungsgerichts

Eine Darstellung der Rechtsprechung des Bundesverfassungsgerichts zum Leistungskriterium ist aus verschiedenen Gründen angebracht. Zum einen, weil sie von den Befürwortern der Leistungsthese — wie sich zeigen wird zu Unrecht — für sich in Anspruch genommen wird: Das Bundesverfassungsgericht habe das Leistungskriterium als die „Grundfunktion des Eigentums überhaupt“[104] anerkannt. Zum anderen, weil diese Verwendung des Leistungskriteriums[105] zunächst parallel läuft mit einer immer bewußteren Hinwendung zu teleologischer Argumentation, die dann ihrerseits wieder vom Leistungskriterium weg zu führen scheint[105a].

Die erste Entscheidung des Bundesverfassungsgerichts, in der im Hinblick auf die Eigentumsgarantie von Leistung die Rede ist, ist das

[103] So die inzwischen wohl überwiegende Meinung, *Badura/Rittner/Rüthers*, MitbestG, S. 222; *Saladin*, Grundrechte, S. 392; *Vogel*, Eigentumsverfassung, S. 17; *W. Weber*, Festschr. Michaelis, S. 319.

[104] *Friauf*, Leistung, S. 446; *Richter*, S. 66.

[105] Vgl. insb. BVerfGE 1, 264 (277/278); 14, 288 (293—295); 16, 94 (111); 24, 220 (226); 31, 229 (240/241); vgl. auch 4, 219 (242); 18, 392 (397); 29, 283 (302); 36, 281 (290/291); 48, 346 (358); 48, 403 (413).

[105a] Diese Prognose ist inzwischen durch BVerfG DVBl. 1980, 366 — Versorgungsausgleich — bestätigt worden: Rentenversicherungsansprüche sind wegen ihres personalen Bezugs Verfassungseigentum, der Gesichtspunkt eigener Leistung wird vor allem im Rahmen der Sozialbindung relevant.

„Schornsteinfeger-Urteil"[106]. Dem Gericht ist zu dieser Zeit noch selbstverständlich, daß subjektiv-öffentliche Rechte von Art. 14 GG nicht erfaßt werden; es versteht „Eigentum" in Art. 14 GG lediglich als Transmissionsbegriff, als Hülse für ein im Zivilrecht präzisiertes Bild von Privateigentum d. h. subjektiven Rechten des Privatrechts: Der Betrieb des Schornsteinfegers ist dann verfassungsrechtliches Eigentum, wenn er diesem Bild entspricht. Eine plastische Vorstellung im Hinblick auf den Gewerbebetrieb als Privatrecht gewinnt das Gericht nun induktiv durch Aufstellen entsprechender topoi[107]; einer der genannten Gesichtspunkte (Unternehmerrisiko, rechtsgeschäftliche Verwertbarkeit u. a.) ist der des durch eigene Leistung Erworbenen.

Die erstmalige Einführung des Leistungsbegriffs ist also durch folgende Umstände gekennzeichnet: Erstens: Einbettung des Leistungsbegriffs in einen übergreifenden Obersatz. Zweitens: Relativierung als ein Gesichtspunkt unter anderen. Drittens: Ausgang von einer historischen, auf die Gewährleistung allein subjektiver Privatrechte abstellenden Auffassung, die die Frage nach einem spezifisch verfassungsrechtlichen Eigentum und damit nach dem Schutzzweck der Eigentumsgarantie nicht in den Blick bekommt[108].

Diese zunächst die Einbeziehung subjektiv-öffentlicher Rechte grundsätzlich abwehrende — aber nicht durch teleologische Argumentation Kriterien schaffende — Rechtsprechung wird besonders deutlich in der „Antwort" des Bundesverfassungsgerichts[109] auf den bekannten Beschluß des Bundesgerichtshofs vom 20. Juni 1952[110]. Der Rekurs auf die gesellschaftlichen Anschauungen wird ersetzt durch die Berufung auf die dem Verfassunggeber bekannte, bis dahin herrschende Meinung, daß nur private Vermögensrechte von der Eigentumsgarantie erfaßt würden[111]. Im Vordergrund allerdings steht die Befürchtung, Art. 14 GG könne „die einfache Gesetzgebung weitgehend blockieren und eine Anpassung des Rechts an die Veränderung der sozialen und wirtschaftlichen Verhältnisse hintanhalten"[112]. Eine — auch nur andeutungsweise formulierte — Einbeziehung des Leistungskriteriums oder einer vergleichbaren Argumentation findet sich noch nicht.

---

[106] BVerfGE 1, 264 ff. (277/278) — Altersgrenze für Schornsteinfeger —.

[107] Unter Verweis auf die „heute allgemein herrschenden gesellschaftlichen Auffassungen", BVerfG, ebd., 277.

[108] „Denn das Grundgesetz wollte hier das Rechtsinstitut des Eigentums, so wie es das bürgerliche Recht und die gesellschaftlichen Anschauungen geformt haben, schützen ..." (BVerfGE 1, 264 [278]).

[109] BVerfGE 2, 380, 399 ff. — Haftentschädigungsansprüche —.

[110] BGHZ (GS) 6, 270 (278 ff.).

[111] BVerfGE 2, 380 (399 f.).

[112] BVerfGE 2, 380 (402).

Erst im Beschluß vom 11. Oktober 1962[113] rückt das Leistungskriterium ins Zentrum der Handhabung der Eigentumsgarantie ein[114]: Ob die Rechtsposition der Selbstversicherung Eigentum ist, wird davon abhängig gemacht, „wieweit sie sich als Äquivalent eigener Leistung erweist oder auf staatlicher Gewährung beruht“[115]. Damit ist methodisch der Weg zu einer schutzzweckorientierten Argumentation eröffnet. Hervorzuheben ist allerdings auch hier, daß das Bundesverfassungsgericht nicht primär den Schutz des durch eigene Leistung Erworbenen zum telos der Eigentumsgarantie erhebt, sondern zunächst die Gewährleistung der „Handlungs- und Gestaltungsfreiheit“[116]. Erst in einem weiteren Gedankenschritt findet eine Konkretisierung dieses Bezuges auf das Leistungskriterium statt.

In der Soldatenpensions-Entscheidung[117] nimmt das Gericht dann ausdrücklich Abschied von seiner historisch definierten Bestimmung der Reichweite verfassungsrechtlichen Eigentumsschutzes: Es kann „nicht entscheidend sein, ob sie (die Rechtsposition) im privaten oder im öffentlichen Recht wurzelt und ob sie privatrechtliche Elemente aufweist“[118]. „Eigentum“ im Sinne des Art. 14 GG konstituiert sich nun auch in der Rechtsprechung des Bundesverfassungsgerichts zum spezifisch „verfassungsrechtlichen Begriff“[119]. Die damit aufgeworfene Frage, mit Hilfe welcher Kriterien dieser Begriff zu präzisieren sei, wird zunächst mit einer vagen und wenig konturierten[120] Definition umschrieben: Eine Rechtsposition „muß so stark sein, daß es nach dem rechtsstaatlichen Gehalt des Grundgesetzes als ausgeschlossen erscheint, daß der Staat sie ersatzlos entziehen kann“[121] — eine Formel, die dann mit Hilfe des Leistungskriteriums konkretisiert wird. „Leistung“ bleibt also eingebettet in einen im weiteren Zusammenhang formulierten Obersatz[122].

Der entscheidende Durchbruch zu einer teleologischen Betrachtungsweise findet schließlich im Hamburger Deichurteil[123] statt: „Das Eigentum ist ein elementares Grundrecht, das in einem inneren Zusammenhang mit der Garantie der persönlichen Freiheit steht. Ihm kommt im Gesamtgefüge der Grundrechte die Aufgabe zu, dem Träger des Grund-

---

[113] BVerfGE 14, 288 (293—295) — Weiterversicherung —.

[114] BVerfGE 14, 288 (294).

[115] Andeutungsweise schon in BVerfGE 2, 380 (401); 4, 219 (242).

[116] BVerfGE 14, 288 (293).

[117] BVerfGE 16, 94.

[118] BVerfGE 16, 94 (112).

[119] BVerfGE 16, 94 (111).

[120] Krit. a. *Rupp-v. Brünneck,* diss. vote BVerfGE 32, 111, S. 141.

[121] BVerfGE 16, 94 (112).

[122] Diese Einbettung in wechselnde „Großformeln“ findet sich häufig, vgl. E 18, 392 (397); 24, 200 (226); 29, 22 (34).

[123] BVerfGE 24, 367 ff.

rechts einen Freiheitsraum im vermögensrechtlichen Bereich sicherzustellen und ihm damit eine eigenverantwortliche Gestaltung des Lebens zu ermöglichen. Die Garantie des Eigentums als Rechtseinrichtung dient der Sicherung dieses Grundrechts[124]." — Diesen materiellen Freiraum aber schaffen leistungslose Rechtspositionen ebenso wie selbsterarbeitete.

Diese Linie wird auch in der ersten Urheberrechtsentscheidung[125] nicht verlassen, obwohl sich gerade für den Bereich künstlerischen Schaffens eine explizit formulierte Anerkennung des Leistungsgedankens für die gesamte Eigentumsgarantie geradezu aufgedrängt hätte — dies jedenfalls dann, wenn das Bundesverfassungsgericht tatsächlich den Schutz des Selbsterarbeiteten als Grundfunktion der Eigentumsgarantie ansehen wollte. Als typischer Schutzbereich der Eigentumsgarantie aber wird auch hier ihre Aufgabe bezeichnet, „dem Träger des Grundrechts ... einen Freiheitsraum im vermögensrechtlichen Bereich zu gewährleisten und ihm damit die Entfaltung und eigenverantwortliche Gestaltung des Lebens zu ermöglichen; insoweit steht sie in einem inneren Zusammenhang mit der Garantie der persönlichen Freiheit". Erst „darüber hinaus bewahrt die Eigentumsgarantie den konkreten, vor allem den durch Arbeit und Leistung erworbenen Bestand an vermögenswerten Gütern"[126]. Diese Zuordnung des Arbeitsergebnisses an den Urheber ist nun gerade kein Gebot des Art. 14 GG, sondern Ergebnis „privatrechtlicher Normierung"[127]; sie wird lediglich „zu den konstituierenden Merkmalen des Urheberrechts" gerechnet und nicht zu denen der Eigentumsgarantie in ihrer Gesamtheit[128].

Der gleiche Argumentationsgang — Zuweisung des Selbstgeschaffenen durch das Privatrecht, verfassungsrechtlicher Eigentumsschutz aufgrund des inneren Zusammenhangs mit der Garantie der persönlichen Freiheit — findet sich dann auch im Patentrechtsbeschluß von 1974[129], wobei zugleich im Anschluß an den zweiten Urheberrechtsbeschluß[130] für die Auslegung des Eigentumsbegriffs in Art. 14 GG ausdrücklich auf die Ermittlung von „Zweck und Funktion der Eigentumsgarantie"[131] verwiesen wird.

Die bisherige Übersicht macht deutlich, daß das Leistungskriterium in der Rechtsprechung des Bundesverfassungsgerichts eine Eigentums-

[124] BVerfGE 24, 367 (389); vgl. a. S. 400: „personenhafte Bezogenheit", „Freiheitsraum für eigenverantwortliche Tätigkeit".

[125] BVerfGE 31, 229 ff. (240 ff.).

[126] BVerfGE 31, 239.

[127] BVerfGE 31, 241.

[128] BVerfGE 31, 240; ebenso BVerfGE 36, 281 (290).

[129] BVerfGE 36, 281 ff. — Einsicht in Patentakten —.

[130] BVerfGE 31, 275 ff. (283) — Schutzfristverkürzung —.

[131] BVerfGE 36, 281 (290).

schutz intensivierende, nicht aber eigentlich konstituierende Funktion hat. Zwar ist mit dieser Feststellung mehr der vom Bundesverfassungsgericht selbst formulierte Argumentationsrahmen beschrieben als die wirkliche Praxis, in der das Leistungskriterium weitgehend doch als das im Ergebnis ausschlaggebende Argument erscheint — jedenfalls soweit es um subjektiv-öffentliche Rechte geht. Neuere Entwicklungen deuten jedoch darauf hin, daß dieses gedankliche Rangverhältnis zwischen dem Schutz eines materiellen Freiheits- und Entfaltungssubstrats und dem Schutz „geronnener" Arbeit auch in der Praxis relevant zu werden beginnt. So hat etwa *Benda* den Eigentumsschutz aller daseins- und freiheitssichernden Rechte, namentlich der subjektiv-öffentlichen, befürwortet[132] und auch *Rupp-v. Brünneck* hat dazu aufgefordert, die bisherige, am Leistungskriterium orientierte Praxis des Gerichts zum Eigentumsschutz subjektiv-öffentlicher Rechte zu überprüfen: Gegenüber der Leistungsthese wird so der ursprüngliche funktionale Bezug der Eigentumsgarantie zur Garantie der persönlichen Freiheit wieder in den Vordergrund gerückt[133].

Daß diese Stellungnahme aus den eigenen Reihen nicht ohne Resonanz geblieben ist, zeigt der Beschluß vom 9. Juni 1975[134], in dem das Bundesverfassungsgericht selbst einen kurzen Überblick seiner bisherigen Rechtsprechung zum Eigentumsschutz sozialversicherungsrechtlicher Positionen gibt. Mit keinem Wort wird in diesem Rückblick auf das Leistungskriterium verwiesen. Statt dessen wird auf die „freiheitsverbürgende Funktion" der Eigentumsgarantie abgestellt, die darauf ziele, „dem Einzelnen die wirtschaftlichen Voraussetzungen für eine eigenverantwortliche Lebensgestaltung zu ermöglichen"[135]. Deutlicher läßt sich in einer für das Entscheidungsergebnis als nicht erheblich gekennzeichneten Passage[136] die Abkehr von der faktischen Dominanz des Leistungskriteriums kaum formulieren.

Auch in der Contergan-Entscheidung[137] wird nicht danach gefragt, auf welche Leistung etwa die im Vergleichsvertrag mit der Firma Chemie Grünental entstandenen Ansprüche der Geschädigten zurückgeführt werden könnten; es wird vielmehr — im Rahmen einer auch

---

[132] *Benda,* ZfSR 1974, 15 ff. im Anschl. an *Badura,* Verh. 49, DJT, T. 11; s. a. *Geiger,* Eigentum u. Eigentümer, 188 ff.; weitere Nachw. bei *Papier,* VjSfSR 1973, 36 N. 13.

[133] Dissenting vote zu BVerfGE 32, 111 (129 ff., 142) — Österreichfälle: „Ein Stück Freiheitsschutz", s. a. *Geiger,* BVerfGE 45, 142 (183) — diss. vote —.

[134] BVerfGE 40, 65 (82 ff.) — Krankenversicherung der Rentner —.

[135] BVerfGE 40, S. 84 unter ausdrücklicher Inbezugnahme des diss. vote *Rupp-v. Brünneck,* BVerfGE 32, 129 (142) sowie der Ausführungen im Hamburger Deichurteil (BVerfGE 24, 367 ff.).

[136] Die Verfassungsbeschwerden hatten schon aus anderen Gründen Erfolg, BVerfGE 40, S. 84.

[137] BVerfGE 42, 263 (292 ff.); s. a. NJW 1979, 699 ff. — Mitbestimmung —.

auf Privatrechte erstreckten teleologischen Argumentation[138] — die Bedeutung dieser Ansprüche für die „weitere Lebensgestaltung", ihr Charakter als „Äquivalent für Einbuße an Lebenstüchtigkeit"[139] festgestellt.

In zwei jüngeren Entscheidungen scheint dagegen der Akzent wieder mehr auf dem Leistungskriterium zu liegen[140]. Doch bedarf diese Feststellung einer doppelten Relativierung: Zum einen handelte es sich in beiden Fällen nicht um typisch personalbezogene existenz- und freiheitssichernde Rechte, zum anderen wird das Leistungskriterium überlagert von einem im Verwaltungsrecht eingebürgerten Abgrenzungskriterium für subjektiv-öffentliche Rechte: Es wird nach der individualschützenden Funktion der jeweiligen Berechtigungsnorm gefragt[141], die in beiden Fällen verneint wird.

Als Fazit dieses kursorischen Überblicks kann also festgehalten werden: Soweit das Bundesverfassungsgericht das Leistungskriterium verwendet, ist es entweder durch die Einbeziehung weiterer Gesichtspunkte oder durch die Einbettung in allgemein gehaltene bzw. durch den Bezug auf die Handlungsfreiheit bestimmte Obersätze relativiert worden[142]. Es gibt daher auch keine Entscheidung des Bundesverfassungsgerichts, die als Schutzzweck oder gar als Wesensgehalt der Eigentumsgarantie den Schutz des durch eigene Leistung Erworbenen ansähe[143]. Mit steigender Zuwendung zu einem teleologisch bestimmten, spezfisch verfassungsrechtlichen Eigentumsbegriff sinkt die Bedeutung des Leistungskriteriums. Die Entwicklung führt damit von der faktischen Dominanz[144] des Leistungskriteriums über ein unverbundenes Nebeneinanderstehen mit dem Freiheitsgesichtspunkt[145] bis hin zu seiner Relativierung und Unterordnung im Rahmen der Freiheitsthese[146].

---

138 Ansätze hierzu bereits in BVerfGE 32, 229 und 36, 281.

139 BVerfGE 42, 263 (293).

140 BVerfGE 45, 142 (170) — EG-Interventionsanspruch —; insbes. E 48, 403 (413) — Bauprämie —.

141 Und zwar allein auf Verfassungsebene, denn am Rechtscharakter von Interventions- und Prämienanspruch als subjektiv-öffentlicher Rechte kann kein Zweifel bestehen.

142 Im Mitbestimmungsurteil (NJW 1979, 699 ff.) wird dieser Personalbezug d. Art. 14 GG zum eigentl. tragenden Argument, s. u. C II 3. d).

143 So auch *Paptistella*, Diss., S. 36, 70.

144 BVerfGE 14, 288.

145 BVerfGE 31, 229.

146 BVerfGE 40, 65; zur Frage, inwieweit im Rahmen des allgem. Gleichheitssatzes zwischen „erdienten" und „geschenkten" Sozialrechten unterschieden werden darf, s. BVerfGE 45, 376 — § 539 RVO für Embryo — (verneint, 387) u. BVerfGE 48, 346 — Witwenrente — (bejaht, 358). Vgl. vor allem die inzwischen ergangene Entscheidung zum Versorgungsausgleich (BVerfG DVBl. 1980, 366).

b) Schwächen der Leistungsthese

Die vorstehend geschilderte Gewichtsverlagerung in der Rechtsprechung des Bundesverfassungsgerichtes geht parallel mit einer auch in der Literatur in jüngerer Zeit vordringenden Ablehnung des Leistungskriteriums[147]. Dies beruht auf verschiedenen Gründen. Zum einen ist heute anders als in den fünfziger Jahren unbestritten, daß subjektiv-öffentliche Rechte Eigentumsschutz genießen können. Es bedarf damit also weniger eines plausiblen, Eigentumsschutz konstituierenden Arguments, das die subjektiv-öffentlichen Rechte als in ihrem Kern „private" auswiese[148], sondern weit eher eines Gesichtspunktes, mit dem sich Modalität und Reichweite eines entsprechenden Eigentumsschutzes konkretisieren ließen. Zum andern zeigt sich zunehmend, daß die Konfrontation des Leistungskriteriums mit der Realität subjektiv-öffentlicher Rechte auch für diese zu keiner anderen Beurteilung als bei den Privatrechten führt: Entweder es deckt das der Eigentumsgarantie zu unterstellende Recht nicht oder nur zu einem Bruchteil ab, oder der Begriff der Leistung muß soweit gefaßt werden, daß er jegliche Konturen und damit auch jede dogmatische Verwendbarkeit verliert; es ist dann auch nicht mehr geeignet, die eigentlich ausschlaggebenden Entscheidungsgründe offenzulegen. Schließlich besteht darüber hinaus Grund zu der Vermutung, daß sich in der Abwendung von der Leistungsthese und in der Hinwendung zum Gedanken solidarisch getragener Daseinsvorsorge auch ein Stück Wandel des vorherrschenden Gerechtigkeitsideals ausdrückt.

aa) Sozialversicherungsansprüche

Wenn Rentenansprüche deswegen verfassungsgeschütztes Eigentum sein sollen, weil sie von dem Berechtigten im Laufe seines Lebens selbst erarbeitet worden sind, so führt die konsequente Anwendung des Leistungskriteriums zur praktischen Bedeutungslosigkeit dieser Garantie. Denn selbst geleistet im eigentlichen Sinne sind nur die Eigenbeiträge des Versicherten. Dementsprechend wäre also verfassungsrechtliches Eigentum nur der auf den jeweiligen Beitragszahler entfallende Anteil[149], nicht aber: Die Arbeitgeberbeiträge[150], die staatlichen Zuschüsse[151], die Anrechnung von Ersatz- und Ausfallzeiten[152], die Kinder-

---

[147] *H. Bogs,* Sozialversicherung, S. 611; *Wannagat,* Festschr. H. Peters, S. 176 ff.; *Paptistella,* S. 106 ff. u. pass. m. w. Nachw.

[148] Dies ist insbesondere das Verdienst *Dürigs* (Festschr. W. Apelt [1958], 13 ff., 31 ff.).

[149] So z. B. *Ule* ZfSR 1956, S. 182 ff.; vgl. *Papier,* VjSfSR 1973, S. 46 ff.

[150] Sie als „zweckgebundenen Lohnanteil" *(Paptistella,* S. 13) dem Beitragszahler zuzurechnen, ist wenig überzeugend; die entsprechende Verpflichtung des Arbeitgebers beruht auf Gesetz, nicht auf dem den Lohnanspruch begründenden Tarif- oder Arbeitsvertrag.

zuschüsse, die beitragslose Krankenversicherung, die Hinterbliebenenversorgung[153]. Eine konsequent leistungsbezogene Betrachtung würde im Ergebnis also dazu führen, daß nur ein kleiner Teil der Rente noch verfassungsgeschütztes Eigentum wäre; welche Garantiefunktion hätte dann aber noch die Eigentumsgarantie bei einer einschneidenden Änderung der Verteilungsquoten zu Lasten von Rentenempfängern[154]?

Spezifisch gegen die Leistungsthese wirkt es sich vor allem aus, wenn Sozialversicherung nicht so sehr als eine zwangsweise Selbstvorsorge in Versicherungsform, sondern mehr als sozialer Ausgleich innerhalb der Solidargemeinschaft verschiedener, gleichzeitig lebender Generationen gesehen wird[155]. In diesem, allein schon der faktischen Rentenfinanzierung eher gerecht werdenden Verständnis, liegt eine deutliche Gewichtsverlagerung von „Leistung" hin zu „Solidarität". Zwar bleibt „Leistung" relevant: Der Generationenverbund der Sozialversicherung ist der der Beitragszahler d. h. des arbeitenden Teils der Bevölkerung; außerdem bleibt „Leistung" ein wesentlicher Gesichtspunkt für die Gerechtigkeit der Mittelverteilung innerhalb dieser Gruppe[156]. Der eigentlich tragende Gedanke aber ist nicht die Schaffung zeitenüberdauernder, individueller Freiheits- und Vorsorgereservate, sondern der Gedanke des Anspruchs auf Solidarität zwischen den Generationen. Es muß dann aber auch diese existenzielle Abhängigkeit von der Solidargemeinschaft sein, die den Verfassungsschutz entsprechender Individualansprüche begründet. Erbrachte Leistung intensiviert dann den Schutz dieses Teilhaberrechts, kann ihn aber nicht primär begründen[156a].

bb) Subventionen

Daß Empfänger von Subventionen in einem gewissen Umfang gegen einen willkürlichen Entzug dieser Subventionen geschützt werden müssen, wird heute wohl von niemandem bestritten. Eine denkbare Möglichkeit u. a. wäre, Subventionsansprüche dem Schutz der Eigentumsgarantie zu unterstellen. Einschlägig wären hier insbesondere Gesichtspunkte des Vertrauensschutzes: In welchem Maße durfte auf die Weiterzahlung vertraut werden? Sind Dispositionen getroffen worden? Wie

---

[151] *H. Bogs*, Sozialversicherung, S. 611, bei Knappschaftsversicherungen z. B. über 70 %.

[152] So BVerfGE 29, 283 (302).

[153] Vgl. BVerfGE 48, 346 (358); *Meydam*, Diss., S. 35 m. w. Nachw.

[154] Allgemein kritisch zur Effektivität des Eigentumsschutzes von Sozialversicherungsansprüchen *Meydam*, S. 34, 53, 111 f.; *Rüfner*, VjSfSR 1974, S. 92.

[155] Vgl. BVerfGE 40, 65 (84): „solidarisch getragene Daseinsvorsorge", *H. Bogs*, S. 611; *Meydam*, 5. 51 ff. u. pass.

[156] *H. Bogs*, S. 627.

[156a] Ebenso inzwischen BVerfG DVBl. 1980, 366 — Versorgungsausgleich —.

hoch ist das Gewicht entgegenstehender öffentlicher Interessen zu veranschlagen?

Fragt man nun stattdessen, ob eine legitimierende Leistung des Subventionsempfängers vorliege, so scheint die Antwort zunächst auf der Hand zu liegen: Sie sind nicht durch den Einsatz von eigener Leistung und Arbeit erworben, sondern werden vom Staat zwecks Erfüllung eines öffentlichen Zwecks „unentgeltlich" gewährt[157]. Eigentumsschutz könnte damit weder für erfüllte, in Privatrechte verwandelte, noch für unerfüllte Subventionsansprüche gewährt werden. Andererseits aber läßt sich wohl auch das Gegenteil begründen: Jede Subvention zielt auf ein bestimmtes Verhalten beim Subventionierten ab, das als Teilstück oder Zwischenglied zur Erreichung des jeweils verfolgten öffentlichen Zweckes benötigt wird[158]. Besonders deutlich wäre eine entsprechende „Gegenleistung" also in denjenigen Fällen, in denen das gewünschte Verhalten des Subventionierten der Subvention zeitlich vorangeht[159], wie etwa bei Industrieansiedlungen o. ä. Es ist allerdings nicht zu sehen, warum Zeitpunkt und Art der jeweils erbrachten Gegenleistung für die Annahme eines derartigen Austauschverhältnisses ausschlaggebend sein sollten. Nimmt man hinzu, daß die „Gegenleistung" des Staates ja auch in indirekten Subventionen, also insbesondere Steuersenkungen, bestehen kann, und die der Subventionierten darin, ihre gesellschaftliche Rolle als Produzent oder Konsument (verstärkt) wahrzunehmen, so wird deutlich, wie konturenlos Leistungsbegriff und damit auch Eigentumsgarantie würden. Jedenfalls ist nicht zu sehen, wie einer — vielleicht unvermeidlichen — Entwicklung der Eigentumsgarantie von einem „von innen" heraus definierten Grundrecht für konkrete Rechte zu einem sich in Zweck-Mittel-Relationen auflösenden Verhältnismäßigkeitsgrundsatz mit Hilfe eines derart überdehnten Leistungskriteriums begegnet werden könnte. Gerade aber in einer Situation, in der die Qualität einer Norm sich in Quantität aufzulösen droht, ist ihr Schutzzweck gefordert, damit Konturen und Gewährleistungskern wieder sichtbar werden. Wenn mit „Leistung" der Eigentumsschutz von Subventionen aber ebenso begründet wie verneint werden kann, so bedeutet dies, daß mit dem Leistungskriterium nicht die eigentlich relevanten Gesichtspunkte erschlossen werden.

---

[157] h. M., vgl. *H.-J. Wolff*, Verwaltungsrecht III, § 154 I 5, S. 238; *Dürig*, Festschr. Apelt, S. 52; *Brammen*, S. 123.

[158] *H.-J. Wolff*, a. a. O.

[159] *Schenke*, AöR 1976 (Bd. 101), 349 ff.; ebenso schon *Friauf*, DVBl. 1966, 738: Der entsprechende Aufwand sei einer Gegenleistung gleichzuachten.

cc) Genehmigungen

Noch weniger einschlägig als bei Subventionen erscheint das Leistungskriterium bei subjektiv-öffentlichen Berechtigungen. Einerseits ist es offensichtlich eine sinnvolle Frage, ob Genehmigungen u. ä. als notwendige Basis wirtschaftlicher oder sonstiger Betätigungen[160] durch Art. 14 GG zu schützen seien. Andererseits kann kaum Zweifel daran bestehen, daß eine Leistung des Berechtigten, deren Ergebnis die dann erteilte Genehmigung wäre, schlicht nicht vorhanden ist[161]. Dies gilt sowohl für vorbereitende Bemühungen wie Investitionen in die Planung, Antragstellung, Entrichtung von Verwaltungsgebühren, auch die Errichtung des zu genehmigenden Betriebes selbst[162], wie auch für nachträgliche „Leistungen", insbesondere das Inswerksetzen des gestatteten Verhaltens[163]. Denn hier ist die Lage deutlich anders als bei Subventionen, bei denen die Annahme eines Austauschverhältnisses immerhin noch vertretbar ist: Genehmigungen — vom Taxenschein bis zur Betriebsgenehmigung — sind kein Äquivalent eigenverantwortlichen Handelns, keine „geronnene Arbeit" und kein Ergebnis verdinglichter Freiheitsbetätigungen, sondern sie sind ihre nichterdiente Voraussetzung[164], nicht mehr als eine staatliche Unbedenklichkeitsbescheinigung für ein zukünftiges Verhalten. Wenn es vernünftig ist, diese Rechte der Eigentumsgarantie zu unterstellen, so wegen der besonderen und u. U. existentiellen Abhängigkeit des Einzelnen von ihnen. Sie aber deswegen dem Schutz der Eigentumsgarantie zu unterstellen, weil sie „Vorspannrechte der Leistung"[165] oder durch nachträgliches Inswerksetzen erarbeitet seien[166], bedeutet, den spezifischen Grund für ihren möglichen Eigentumsschutz und damit zugleich die Evidenzbasis der Leistungsthese zu verkennen — nämlich das Ergebnis eigener Leistung zu legitimieren. Nicht die Konzession, sondern der auf ihrer Basis „mit eigenen Händen" aufgebaute Betrieb ist selbsterarbeitetes Verfassungseigentum[167]. Welche Rechte — einschließlich Fürsorgeansprüchen — wären nicht in irgendeinem Sinne „Vorspannrechte", Voraussetzungen für eigene Leistung? Welcher ins Werk gesetzte, begünstigende und vermögenswerte Verwaltungsakt wäre dann kein selbsterarbeitetes Verfassungseigentum?

---

[160] Vgl. *Ch. Reich*, ZfSR 263 ff., 321 ff., 397 ff.

[161] A. A. *Herzog*, Ev. Staatslex., „Eigentum" Sp. 516: Sie seien durch Arbeit und Kapital erworben.

[162] Vgl. *Paptistella*, S. 27 m. w. Nachw.; *Brammen*, S. 125.

[163] A. A.: *Dürig*, Festschr. Apelt, S. 46 f.; *Brammen*, S. 124 ff.; *Richter*, S. 82.

[164] So insbes. *Nicolaysen*, Festschr. Schack, S. 116.

[165] *Brammen*, S. 124.

[166] *Dürig*, Festschr. W. Apelt, S. 46 f.

[167] *W. Weber*, AöR 1966 (Bd. 91), 401.

dd) Soziale Entschädigungsansprüche

Besondere Opfer Einzelner an Leben, Gesundheit, Freiheit und vermögenswerten Rechten werden in der Regel durch Ausgleichsansprüche des Staates kompensiert; derartige Verluste und Rechte tangieren die Person des Betroffenen erheblich mehr als etwa Subventionen und Genehmigungen und bedürfen daher im besonderen Maße des Schutzes durch Art. 14 GG. Was den Verlust erdienter Rechtspositionen angeht, also insbesondere vermögenswerter Rechte, so könnte man entsprechende Entschädigungsansprüche als Surrogate dieser Rechte geschützt sehen — wobei immerhin dunkel bliebe, warum in dem unfreiwilligen Verlust eines Rechtes eine Leistung gesehen werden sollte. Was den Verlust unerdienter Rechtspositionen angeht, also insbesondere Entschädigungsansprüche für Gesundheitsschäden o. ä. (Kriegs-, Zivil-, Impfopfer, Haftentschädigung, gesetzliche Unfallversicherung usw.), also Ansprüche, deren Eigentumscharakter angesichts der personalen Schutzrichtung der Eigentumsgarantie kaum in Zweifel stehen dürfte, so läßt sich vom Boden der Leistungsthese aus ihr Eigentumsschutz nur begründen, indem man entweder „Opfer" als selbständiges, den Eigentumsschutz neben „Leistung" rechtfertigendes Element anerkannt oder indem man den Leistungsbegriff — wie gewohnt — extensiv interpretiert[168]. Stellt man mit *Dürig* „Leistung" und „Opfer" selbständig nebeneinander, so ist dies nur deswegen berechtigt, weil beide auf ein dahinterliegendes Drittes als kleinsten gemeinsamen Nenner verweisen — nämlich auf Eigentum und personale Freiheit[169]. Da nun der Einzelne seine Persönlichkeit nicht nur durch Arbeit oder durch das Erbringen von Opfern entfaltet, ist kein Grund zu sehen, warum diese beiden Teilausschnitte von Freiheit als rationes der Eigentumsgarantie absolut gesetzt werden sollten[170]. — Die andere Möglichkeit, vom Boden der Leistungsthese aus zu einem konsensfähigen Ergebnis zu kommen, führt über die Ausdehnung des Leistungsbegriffs[171]: Man muß dann Leistung letztlich als einen „Einsatz an Freiheit"[172] verstehen, womit dann auch der staatlich erzwungene Verlust von Gesundheit, Leben oder Vermögen abgedeckt wäre. Damit werden im Ergebnis Leistung und Freiheit austauschbare Begriffe, d. h. auch dieser Weg führt zur

---

168 Zu den Schwierigkeiten der Leistungsthese s. a. *Paptistella*, S. 17 ff.

169 *Dürig*, Festschr. W. Apelt, S. 31: „Leistungen in Freiheit" und „Opfer an Freiheit"; gegen Dürig auch *Brammen*, S. 106—112.

170 s. *Dürig*, Festschr. W. Apelt, S. 31: „Eigentum ist Freiheit", u. S. 51.

171 Zur gesetzl. Unfallversicherung s. *Rohwer-Kahlmann*, ZfSR 1965, S. 311 FN 60: Leistung des Geschädigten sei die Aufgabe seiner Schadensersatzansprüche aus dem Arbeitsverhältnis. Noch anders *W. Bogs*, Verh. 43. DJT, Bd. II, S. 147 FN 210, der statt auf den Opfervorgang auf die von den Arbeitgebern gezahlten Beiträge zur Unfallversicherung abstellt: Es liege eine Versicherung zugunsten Dritter vor.

172 *Brammen*, S. 96, 106, 112; *Richter*, S. 63.

eigentlichen ratio legis der Eigentumsgarantie, zum Zusammenhang von Eigentum und personaler Freiheit zurück. Warum kann es vernünftig sein, mit dem Rekurs auf „Leistung" einen nicht einschlägigen Gesichtspunkt zu bemühen, und ihn dann durch Auflösung seiner spezifischen Begrifflichkeit passend zu machen, statt unmittelbar mit dem Existenz- und Personalbezug der Eigentumsgarantie zu argumentieren?

ee) Sozialhilfeansprüche

Für Sozialhilfeansprüche, Jugendhilfeansprüche u. ä. dagegen führt die Leistungsthese zu klaren Ergebnissen. Hier noch eine Leistung des Begünstigten auffinden zu wollen, dürfte kaum möglich sein; der Eigentumsschutz dieser Rechte entfiele mithin[173].

Hier wird nun in besonderer Weise die spezifische Problematik der Leistungsthese deutlich: Seit *Dürigs* bahnbrechendem Vorstoß im Jahre 1958 diente sie dazu, den Eigentumsschutz auch für subjektiv-öffentliche Rechte zu begründen: Indem sie ein der Rechtsprechung weitgehend freie Hand lassendes Differenzierungskriterium anbot, machte sie es möglich, das vom Bundesverfassungsgericht anfangs vertretene Dogma vom rein privatrechtlichen Charakter des Eigentums[174] Stück für Stück in jeweils begründeten Einzelfällen zu beseitigen. Indem so schrittweise auch diejenigen zu verfassungsrechtlichen Eigentümern wurden, die „eigentlich" keine waren, konnte ein großer Teil sozialstaatlicher Erwartungen in verfassungsrechtlichen Formen aufgefangen werden. Dies war möglich, weil mit dem Rückbezug auf „Leistung" an traditionelle Gerechtigkeitskategorien angeknüpft werden konnte. Ob diese Dynamik sich allerdings noch — einmal in Gang gebracht — mit den bewährten konservativ-vaterrechtlichen Kategorien einfangen läßt, ist zweifelhaft. Die Veränderung der vorherrschenden Gerechtigkeitsvorstellungen jedenfalls — von „Leistung" zu „Versorgung", von selbsterarbeiteter zur fremdgewährleisteter Freiheit — bestimmt auch die Auslegung der Eigentumsgarantie[175]. Es ist ja gerade der klassische personale Ansatz, der auf die Frage, was jedem Einzelnen als sein Eigen zukomme, nur die Antwort erlaubt: Mindestens existenzsichernde Teilhabe an den vorhandenen Gütern. Damit wird der alte, liberale Zusammenhang zwischen Freiheit und Eigentum auf einer neuen Ebene wiederhergestellt: Wenn mit der Eigentumsgarantie die materielle Basis der individuellen Freiheitsentfaltung gesichert werden soll, so stellen

[173] Seit BVerfGE 3, 4 (11) st. Rspr.; *Dürig*, Festschr. W. Apelt, S. 53; *W. Weber*, AöR 1966 (Bd. 91), 401.

[174] BVerfGE 2, 380 (399 ff.).

[175] s. *Rupp-v. Brünneck*, diss. vote, BVerfGE 32, 129 (141 f.); BVerfGE 40, 65 (83); E 42, 64 (77): „Der Schutz des Eigentums muß sich gerade für den sozial Schwachen durchsetzen. Denn dieser Bürger ist es, der dieses Schutzes um seiner Freiheit willen in erster Linie bedarf."

existenzsichernde Rechte, gegen wen sie sich auch immer richten, den Kern- und Mindestbestand eigentumsgrundrechtlich zu sichernder Positionen dar[176]. Die Arbeitstheorie erschiene dann, insbesondere in ihrer verfassungsjuristischen Variante, als eine unzulässige Reduktion und Verkürzung des Begriffs individueller Freiheit[177], als eine Amputation des verfassungsrechtlichen Freiheitsbegriffs, die um so weniger zulässig sein darf, je mehr der Einzelne den Leistungs- und Anpassungszwängen in einer industrialisierten Gesellschaft ausgesetzt ist.

Erst vor diesem Hintergrund gegensätzlicher Gerechtigkeitsvorstellungen wird deutlich, warum die Leistungsthese auch heute noch breite Zustimmung findet[178]: Sie gewährleistet einerseits, daß auch die Inhaber von „Neuem Eigentum“[179] verfassungsrechtliche Eigentümer sein können, andererseits verhindert sie, daß diese „neuen“ Eigentümer in einer Art „Sozialstaatshypertrophie“ als die im wesentlichen allein legitimierten Eigentümer der Zukunft erscheinen. Es ist unter diesen Umständen erklärlich, daß bekannte und immer wieder deutlich gemachte Mängel der Leistungsthese, insbesondere ihre Unanwendbarkeit bei den subjektiven Privatrechten, aber auch bei den subjektiv-öffentlichen Ansprüchen, offenbar nicht als überzeugende Argumente angesehen werden. So dient das Leistungskriterium heute im wesentlichen dazu, entweder Tendenzen abzuwehren, die soziale Sicherung und solidarische Daseinsvorsorge dem schwächeren und staatliche Mobilität eher gewährleistenden Vertrauensschutzgedanken zuordnen wollen[180], oder aber solche Ansichten, die soziale Rechte als Grundrechte formulieren wollen[181]. Indem „Leistung“ differenzierend den Eigentumsschutz für subjektiv-öffentliche Rechte zuläßt, werden auch diejenigen Auffassungen abgewehrt, die — sei es mittels einer grundsätzlichen Herausnahme subjektiv-öffentlicher Rechte aus Art. 14 GG[182], sei es mittels einer Rückkehr zum „eigentlich richtigen“ weiten Eigentumsbegriff Lok-

---

176 Vgl. *Benda*, ZfSR 1974, 16; *Badura*, Verh. 49. DJT, S. 10 FN. 22; *R. Schneider*, VerwA Bd. 58 (1967), S. 203; a. A. die noch h. M., s. *Papier*, VjSfSR 1973, S. 38 ff. m. w. Nachw.; *Rohwer-Kahlmann*, Beil. 48/1975, S. 15.

177 Vgl. *Friauf*, Leistung, S. 446, der „Freiheitsraum für eigenverantwortliche Betätigung“ (BVerfGE 24, 367 [400]) ausschließlich als „Freiraum für individuelle Leistung“ versteht.

178 Vgl. insbes. *Wannagat*, Festschr. H. Peters, S. 176 ff., der einerseits gegenüber den Mängeln des Leistungsgedankens die existenzsichernde Funktion der Eigentumsgarantie betont, andererseits dann doch wieder auf „Leistung“ zurückgreift (z. B. Ausfallzeiten als „besonders bewertete Leistung“, S. 180).

179 s. *Ch. Reich*, ZfSR 1975, 263 ff. („New Property“).

180 Etwa *Papier*, VjSfSR 1973/74, S. 33 ff.; *H. Bogs*, Sozialversicherung, S. 610 ff.; in dieser Funktion besonders deutlich bei *Wannagat*, S. 180.

181 So bei *Friauf*, Leistung, S. 444; *Dürig*, Festschr. W. Apelt, S. 56.

182 *Däubler*, Eigentum, S. 203, s. a. FN 353 (S. 259).

kes[183] —, die Inhaber „alten Eigentums" als Feudaleigentümer neuer Art[184] an den Rand grundrechtlich geschützter Lebensbereiche drängen.

Ob das Leistungskriterium in dieser Funktion weiter von Bedeutung sein kann, ist jedoch zweifelhaft. Zum einen ermöglicht es — wie gezeigt — keine wirkliche, sachgerechte Differenzierung; da sich mit ihm mehr oder weniger jedes Ergebnis begründen läßt, bleiben die eigentlich tragenden Entscheidungsgründe verdeckt. Zum anderen entspricht es nicht der zu Recht im Vordringen befindlichen Gerechtigkeitsvorstellung, daß gerade eine personal interpretierte Eigentumsgarantie — wie sie auch die Leistungsthese intendiert — existenz- und daseinssichernde Rechte nicht aus ihrem Gewährleistungsbereich ausschließen darf. Schließlich ist folgendes zu bedenken: Auch der Sozialstaat kann nur als Rechtsstaat tätig werden. Wenn aber der Vertrauensgrundsatz hinsichtlich vermögenswerter Rechte in der Eigentumsgarantie eine „eigene Ausprägung und verfassungsrechtliche Ordnung[185]" erfahren hat, warum dann nicht für alle, auch für die subjektiv-öffentlichen Rechte? Aber selbst dann, wenn Daseinsvorsorge und soziale Sicherung mittels staatsgerichteter Rechte in einem von Art. 14 GG getrennten, eigenständigen Vertrauensschutzbestand verfassungsrechtlich abgesichert würden[186] — oder gar in einem neu zu schaffenden Art. 14 a GG[187] —, würde das Leistungskriterium funktionslos; denn es stünde dann einer sachgerecht einheitlichen, auf dem Schutz realisierten Vertrauens basierenden Lösung für den Verfassungsschutz subjektiv-öffentlicher Rechte im Wege.

---

[183] *Macpherson,* Demokratietheorie, S. 213 ff., 219 ff. und ARSP, Beiheft Nr. 10 (1977), 81 ff.

[184] *Rittstieg,* Eigentum, S. 363.

[185] BVerfGE 42, 263 (300/1); 36, 281 (293); 31, 275 (293); am weitestgehenden für eine Identität von Eigentumsgarantie und Vertrauensschutz *W. Schmidt,* JuS 1973, 532.

[186] *H. Bogs,* S. 610 ff.; *Papier,* VjSfSR 1973/74, S. 33 ff.

[187] *Meydam,* S. 107, s. a. S. 88 ff., 95 ff.

C. Eigentum und Freiheit

Die enge Verbindung von Freiheit und Eigentum ist für die herrschende Lehre und für die Rechtsprechung der eigentlich tragende, innere Grund der Eigentumsgarantie: Eigentum ist deswegen verfassungsrechtlich geschützt, weil es als reale Basis personaler Existenz und Entfaltung die Freiheit des Einzelnen sichert.

Insbesondere das Bundesverfassungsgericht hat immer wieder diesen inneren Zusammenhang zwischen Eigentum und Freiheit bekräftigt[1]. Berühmt geworden ist seine zusammenfassende und häufig zitierte Formulierung im Hamburger Deichurteil[2]: „Das Eigentum ist ein elementares Grundrecht, das in einem inneren Zusammenhang mit der Garantie der persönlichen Freiheit steht. Ihm kommt im Gesamtgefüge der Grundrechte die Aufgabe zu, dem Träger des Grundrechts einen Freiheitsraum im vermögensrechtlichen Bereich sicherzustellen und ihm damit eine eigenverantwortliche Gestaltung des Lebens zu ermöglichen." Insbesondere neuere Entscheidungen wie das Conterganurteil[3] und das Urteil zum Mitbestimmungsgesetz 1976[4] stellen diesen personalen Charakter der Eigentumsgarantie in den Vordergrund. Auf derselben Linie liegt auch die Rechtsprechung des Bundesverwaltungsgerichts[5].

Ähnlich hatte auch schon der BGH in seinem grundlegenden und noch heute in seiner Tendenz als wegweisend empfundenen Beschluß vom 10. 6. 1952 formuliert[6]: „Der in den Staat eingegliederte Einzelne bedarf, um unter seinesgleichen als Person, d. h. um frei und selbstverantwortlich leben zu können und um nicht zu einem bloßen Objekt einer übermächtigen Staatsgewalt zu werden, also um seiner Freiheit und Würde willen, einer rechtlich streng gesicherten Sphäre des Eigentums."

Auch die Lehre hat in vielfältigen, immer wieder aufgegriffenen, z. T. sehr plastischen Formulierungen diesen Zusammenhang als inneren Grund der Eigentumsgarantie zum Ausdruck gebracht: Eigentum ist

[1] BVerfGE 14, 288 (293); 21, 73 (86); insbes. 24, 367 (389); 30, 292 (334); 31, 229 (239); 37, 132 (140); 40, 65 (84); 41, 126 (150).

[2] BVerfGE 24, 367 (389).

[3] BVerfGE 42, 263 (293).

[4] BVerfG, NJW 1979, S. 699 ff.

[5] Vgl. BVerwGE 4, 342 (346); 30, 235 (238).

[6] BGHZ (GS) 6, 270 (276).

„vergegenständlichte Freiheit“[7], in ihm soll „die entscheidende Lebensgrundlage und das ordnende Element für eine möglichst unabhängige Existenzgestaltung und für eine eigenverantwortliche Lebensgestaltung“[8] des Einzelnen gesichert werden; die Eigentumsgarantie ist damit „Bestandteil der verfassungsrechtlichen Freiheitsgarantie“[9].

Indem die Eigentumsgarantie so einen Beitrag leistet zur „Gewährleistung der Unantastbarkeit des Menschen“, zur „Garantie seiner materiellen Existenz“ und zur „Bewahrung seiner Würde“[10] ist sie ein allen gesellschaftlichen Wandel überdauerndes Element umfassender, verfassungsrechtlichen Individualschutzes[11].

I. Ideengeschichtliche Vorbemerkung

Dieser Funktionsbestimmung der Eigentumsgarantie liegt eine ebenso breite wie tief verwurzelte Tradition zugrunde. Ihr letztes Glied sind die Vorstellungen des Verfassunggebers, dem das Eigentum „als die Grundlage menschlicher Existenz und menschlicher Selbstentfaltung erschien und von ihm daher in Art. 14 GG als Grundrecht garantiert wurde“[12]. Er nahm damit die verfassungsrechtliche Tradition der Weimarer Zeit wieder auf, in der der verfassungsrechtliche Eigentumsbegriff vom zivilrechtlichen Sacheigentum auf jedes private Vermögensrecht erweitert worden und damit die entsprechende Verlagerung der ökonomischen Lebens- und Entfaltungsbasis vom Sacheigentum zu Forderungen, Hypotheken, Gewerbebetrieb u. ä. auch verfassungsdogmatisch nachvollzogen worden war[13]. Für das zweite Drittel des 19. Jahrhunderts seien — soweit Grundrechte nicht überhaupt als Gegenstand der Staatslehre eliminiert werden[14] — zwei politisch so konträre Staatstheoretiker wie *Bluntschli* und *Stahl* genannt: *Bluntschli* sieht im Ei-

[7] *Dürig*, Staatslexikon (Herder) „Eigentum“, Sp. 1079 u. ZStW 1953, S. 334; s. a. *Ipsen*, AöR Bd. 90 (1965), S. 429.

[8] *W. Weber*, Grundrechte, Bd. II, S. 353.

[9] *W. Weber*, Festschr. Michaelis, S. 318; s. a. *Maunz*, GG, Art. 14 Rdn. 15: „Ausprägung des Grundrechts auf freie Entfaltung der Persönlichkeit“; *Kimminich*, BK, Art. 14 Rdn. 18; *Meier-Hayoz*, Festgabe Oftinger, S. 171, 176: „tiefste Sinngehalt..., daß es eine Vorbedingung freier Persönlichkeitsentfaltung bildet“; *Scheuner*, Verfassungsschutz des Eigentums, S. 80: „Basis persönlicher Freiheit und Selbstgestaltung“; *Ehmke*, Verfassungsänderung, S. 104; *Ekk. Stein*, Staatsrecht, S. 158; *Hesse*, Grundzüge, S. 180: „Voraussetzung freier und Selbstverantwortlicher Lebensgestaltung“; ebenso die Ordo-Liberalen, s. d. Nachw. bei *Nawroth*, Neoliberalismus, S. 404 ff.

[10] *Benda*, ZfSR 1974, S. 19; s. a. *Werner*, Entwicklungsgesetze der Stadt, S. 29; *Sendler*, DÖV 1971, S. 17/18; *Kreft*, JA 1976, S. 69.

[11] *H. J. Vogel*, Eigentumsverfassung, S. 27.

[12] *Hubmann*, Festschr. Nipperdey, Bd. I, S. 39.

[13] Dazu oben A II 1.

[14] *Laband*, Staatsrecht, Bd. 1, S. 151.

gentum gewissermaßen die „Erweiterung des leiblichen Daseins der Individuen“[15], *Stahl* den „Stoff für die Offenbarung der Individualität des Menschen“[16]. Von hier aus mündet die Tradition der Rechtfertigung und Verbindung von Eigentum und Eigentumsschutz mit dem Freiheitsgedanken — nachdem sie sich in einigen Länderverfassungen explizit niedergeschlagen hatte[17] — unmittelbar in das vernunftrechtlich gewandte Naturrecht und in die Philosophie der Aufklärung[18].

Ohne daß hier auf Einzelheiten der genannten Eigentumstradition eingegangen werden könnte[19], lassen sich doch drei Schwerpunkte unterscheiden: Eigentum als Beherrschungsrecht gegenüber der Natur, als Abgrenzungsrecht gegenüber Dritten und als politisches Freiheitsrecht gegenüber dem Staat.

Gegenüber der Natur

Für *Hegel*[20] bedarf die Person einer „äußeren Sphäre ihrer Freiheit“ (§ 41), sie bedarf der Materie, in die sie ihren Willen legt, ihre „Seele“, und so den „Schein von Selbständigkeit“, den die Außendinge im Bewußtsein haben, durch die wahre Wirklichkeit des freien Willens ersetzt (§ 44 Zus.). Das der Person Äußerliche, die Natur, ist also „ein unfreies, unpersönliches und rechtloses“ (§ 42), sie gehört nicht sich selbst (§ 52). Im Prozeß des „tätigen Zurichtens der Natur“[21] durchbricht der Mensch ihre Macht und emanzipiert sich: Besitzergreifung, Arbeit machen frei von der „strengen Naturnotwendigkeit“ (§ 194)[22]. Befreiung des Menschen und Beherrschung der Natur gehen so Hand in Hand[23], ein Gedanke, der sich ebenso bei *Savigny* findet: „Jeder Mensch hat den

---

[15] *Bluntschli*, Staatslehre, S. 288 u. Staatswörterbuch, Bd. III (1858), Stichwort „Eigenthum“, S. 307; s. a. *v. Mohl*, Staatswissenschaften, S. 587; *O. v. Gierke*, Soziale Aufgabe, S. 26.

[16] *Stahl*, Rechts- und Staatslehre (Rechtsphilosophie Bd. II), S. 251; eine Offenbarungschance allerdings nach Maßgabe der „Fügung Gottes“, vgl. S. 376: Die „innerste Eigenthümlichkeit“ des Kommunismus liege „in der Nichtanerkennung der Fügung Gottes in Zutheilung der Güter. Dieses letztere ist eben das Gottlose am Kommunismus und ist zugleich das Rechtsverletzende an ihm“.

[17] BayVU v. 1818, Tit. IV § 8; BadVK v. 1818, § 13; Hess.Verf. v. 1820; § 23; Braunschweig LandschO v. 1832, § 32.

[18] Zur Eigentumstheorie *Fichtes* s. *Batscha*, Gesellschaft, S. 178 ff.

[19] Vgl. *D. Schwab*, Eigentum und Verfassung, 1972, sowie Stichwort „Eigentum“, in: Gesch. Grundbegriffe, Bd. 2, S. 65 ff., 79 ff.

[20] Rechtsphilosophie (ed. Hoffmeister), §§ 41 ff.

[21] *J. Ritter*, Person und Eigentum, S. 158.

[22] Vgl. ed. Hoffmeister, S. 327: „... Mensch Herr über alles in der Natur.“

[23] Das Reich der menschlichen Freiheit auf der Basis einer geknechteten und durch die Entfesselung der Produktivkräfte instrumentalisierten Natur errichten zu können, gehört auch heute noch zu neomarxistischen Zukunftshoffnungen, s. *R. Spaemann*, Kritik der politischen Utopie, S. 183 ff., S. 189 ff.; diese Vorstellung hat i. ü. sogar Eingang in die Verfassung der UdSSR v. 7. 10. 1977 gefunden (Art. 40).

Beruf zur Herrschaft über die unfreye Natur[24]." Er geht auf den biblischen Schöpfungsauftrag der Genesis[25] zurück und ist heute noch lebendig[26].

Gegenüber Dritten

Der Schwerpunkt „Freiheit gegenüber Dritten" findet sich vor allem bei *Kant*[27]: Selbstbesitz und Besitz der äußeren Dinge haben denselben Grund: „Der Leib ist mein, denn er ist ein Teil meines Ichs und wird durch meine Willkür bewegt. Die ganze belebte oder unbelebte Welt, die nicht eigene Willkür hat, ist mein, insofern ich sie zwingen und sie nach meiner Willkür bewegen kann[28]." Selbstbesitz aber heißt für *Kant* Selbstbestimmung, Autonomie des Individuums, oder negativ gewendet: Abwehr von Fremdbestimmung durch Dritte. Der fremdem Willen Unterworfene ist „häßlich und verächtlich"[29]. Das Eigentumsrecht richtet also sich nicht primär gegen Sachen, sondern gegen Personen. Indem es ihre Einwirkung auf die Sache verhindert, wehrt es Fremdbestimmung des Individuums ab[30]. Für *Kant* wird also die Frage der Eigentumsverteilung relevant[31], während sie für *Hegel* zur „Seite des Besonderen" gehört und „rechtliche Zufälligkeit" ist[32].

Gegenüber dem Staat

Der Gedanke, Eigentum sichere die Freiheit der Person gegenüber dem Zugriff des feudalen Souveräns, verweist auf die Anfänge liberaler Theorie und liegt insbesondere *Lockes* Arbeits- und Gesellschaftstheorie zugrunde: Was der Einzelne erarbeitet hat, steht ihm zu und kann vom Souverän nicht etwa kraft Lehensgedankens eingefordert werden. Hauptzweck des Staates nach dem Gesellschaftsvertrag ist es vielmehr, das Eigentum zu sichern[33]. Diese Verbindung von Eigentum und politischer Freiheit kann dann entweder restaurativ gefaßt werden: Politi-

---

[24] *Savigny*, System, Bd. II, S. 367.

[25] 1. Mos. 1, 28.

[26] Vgl. *W. Leisner*, Festschr. Jahrreiß, S. 142.

[27] Bemerkungen zu den Beobachtungen über das Gefühl des Schönen und Erhabenen (1764), AA, Bd. XX, S. 1—192.

[28] Ebd., S. 66, s. a. S. 177.

[29] Ebd., S. 66; vgl. a. Metaphysik der Sitten, Rechtslehre, § 46.

[30] Metaphysik der Sitten, Rechtslehre § 1: „Das rechtlich Meine ist dasjenige, womit ich so verbunden bin, daß der Gebrauch, den ein anderer ohne meine Einwilligung von ihm machen möchte, mich lädieren würde", s. a. §§ 5, 8.

[31] Bemerkungen, AA, Bd. XX, S. 39: (sozialstaatliche) Fürsorge erscheint als „Austeilung eines Raubes, den man anderen entwendet hat".

[32] Rechtsphilosophie § 49; immerhin folgt aus der personalen Gleichheit der Menschen, daß jeder Eigentum haben müßte (§ 49 Zus.).

[33] *John Locke*, Second Treatise, §§ 123, 127; s. dazu oben B II 1. a.

sche Freiheit und Selbstbestimmung der Eigentümer bedeuten dann zugleich politische Unmündigkeit der Eigentumslosen (Wahlzensus, Klassenwahlrecht)[34, 35] oder emanzipatorisch: Macht erst das Eigentum den Einzelnen zum politisch mündigen Staatsbürger, „so muß man dem unterdrückten Teile (sc. der Nation) Freiheit, Selbständigkeit und Eigentum geben“[36].

Ob diese Erkenntnis der Aufklärung[37] von Zusammenhang von Eigentum und personaler Freiheit in der Folge auch bei den sozialistischen Kritikern der geltenden Eigentumsordnung aufgenommen und anerkannt wurde, ist eine schwer zu beantwortende Frage. Ein kursorischer Überblick scheint dies jedoch zu bestätigen; so spricht etwa *Proudhon* vom „Panzer der Persönlichkeit“[38], für *Marx* ist der „Sinn des Privateigentums — losgelöst von seiner Entfremdung — ... das Dasein der wesentlichen Gegenstände für den Menschen, sowohl als Gegenstand des Genusses wie der Tätigkeit“[39]. Auch *Renner* fordert, daß „eine jede Rechtsordnung am Ende jedem Einzelnen eine Sphäre zubilligen (muß), in der er Privater ist, in die sich der Gesamtwille nicht eindrängt“[40] und auch die sozialistischen Staaten haben sich veranlaßt gesehen, in ihre Verfassungen Garantien für ein persönliches „der Befriedigung der materiellen und kulturellen Bedürfnisse des Eigentümers“[41] dienendes Eigentum aufzunehmen[42].

II. Funktionswandel?

Diese noch herrschende Auffassung sieht sich seit einiger Zeit zunehmend in Frage gestellt, zum Teil gerade wegen ihrer Tradition: Sie knüpfe zu sehr an liberalistische Denkweisen und Formeln an, die heute überholt seien. Die stärkere Verflochtenheit von Staat und Wirtschaft,

---

34 Oder sogar all derer, die ihren Willen einem anderen unterwerfen, nach *Kant* also auch — da im „Dienstleistungssektor“ tätig — „alles Frauenzimmer“ (Metaphysik der Sitten, Rechtslehre, § 46).

35 Zum Zusammenhang von Eigentum, Wahlzensus und politischer Freiheit in Deutschland des 19. Jhdts. *Rittstieg*, Eigentum, S. 33 ff., 222 ff., 233 ff.

36 *Freiherr v. Stein*, Nassauer Denkschrift v. Juni 1807, Briefe u. Schriften, Bd. II/1, S. 397; s. a. S. 389 f., 395.

37 Ältere Quellen — beginnend bei der Antike — zur Eigentum-Freiheit-Relation finden sich bei *Forwick*, Eigentum und Freiheit, pass.

38 „Um ihn gegen die Angriffe der öffentlichen Gewalt und die Übergriffe seiner Mitmenschen zu schützen“, Theorie des Eigentums, S. 340.

39 *K. Marx*, Pariser Manuskripte, Werke I (Lieber / Furth), S. 631; s. a. Komm. Manifest, Werke II (Lieber / Furth), S. 834.

40 *Renner*, Wandlungen, S. 202, zu dieser Sphäre gehören nach R. auch Sachgüter (S. 203).

41 *Chalfina*, Eigentumsrecht (Moskau 1976), S. 27.

42 Vgl. etwa Art. 13 der Verfassung der UdSSR v. 7. 10. 1977; Art. 11 der Verfassung der DDR.

der Funktionsverlust des Sacheigentums als Existenzsicherung, das Auseinanderfallen von Rechtsträgerschaft und Verfügungsmacht bei Großunternehmen[43] sowie die durch das Eigentum an Produktionsmitteln vermittelte Macht über Dritte[44] ließen die Begründung von Eigentum und Eigentumsschutz aus dem Gedanken personaler Freiheit und Autonomie nicht mehr zu. Daneben stehen mehr verfassungsdogmatische Einwände: So wird etwa auf die Unbestimmtheit der Freiheit-Eigentum-Relation hingewiesen[45] oder die dogmatisch-systematische Selbständigkeit der Eigentumsgarantie in den Vordergrund gestellt[46].

Erstaunlich an dieser Auseinandersetzung ist vor allem ihre Verspätung: Der sog. Funktionswandel findet schon seit recht langer Zeit statt. Daß die Tätigkeit des Staates und seine Eingriffe in die Wirtschaft — gerade aus sozialstaatlicher Motivation heraus — zunehmen werden, haben schon *Tocqueville*[47] und insbesondere *Adolph Wagner*[48] prognostiziert; die bisherige Entwicklung hat ihnen offenbar recht gegeben[49]. Daß nicht das Sacheigentum für den Großteil der Bevölkerung soziale Sicherung bedeutet, sondern ihre Arbeitskraft und deren Surrogate, war eine schon der *Bismarckschen* Sozialpolitik zugrundeliegende Erkenntnis: Die ihren Aufgaben nicht mehr gewachsenen Institute Familie und ständisch-genossenschaftliche Versicherung wurden schrittweise durch den Staat abgelöst. Die Entwicklung der materiellen Freiheitsbasis vom Sacheigentum weg zu (staatsgerichteten) Forderungsrechten hat *Karl Renner* bereits 1904 analysiert[50]. Und auch die Konzentration von Kapital in Großkonzernen mit dem Zurücktreten der Bestimmungsmacht natürlicher Personen, d. h. der Eigentümer zugunsten einer anonymen juristischen Person hat im wesentlichen und in sozialrelevanten Dimensionen bereits lange vor Ausbruch des Ersten Weltkrieges stattgefunden[51, 52]; schon *Adam Smith* hat diese Entwicklung beklagt[53]. Am

---

[43] Vgl. etwa *P. Badura*, Verh. d. 49 DJT, S. 22 ff.

[44] u. a. *Däubler*, Eigentum, S. 213 ff.

[45] *Papier*, VVDStRL 35, 82.

[46] *Leisner*, Festschr. Jahrreiß, S. 213.

[47] *Tocqueville*, Demokratie in Amerika, S. 790 FN. 1.

[48] *Ad. Wagner*, Grundriß der polit. Ökon., Teil I, S. 892 ff. (1893); ausgeführt zum sog. *Wagnerschen Gesetz* in: Hdb. der Staatswiss., Stichwort „Staat in nationalökonomischer Hinsicht" (1911).

[49] s. *Raabe*, in: Duwendag (Hrsg.), Staatssektor, S. 37 ff.

[50] *Karl Renner*, Rechtsinstitute des Privatrechts, 1904; erschienen „freilich in Österreich und was noch verhängnisvoller war, in den Marxismus-Studien der Wiener Volksbuchhandlung" (*Rittner*, Funktionen, S. 20).

[51] 1913 gab es bereits 5300 Aktiengesellschaften mit einem Kapital von 16 Milliarden Mark, s. *R. Buchner*, Dt. Geschichte, S. 353; zur Entwicklung der Kartelle: 1884: Schienenkartell; 1893: Rheinland-Westfälisches Kohlesyndikat; 1895: Roheisensyndikat; 1904: Deutscher Stahlwerksverband (damals größtes Kartell Europas); s. a. *Henning*, Industrialisierung von 1800—1914 u. *G. Brüggemeier*, Entwicklung des Rechts, S. 36 ff.

wenigsten neu ist wohl die Erkenntnis, daß Eigentum an Produktionsmitteln Verfügung über Dritte bedeutet: In der Frühzeit der Industrialisierung konnte sich diese Macht bis zur Verfügung über die physische Existenz eines Arbeitnehmers und seiner Familie verdichten.

1. „Verschmelzung von öffentlichem und privatem Sektor"[54]

a) Zunehmende Dichte staatlichen Handelns

Eine der wesentlichen und auffälligen Veränderungen, die seit der Aufnahme von Eigentumsgarantien in bürgerliche Verfassungen im Verhältnis zwischen Staat und Eigentümer konstatiert werden, betrifft die Zunahme staatlicher Intervention und Aktivität im gesellschaftlichen, insbesondere im wirtschaftlichen Bereich. U. a. besonders deutlich wird dies im Bereich des Verwaltungsrechts, wo Spezialisierung und Herausbildung neuer Rechtsbereiche nicht weniger rasch wachsen als die weitere Durchformung und Ausdifferenzierung traditioneller Materien. In bestimmten Regelungsbereichen ist hier eine bisher unbekannte Dichte staatlicher Verhaltensanforderungen entstanden; so stellen sich etwa die Begriffe der Bau- und Gewerbefreiheit mehr als normative Leitbilder dar denn als faktisch feststellbare Rechtsmacht.

Wie schwer diese Entwicklung zu schärferer Sozialbindung aufgrund erhöhter Inanspruchnahme durch den Staat infolge sozialer Verflechtungen wiegt[55], ist allerdings eine offene Frage. Denn Eigentümerfreiheit ist schon immer staatlich eingegrenzt und nicht Willkür; wie jedem Staat sind auch dem liberalen Verfassungsstaat die Schranken des allgemeinen und besonderen Polizeirechts selbstverständlich. Insoweit läßt sich also sagen, daß die quantitative Zunahme staatlicher Verhaltensanforderungen und Überwachungsrechte diese einmal vorgegebene Struktur nur bestätigt. Wie dicht dieses Netz ist, hängt dann lediglich davon ab, auf welche Art und Weise sich individuelle Freiheitsausübung auswirken kann. Andererseits aber ist nicht zu übersehen, daß hier u. U. ein qualitativer Umschlag eintreten kann: Wenn nämlich generell typische und sinnvolle Verwendungsalternativen ausgeschlossen würden oder wenn etwa gefahrenabwehrende Motivation zunehmend durch sozial- oder wohlfahrtsstaatliche Zwecksetzungen ersetzt würden.

---

[52] s. *Fr. Naumann,* der schon 1905 die Frage stellte, wie lange sich noch das neue Großeigentum der alten Rechtsform Eigentum bedienen könne, ehe die „psychologischen Verschiebungen" — „Trennung des Besitzes von der Betriebsleitung" — sich auch als „Rechtsverschiebungen" aktualisieren würden, bei *Brüggemeier,* S. 160.

[53] *Ad. Smith,* Wohlstand der Nationen, S. 621 ff., 629 ff.

[54] Formulierung von *Ch. Reich,* ZfSR 1975, S. 399.

[55] *Däubler,* Eigentum, S. 219 sieht schon hierdurch die traditionelle Grundlage des Eigentums erschüttert.

b) Kooperation von Staat und Wirtschaft

Nicht nur die gefahrenabwehrende Tätigkeit des Staates ist spürbarer geworden, sondern auch diejenige, die sich schlagwortartig mit der Bezeichnung „kooperative Verflochtenheit von Staat und Wirtschaft" kennzeichnen läßt[56]. Der liberale Staat, nach *Adam Smith* reduziert auf Sicherung nach außen, Bereitstellung einer Rechtsordnung und Übernahme der nicht marktfähigen Aufgaben[57], ist selbst zu einem der größten Unternehmer geworden; sein Anteil am Bruttosozialprodukt nimmt ständig zu, insbesondere im Bereich der Sozialversicherung[58]. Auf immer mehr Bereichen wird ein Defizit an Selbstregulierungskapazität des Marktes konstatiert, dem der Staat nicht nur mit traditionellen Instrumenten (Gesetzen, Auflagen), sondern mit richtunggebenden Entscheidungen begegnen muß: Mit Plänen, mit der Setzung von Basisdaten zur Determination wirtschaftlichen Verhaltens und insbesondere mit Subventionen[59]. Überdimensionale Aufgaben wie etwa die Sicherung der Energieversorgung, der Umweltschutz oder auch die Beschaffung von Arbeitsplätzen erfordern Investitionen an Kapital und knowhow, die die Kooperation derjenigen zu erfordern scheinen, die sie aufbringen können — nämlich Staat und Großunternehmen. Besonders deutlich wird dies etwa im Bereich der Forschungsförderung — Bildung von Risiko-Gesellschaften[60] —, der Rüstungstechnologie oder auch nationaler bzw. internationaler Prestigeobjekte[61]. Aber auch Normal-Investitionen größeren Umfangs werden immer weniger allein vom Unternehmen durchgeführt; Vorleistungen und flankierende Maßnahmen staatlicher Körperschaften insbesondere im Bereich der Infrastruktur, die spezifisch auf die jeweils durchzuführende Privatinvestition ausgerichtet sind, treten hinzu[62]. Schließlich wird zu Recht auf die Steuerungsbedürftigkeit eines komplexen Industriesystems und auf die Garantenstellung des Staates für wirtschaftliche Prosperität hingewiesen[63];

---

[56] s. insbesondere *Krüger*, Staat-Wirtschaft-Völkergemeinschaft, S. 235 ff.; zu den Instrumenten dieser Kooperation s. *Jos. Schlarmann*, Wirtschaft als Partner des Staates, pass.; *Breuer*, Bodennutzung, S. 172 ff.

[57] *A. Smith*, Wohlstand, S. 582; mit der Bereitstellung einer Rechtsordnung meint Smith auch die sozialstaatliche Aufgabe, „jedes Mitglied der Gesellschaft soweit wie möglich vor Ungerechtigkeit oder Unterdrückung durch einen Mitbürger in Schutz zu nehmen ...".

[58] s. *Raabe*, in: Duwendag (Hrsg.), Staatssektor, S. 49 ff.

[59] Allein zwischen 1969 und 1976 haben sich Finanzhilfen wie auch Steuererleichterungen verdoppelt (*Kohn / Katzelsberger*, Beilage Nr. 18/1977, S. 16).

[60] Eine Übersicht über Fallgruppen und Instrumente gibt *H. Matthöfer*, Bull. 1976, S. 478 ff.

[61] Raum- und Luftfahrtprojekte, aber auch neue Verkehrssysteme, Meeresforschung, Kernspaltung und -fusion, u. ä.

[62] Insbes. bei Industrieansiedlungen.

[63] *Forsthoff*, Staat der Industriegesellschaft, S. 81; *Böckenförde*, Staat, Gesellschaft, Freiheit, S. 207.

so ist etwa seine Fiskalpolitik verfassungsrechtlich auf die Erreichung des magischen Vierecks hin ausgerichtet[64]. Dem so entstehenden Bild einer „Verwirtschaftung“ des Staates entspricht das der Verstaatlichung der Wirtschaft: Da insbesondere Großunternehmen primär öffentliche Aufgaben wahrnähmen, seien sie in den Bereich des „Öffentlichen“ hineingewachsen und unterlägen damit einer staatsähnlichen Allgemeinwohlbindung und öffentlichen Verantwortung[65]. Es liegt in der Konsequenz dieser Entwicklung, daß dann auch von ökonomischer Seite die „Extreme“ einer Dominanz des Staates wie auch einer Dominanz der Unternehmungen abgelehnt und über einen sogenannten „dritten Weg“[66] einer zu institutionalisierenden Kooperation zwischen Staat und Wirtschaft diskutiert wird[67].

Dieser Wandel im Verhältnis zwischen Staat und Wirtschaft wird nun als Schwächung der Funktion des Eigentums und der Eigentumsgarantie interpretiert[68]. Die Gründe für dieses Verständnis, so naheliegend es auf den ersten Blick zu sein scheint, werden jedoch nicht recht deutlich. In Betracht kommen hier vor allem drei Aspekte.

aa) Abweichen von rechtsstaatlicher Formtypik

Kooperation findet notgedrungen in neuen Formen statt, die sich nur schwer in das System rechtsstaatlicher Formtypik einfügen: Pläne, Basis- und Orientierungsdaten (mit anreizender oder abschreckender Wirkung), u. U. auch „Argumente“, deren Überzeugungskraft durch die Gefahr von „Huldeverlust“ oder „allerhöchster Ungnade“ gesteigert werden kann[69] u. ä. Zwischen den abstrakt-generellen Lenkungsbefehl in Gesetzesform und das schlichte Gewährenlassen tritt so eine dritte Form der konkret-generellen oder auch abstrakt-individuellen Einflußnahme. — Man wird diese Entwicklung weg vom traditionellen rechtsstaatlichen Handlungs- und Gewährleistungssystem zwar nicht unterschätzen dürfen, aber doch darauf hoffen können, daß Rechtswissenschaft und Rechtspraxis die adäquaten Kontrollinstrumente bereitstellen werden. Die Bindung des Staates an die Grundrechte ist bisher nicht mit Hilfe oder aufgrund veränderter Rechtsformen staatlichen Handelns wirksam unterlaufen worden. Dies zeigen etwa die Ergebnisse der

---

[64] Art. 109 II GG.

[65] *Herbert Krüger*, Staatslehre, S. 430 ff.; *ders.*, Staat, Wirtschaft, Völkergemeinschaft, S. 153 ff., der allerdings offen läßt, wer der Adressat dieser Verantwortung sein soll.

[66] *Papier*, VVDStRL 35, 86.

[67] s. *A. Meier*, in: Unternehmung und Staat, S. 99 ff.; insbes. *H. Krüger*, Staat, Wirtschaft, Völkergemeinschaft, S. 251.

[68] s. etwa *Sendler*, DÖV 1974, 75; *Däubler*, Eigentum, S. 219; a. A. *Weber*, Festschr. Michaelis, S. 326.

[69] *H. Krüger*, Staat, Wirtschaft, Völkergemeinschaft, S. 243.

Diskussion um die Grundrechtsgeltung im Verwaltungsprivatrecht[70], aber auch die historische Entwicklung gerade der Eigentumsgarantie: Als deutlich wurde, wie sehr schutzwürdiges Eigentum auch außerhalb von Gesetz und Verwaltungsakt beeinträchtigt werden konnte, wurde das entsprechende Enteignungskriterium zugunsten einer materiellen Betrachtungsweise aufgegeben; diejenigen, die an der klaren Begrifflichkeit rechtsstaatlicher Formtypik festhalten wollten, standen von vorneherein auf verlorenem Posten[71].

bb) Sozialstaatliche Motivation

Auch was die sozialstaatlich motivierte Zunahme der Staatstätigkeit betrifft, ist nicht ohne weiteres offensichtlich, warum hierin tendenziell eine Schwächung einer auf Freiheit gegründeten Eigentumsgarantie liegen sollte. Diese Zunahme ist kein Gegenprinzip zur Unterscheidung von Staat und Gesellschaft, sondern die Erfüllung der dieser Unterscheidung vorausliegenden Aufgabe des Staates, als Garant der freien Gesellschaft und ihrer Grundverfassung sie vor ihrer eigenen Zerstörung zu bewahren, in die sie sonst ihre sozialen Ungleichheiten treiben könnten[72]. Gerade die Sozialgesetzgebung hat von Anfang an darauf abgezielt, die Realbedingungen gesellschaftlicher und individueller Freiheit zu konstituieren und zu sichern. Der Sozialstaat schafft und erweitert insoweit also Freiheitsräume im gegenständlichen Bereich, Substrate eigenverantwortlichen Lebens und Handelns — nach den Kriterien der Freiheitsthese also nicht anderes als verfassungsgeschütztes Eigentum. Eine weitere Erhöhung des Staatsanteils am Bruttosozialprodukt — sie ist wohl (wie bisher auch) vor allem im parafiskalischen Bereich zu erwarten[73] — kann also nicht ohne weiteres als Gefährdung gesellschaftlicher oder individueller Freiheit verstanden werden. Damit ist nicht gesagt, daß nicht auch zugleich Freiheit im Umgang mit Eigentum eingeschränkt würde, sei es, was den Zwang zu solidarischer Daseinsvorsorge betrifft, sei es, was etwa Höhe und Einsetzen der steuerlichen Progression angeht. Aber es handelt sich entweder um punktuelle Randerscheinungen, mit denen eine strukturelle Schwächung der Eigentum-Freiheit-Relation durch sozialstaatliche Tätigkeit kaum begründet werden kann, oder um die mit jeder Hilfe verbundene, jeweils im konkreten Einzelfall, nicht gedanklich-abstrakt bekämpfbare Gefahr der Entmündigung. Die naturrechtliche Forderung jedenfalls: Jedem Men-

---

[70] s. BGHZ 29, 76 ff.; *Wolff / Bachof*, Verwaltungsrecht I, § 23 II b; zur Fiskalgeltung der Grundrechte s. *Emmerich*, Wirtschaftsrecht, S. 120 ff.

[71] Und zwar unbeschadet ihrer Prominenz als Verfassungsrechtslehrer (*Carl Schmitt*, Verf.rechtl. Aufs., S. 110 ff.; *Otto Kirchheimer*, Funktionen des Staates, S. 223 ff. und *G. Dürig*, JZ 1954, 4 ff.).

[72] So zu Recht *Böckenförde*, Staat, Gesellschaft, Freiheit, S. 204.

[73] So *Raabe*, in: Duwendag, Staatssektor, S. 48.

schen eine materielle Basis zu seiner Entfaltung[74], wurde bisher durch staatliche Sozialpolitik nicht gefährdet, sondern einer Erfüllung nähergebracht.

cc) „Identifikation" von Staat und Wirtschaft

Deutlicher wäre die Relevanz der Verflechtung von Staat und Wirtschaft, wenn erstens mit dem Rekurs auf Eigentum und Freiheit nicht so sehr die individuelle Freiheit gemeint wäre, sondern ein bürgerlich-liberales Wirtschafts- und Gesellschaftsmodell einer strikten Trennung von Staat und Wirtschaft und zweitens die so in der Eigentumsgarantie angesiedelte jeweilige Autonomie von Staat und Wirtschaft durch die geschilderte Entwicklung tatsächlich unterlaufen würde. Letzteres bejaht insbesondere *Böckenförde,* der in diesem Zusammenhang von zunehmender „Identifikation von Staat und Wirtschaft" spricht[75].

Die Aussagekraft dieses Begriffes wird allerdings fraglich, wenn man daran denkt, daß organisatorisches Gefüge, Entscheidungskompetenzen, Personalpolitik und ähnliches in Wirtschaft und Staat voneinander getrennt sind. Auch auf der Ebene der Ziele und Wertsetzungen kann man nur schwer von Identifikation reden: Es ist kein Ziel wirtschaftender Subjekte, gesamtgesellschaftlichen Reichtum zu erzeugen oder gar umzuverteilen, wohl aber wesentliche und gerade im Wandel zum Sozialstaat sich konkretisierende staatliche Aufgabe. Die Wirtschaft ist hieran grundsätzlich nur insoweit interessiert, als Umverteilungspolitik sozialen Frieden und damit eine ihrer Produktionsbedingungen sichert. Auch im Umweltschutz etwa ist das Interesse der Wirtschaft primär auf ein Minimalprogramm der Erhaltung der eigenen Reproduktionsbedingungen gerichtet — und dies wohl nur in mittelfristigem Rahmen —, während das politische System auch auf die Erhaltung und Wiederherstellung einer — wie auch immer zu definierenden — lebenswerten Umwelt für die Einzelnen ausgerichtet ist. Eine „Dienstfunktion (sc. des Staates) gegenüber dem industriell-wirtschaftlichen Prozeß"[76] läßt sich nur auf einer sehr allgemeinen Ebene feststellen. Selbst in Einzelbereichen etwa der Strukturpolitik (Förderung von Kohle, Öl oder Kernkraft? Von Schiene oder Straße? Von sekundärem oder tertiärem Sektor?) kann staatliches Handeln lediglich als Dienst an untereinander konkurrierenden Teilbereichen der Wirtschaft verstanden werden. Nur auf einer relativ hohen Abstraktionsebene werden sich identische Inter-

---

[74] Vgl. *Fichte,* Naturrecht, S. 207 (ed. Meiner): „Jeder besitzt sein Bürgereigentum, und insofern und auf die Bedingung, daß alle Staatsbürger von dem Ihrigen leben können; und es hört auf, inwiefern sie nicht leben können und wird Eigentum jener."

[75] *Böckenförde,* Staat, Gesellschaft, Freiheit, S. 206 ff.; Der Staat 1976, S. 458 ff.; s. a. *Forsthoff,* Staat der Industriegesellschaft, pass.

[76] *Böckenförde,* Staat, Gesellschaft, Freiheit, S. 209.

essen ‚der Wirtschaft' und des Staates benennen lassen: Innerer und äußerer Friede, Rechtssicherheit, Vorhandensein und Erweiterung von Infrastruktur u. ä. Auf dieser Ebene also stellt sich die sogenannte Identifikation von Staat und Wirtschaft als Rekapitulation der klassisch-liberalen Staatsaufgaben dar. Auch daß die Selbsterhaltungskraft des Staates von seiner ökonomischen Basis abhängt[77], ist jedenfalls kein novum des modernen Staates der Industriegesellschaft und kann die Annahme einer „Identifikation" zwischen Staat und Wirtschaft nicht rechtfertigen. Die Veränderung gegenüber früheren Zeiten scheint eher darin zu liegen, daß nationale Integration weniger durch aufwendige und prunkvolle Selbstdarstellung oder militärische Schlagkraft bewerkstelligt wird (Versailles, Preußen) als durch einen — nicht weniger aufwendigen — Sozialstaat.

Es ist darüber hinaus auch kaum möglich, die traditionelle Eigentum-Freiheit-Relation, wie sie sich in der Eigentumsgarantie niedergeschlagen hat, als eine ausschließlich institutionelle Aussage der Trennung von Staat und Wirtschaft zu verstehen. Man müßte dann dartun, daß Aufklärung und Idealismus etwa mit den natürlichen Rechten des Individuums eigentlich die Staatsfreiheit der bürgerlichen Erwerbsgesellschaft meinten. Auch wenn man das Zusammenfallen von naturrechtlicher Aufklärung und den Anfängen der bürgerlich-kapitalistischen Erwerbsgesellschaft nicht als historisch kontingent verstehen oder gar politischen und wirtschaftlichen Liberalismus in eins setzen will[78], so bleibt doch, daß der naturrechtliche Ansatz in erster Linie das Individuum vor Augen hat, seine freie Selbstbestimmung meint und von hierher staatliches und wirtschaftliches System funktionalisiert[79]. Es ist daher nur konsequent, wenn die Auffassung, Art. 14 GG garantiere eine Funktionstrennung zwischen Staat und Wirtschaft, nicht primär mit der unmittelbaren Berufung auf den Freiheitsschutz des Individuums begründet wird[80].

2. Funktionswandel des Sacheigentums?

a) Kulturpessimistische Vorbemerkung

Der Funktionswandel des Sacheigentums scheint besonders deutlich, wenn man sich den Bereich vor Augen hält, für den die Verknüpfung von Eigentum und persönlicher Freiheit am meisten Evidenz bean-

---

[77] *Böckenförde*, Der Staat 1976, S. 458 ff.

[78] s. dazu unten D I.

[79] Vgl. etwa *W. v. Humboldt*, Grenzen der Wirksamkeit des Staates, wo das Eigentum nur am Rand erwähnt wird und zudem ganz von der Vorstellung des tätigen Einzelnen geprägt ist (Kap. III, ed. Haerdter, S. 28ff., 32, 54).

[80] Zum Gedanken sozialer Gewaltenteilung s. u. D II.

sprucchen kann: Für das persönliche Eigentum, das unmittelbar der Daseinssicherung, Bedürfnisbefriedigung, Persönlichkeitsentfaltung und Lebensgestaltung des Einzelnen dient bzw. gedient hat. Die Begriffe, in denen diese Beziehung noch lebendig wird: Bauernhof, Familienbetrieb, eigene Werkzeuge — überhaupt der „raumhafte Zusammenhang von Broterwerb, Haus, Wohnung und Familie“[81] — verweisen auf Zeit, Werte und Bedingungen des sich entfaltenden Bürgertums. Hier läßt sich sozusagen Wilhelm-Meister-Atmosphäre finden, lebendige Vertrautheit, ja Wärme gegenüber den Dingen, die als Mittel und Ausdruck persönlichen und familiären Lebens selbst etwas von diesem Leben angenommen haben, in ihrem Gebrauch wieder zurückstrahlen und so Dauer und Kontinuität auch über die Einzelperson hinaus vermitteln. Für die Nahrungsmittelproduktion etwa — den „Landbau“ — spricht *Wilhelm von Humboldt* von der durch Arbeit und Ernte vermittelten süßen Fesselung an Acker und Herd und von dem durch gemeinschaftliche Arbeit und Genuß geschlungenen „liebevollen Band um jede Familie, von dem selbst der mitarbeitende Stier nicht ganz ausgeschlossen wird“[82]. In ähnlicher Weise redet *Radbruch* von dem von der Persönlichkeitstheorie des Eigentums vorausgesetzten „Gemütsverhältnis“, wie es nur „zur Kleidung und Wohnung, zu Büchern und Sammlungen, zu Werkzeugen und Werken“ bestehen könne[83].

Es scheint, als sei mit dem Auseinanderfallen der Großfamilie im Zuge der Industrialisierung der Sinn bürgerlichen Eigentums als vergegenständlichten Raums individueller Freiheit im Kern getroffen worden. Die heutige Kleinfamilie erfüllt kaum noch wirtschaftlich produktive Aufgaben und hat auch die Erziehung und die Ausbildung der Kinder an gesellschaftliche und staatliche Institutionen abtreten müssen[84].

Wenn es so ist, daß industrielle Revolution und Weltkriege bürgerliche Existenzformen nur mehr in Randbereichen übrig gelassen haben — „das Haus ist vergangen“[85] —, so stellt sich die Frage, in welchem Sinne noch von individueller Entfaltung und ihrer Sicherung durch Eigentum geredet werden kann. Seine Seele, seine Individualität und seinen Willen in Dinge hineinlegen und sie sich zu eigen machen, sie auch nach außen zum charakteristischen Ausdruck einer an Widerstän-

---

[81] *Carl Schmitt*, Verfassungsrechtl. Aufsätze, S. 123.

[82] *W. v. Humboldt*, Kap. III, S. 36/37.

[83] *Radbruch*, Rechtsphilosophie, S. 238; in ähnlicher Weise betont *Krüger*, Staatslehre, S. 429/30, das von „Dauer und Innigkeit“ geprägte Verhältnis zwischen Eigentümer und Sache.

[84] Bis auf die „frühkindliche Sozialisation“ (vgl. *Luhmann*, Grundrechte, S. 104) — soweit nicht bereits auch sie auf Kindergarten und Vorschule delegiert ist.

[85] *Adorno*, Minima Moralia, S. 41.

den sich formenden und entfaltenden Persönlichkeit werden zu lassen, dies alles setzt nicht nur entsprechende Realbedingungen des Außen-, sondern auch des Innenbereichs voraus. So hat etwa *Marcuse* das Veralten der Psychoanalyse damit begründet, daß mit der „Verminderung des Ichs" und der „Kollektivierung des Ich-Ideals" auch ihr Gegenstand in Fortfall gerät[86]. Auch die Feststellung *Gehlens*, es habe „in der Welt noch nie so viel ausdifferenzierte und ausdrucksfähige Subjektivität gegeben... wie heute"[87], widerspricht dem nur scheinbar; er meint hiermit eine pathogene Psychisierung[88], die als „Selbstauslieferung" und „Selbstauslöschung"[89], als „Erfahrungsverlust" und „Quietismus des Konsumierenwollens"[90], als Aufkommen „kollektivseelischer Qualitäten"[91], also letzten Endes als Ich-Verlust gekennzeichnet wird. Dem Verfall festgefügter sozialer Ordnungen gehe ein ebensolcher Verfall des seelischen Selbst parallel[92]: Der Umbruch von der Agrargesellschaft zur Industriegesellschaft lasse die Heiligkeit des zu ersterer gehörenden privaten Eigentums hinter sich zurück[93]. Auch nach *Guardini* geht die Neuzeit ihrem Ende entgegen und mit ihr die Epoche des sich entfaltenden und ausbildenden Individuums; es verzichtet auf seine „Persönlichkeit" mit ihrer „Freiheit individueller Bewegung und Gestaltung", „um sich auf seinen Kern zusammenzuziehen"[94], in die Strenge und Kargheit seiner „Person". Eigentum wäre dann weniger als Entfaltungsbasis des sich der Welt bemächtigenden Individuums zu beschreiben, sondern als „personales" Eigentum eher Ausdruck für die „solidarische Existenzgemeinschaft zwischen Mensch und Sache"[95]. Damit würde sich auch diese im Eigentumsrecht geschützte enge Verbindung wischen Mensch und Sache auf ihren — heutigen — Kern zusammenziehen: Eigentum als Basis der Existenzsicherung.

b) Existenzsichernde Funktion?

Gerade diese existenzsichernde Funktion des Eigentums aber läßt sich offenbar nur in wenigen Teilbereichen auffinden: Heute ist es im we-

---

[86] *H. Marcuse*, Kultur und Gesellschaft, Bd. 2, S. 104.

[87] *A. Gehlen*, Seele im techn. Zeitalter, S. 114.

[88] Ebd., S. 62.

[89] Ebd., S. 41.

[90] Ebd., S. 44.

[91] Ebd., S. 55; s. a. S. 59: „Charaktere..., die ihre Eigenschaften nur deshalb zu haben scheinen, weil sich kein Anlaß fand, sie aufzugeben".

[92] Ebd., S. 58.

[93] Ebd., S. 72, 76: „Das Zeitalter der Aufklärung erscheint uns abgelaufen..."

[94] *Guardini*, Ende der Neuzeit, S. 69.

[95] *Calliess*, Eigentum, S. 124; es läge nach C. also nahe, vom Eigentum nicht als Entfaltungs-, sondern in Anknüpfung an *T. d. Chardin* als „Ein-

sentlichen nicht das Eigentum, das persönliche Existenz und Freiheit garantiert, sondern die eigene Arbeitskraft und ihre sozialstaatlich geschaffenen Surrogate[96]. Dies gilt selbst unter der Prämisse eines mit der Erweiterung auf alle vermögenswerten Privatrechte bereits verfassungsrechtlich akzentuierten Eigentumsbegriffs: Ende 1973[97] betrug das Netto-Geldvermögen (abzüglich Restschulden) bei Arbeiterhaushalten (28 % aller Haushalte) 9 000,— DM und war sogar bei Selbständigen (7 % aller Haushalte) nicht höher als 123 000,— DM (Durchschnitt für alle Haushalte: 12 500,— DM). Dem Durchschnittswert einer — kaum existenzsichernden — Rente der Arbeiterversicherung von ca. 500,— DM im Jahre 1974 (Angestellte: ca. 800,— DM) entspricht aber bereits ein Barwert von 70 000,— DM (Angestellte: 112 000,— DM)[98]; dabei ist weder die Dynamisierung der Rente berücksichtigt noch die Tatsache, daß sie nur die Alterssicherung betrifft und auch hier nur einen, wenn auch den wichtigsten Teil dieser Sicherung darstellt.

Es ist allerdings wenig überzeugend, diesen Mangel an existenzsichernder Funktion als Ergebnis eines „Funktionswandels" des Eigentums zu interpretieren. Eine existenzsichernde Funktion des Eigentums hat nämlich de facto wohl immer nur für einen ganz geringen Teil der Bevölkerung bestanden[99]. Für ihren größten Teil aber hat die Existenzsicherung bis zur Aufhebung der Leibeigenschaft gerade darin gelegen, daß sie Eigentumsobjekt und nicht -subjekt gewesen ist; in der Folge ist ihre Arbeitskraft, soweit nicht der familiäre Verbund noch eine Auffangstellung hat bilden können, ihre einzige Existenzgarantie gewesen. Selbst der Handwerksbetrieb oder die Kate des kleinen Bauern hatten und haben ihre existenzsichernde Funktion nur unter der Voraussetzung eines ständigen Arbeitseinsatzes. Unter diesen Umständen kann von einer Verringerung der existenzsichernden Funktion des Eigentums i. E. keine Rede sein, sondern allenfalls von einer Verbreiterung der auf Privateigentum beruhenden Freiheitsentfaltung. Der Anteil derer, die heute von ihrem Eigentum leben können — sei es mit, sei es ohne zusätzlichen Einsatz von Arbeit — dürfte also kaum unter dem früherer Zeiten liegen, sondern sich eher vergrößert haben.

---

rollungsbasis" zu sprechen, also — in betontem Gegensatz zu *Suhr*, Entfaltung, und *Luhmann*, Grundrechte, pass. — von einer verfassungsrechtlich geschützten Möglichkeit eines Rückzugs aus dem Netz sozialer Kontakte in eine interaktionsfreie Geborgenheit.

[96] Vgl. etwa *Erw. Stein*, Festschr. Müller, S. 505; *Wipfelder*, Festschr. Küchenhoff, S. 756; *Badura*, BayVerwBl. 1973, 3; *Hesse*, Grundzüge, S. 181; *Calliess*, S. 120; *Saladin*, Grundrechte, S. 394; *Scheuner*, Garantie des Eigentums, S. 43.

[97] Nach *Issing*, Kleineres Eigentum, S. 17 f.; Haushalte mit einem monatlichen Nettoeinkommen von über 1500,— DM sind nicht miterfaßt.

[98] Ebd., S. 21 (bei einem angenommenen Rentenalter von 65 Jahren).

[99] So zu Recht *P. Römer*, Privateigentum, S. 220.

Was sich verändert hat, ist wohl eher die Art sozialer Sicherung — von der Familie zum Staat — und das mit dem Stichwort „Auseinanderfallen von beherrschtem und effektivem Lebensraum“[100] beschriebene Bewußtsein, von nicht unmittelbar beeinflußbaren Wirkungsgrößen abhängig zu sein. Während der beherrschte, d. h. vom Einzelnen gestaltbare Lebensraum immer weiter abnimmt — „von Haus, Hof und Werkstatt zur Mietwohnung und dem Arbeitsplatz in der Fabrik“[101] —, hat sich der effektive, d. h. der, in dem das Dasein der Einzelnen effektiv abläuft, immer mehr erweitert[102]. Der hohe Rang und die außerordentliche finanzielle Dimension heutiger staatlicher Daseinsvorsorge kennzeichnen einen Umschlag — jedenfalls im Bewußtsein der Betroffenen — von einer primär autonomen und autarken Lebensform zu einer primär fremdgewährleisteten. „Heute genügt die Staatsbürgerqualität, um existieren zu können[103].“

c) *Verfassungsrechtliche Relevanz*

Wenn heute also nicht das Sacheigentum, sondern vor allem Lohn und Rente die Existenz der Einzelnen sichern, so bieten sich für die Eigentumsgarantie zwei Möglichkeiten der Interpretation: Entweder man konstatiert eine Schwächung oder man spricht lediglich von einem Formenwandel der Existenzsicherung, der den inneren Grund und die Reichweite der Eigentumsgarantie unberührt lasse bzw. sie sogar bestätige oder erweitere.

aa) „Schwächung“ der Eigentumsgarantie

Eine Schwächung der Eigentumsgarantie durch den Funktionswandel des Eigentums anzunehmen liegt nahe: Wenn Art. 14 GG das Eigentum um seiner existenz- und freiheitssichernden Funktion willen schützt, es diese Funktion aber heute im allgemeinen nicht mehr hat, dann sinkt im gleichen Maße auch die gesellschaftliche Relevanz und Reichweite der Eigentumsgarantie. Sie entwickelt sich zum rechtlichen Relikt einer vorindustriellen Gesellschaft und deckt lediglich noch diejenigen Rechte ab, die von der Wirklichkeit einer auf abhängiger Arbeit basierenden Industriegesellschaft noch nicht erfaßt worden sind. Was an der Wende zum bürgerlichen Verfassungsstaat die Feudalrechte waren, ist heute dann das existenz- und freiheitssichernde Privateigentum[104]; der bisher

---

[100] *Forsthoff*, Rechtsstaat, S. 50 f. u. Staat der Industriegesellschaft, S. 75 ff.; *A. Gehlen* in: Eigentum und Eigentümer, S. 165 ff.; vgl. a. *Molitor*, HdSW, Bd. III, „Eigentum“.

[101] *Forsthoff*, Staat der Industrieges., S. 76.

[102] *Gehlen*, Seele im techn. Zeitalter, S. 55: „der Leerraum zwischen dem, was er tut und dem, wovon er abhängt.“

[103] *Gehlen*, Eigentum und Eigentümer, S. 168.

[104] Vgl. *Rittstieg*, Eigentum, S. 363; ähnlich *Däubler*, Eigentum, S. 259 N. 353.

gültigen Legitimierung des Privateigentums aus der Existenzsicherung ist dann der Boden entzogen[105].

Dieser Auffassung liegt zum einen ein terminologisches Vorverständnis zugrunde: Eigentum im Sinne des Art. 14 GG sei das, was nach der herkömmlichen Begrifflichkeit des 19. Jahrhunderts als Eigentum verstanden wird; das Schicksal des Eigentums wird mit dem der Eigentumsgarantie also unlösbar verknüpft. Zum anderen ein historisches: Die Eigentumsgarantie sei der spezifische Überbau der sich aus feudalen Bindungen befreienden bürgerlichen Erwerbsgesellschaft des 19. Jahrhunderts. Krise des Bürgertums bedeute also Krise der liberalen Verfassung insgesamt, nicht nur der Eigentumsgarantie. Mit dem Einrücken des Bürgertums in die Beteiligung am Staate und mit seiner Auflösung als abgrenzbarer gesellschaftlicher Gruppierung hätten die Grundrechte ihre historische Mission erfüllt[106].

Für den Zusammenhang von Eigentum und Freiheit kann dies entweder bedeuten, daß sich das Gewicht von einer Rechtsträger- auf eine Sachgütergarantie verschiebt: Nur für die „Gründerzeit" des Eigentums bedarf es der Legitimation aus Freiheit; ist diese einmal geleistet, so werden Eigentum und seine Garantie als legitimiert in die Zukunft entlassen. Art. 14 GG garantiert also nicht die Rechte, deren das Individuum zu seiner Existenz und Freiheit bedarf, sondern die Rechte, die diese Funktion zu einem bestimmten historischen Zeitpunkt für eine bestimmte Schicht hatten. Wenn aber die existenzsichernde Funktion des Eigentums bei einem ganz geringen Teil der Bevölkerung den Verfassungsschutz aller Eigentumsrechte legitimieren soll, auch dann, wenn bei 90 % der Grundrechtsträger diese Funktion fehlt[107], so wird der Satz, die Eigentumsgarantie schütze Rechte wegen ihrer existenzsichernden Funktion, schlicht falsch; behauptetes Normtelos und Wirklichkeit der Normanwendung stünden in offensichtlichem Gegensatz. Wenn also insoweit auf Begründung und damit auf Rationalität verzichtet wird, so schlägt sich die Schwäche des Eigentums als Legitimationsdefizit der Eigentumsgarantie nieder.

Wenn andererseits die Eigentumsgarantie nur existenzsichernde Rechte umfassen soll, so wird zwar der Widerspruch zwischen teleologischem Auslegungsergebnis und Wirklichkeit der Normanwendung vermieden. Allerdings ist dann der Kreis der Grundrechtsträger auf ein Minimum beschränkt.

---

105 So insbes. *Gehlen*, Eigentum, S. 171; vgl. a. *Erw. Stein*, *Badura* und *Hesse* (s. FN 96).

106 Vgl. *Forsthoff*, Staat der Industriegesellschaft, S. 147.

107 Nach dem Sozialbericht 1972, Teil A (BT-Drucks. VI, 3432), Übersicht A — 1, S. 2, sind für über 90 % der Bevölkerung die sozialen Leistungsberechtigungen Mittel der Existenzsicherung.

Dies aber ist für die Stärke einer Verfassung ebensowenig irrelevant[108] wie für die eines einzelnen Grundrechts. Die Forderung des Bundesverfassungsgerichts, Grundrechte dürften nicht leerlaufen[109], darf nicht allein auf eine — wie auch immer zu verstehende — normativ-qualitative Stärke und Verbindlichkeit beschränkt werden, sondern meint auch die Forderung nach einem möglichst umfassenden Anwendungsbereich, nach gesellschaftlicher Breiten- und Tiefenwirkung. Was schon in der Zivilrechtsdogmatik selbstverständlich ist — daß eine Norm nicht ohne Blick auf einen ihr zu belassenden spezifischen und möglichst breiten Regelungsbereich ausgelegt werden darf — muß um so mehr für das Verfassungsrecht gelten; denn im gesteigerten Maße hängen Wirksamkeit und Integrationsfähigkeit einer Verfassung davon ab, daß sie einen Mindestkonsens darstellt. Dies bedeutet aber, daß nicht der größte Teil derjenigen, für die sie Geltung beansprucht, ohne Verfassungsrechte bleiben oder mit solchen minderen Ranges abgespeist werden darf. So berechtigt es sein mag, mit Blick auf das Leerlaufen von Grundrechten in der Weimarer Republik an der Normativität der Verfassung im Sinne von strikter Verbindlichkeit festzuhalten, so wenig läßt sich hiermit eine Verfassung der Privilegierten legitimieren. Gerade wenn man Eigentum mit Freiheit begründet, kann man nicht daran vorbeigehen, „daß das Gleichheitsprinzip ebenso wie das Freiheitsprinzip dem dialektischen Naturrechtsverständnis entstammt, das die geistesgeschichtliche Grundlage des Parlamentarismus bildet“[110]. Ist aber dem Freiheitsprinzip das Gleichheitsprinzip immanent und ist Eigentumsschutz Teil des Freiheitsschutzes, so kann es für Verständnis und Auslegung des Art. 14 GG nicht irrelevant sein, ob sich 5 % oder 95 % der Bevölkerung auf ihn berufen könnten[111].

Daß es Grundrechte mit einem relativ kleinen Trägerkreis gibt, ist kein überzeugendes Gegenargument[112]. So ist etwa die Lehrfreiheit der Hochschullehrer nicht in erster Linie ein den Hochschullehrern um ihrer persönlichen Freiheitsentfaltung willen gewährleistetes Recht[113], son-

---

[108] Entgegen der Auffassung *Kimminichs* (BK, Art. 14 Rdn. 10 ff., 17 ff.). Wie hier inzwischen ausdrücklich auch BVerfG DVBl. 1980, 366 (368) — Versorgungsausgleich —.

[109] BVerfGE 6, 32 (40); 7, 377 (403 f.).

[110] *Kriele*, Staatslehre, S. 332.

[111] So fordert *Ekk. Stein*, Vermögenspolitik, S. 31 „der Gleichheit der realen Freiheitsräume aller Einzelnen näher zu kommen“; zustimmend *Leisner*, Kleineres Eigentum, S. 64; wie sehr gerade in der liberalen Tradition der Zusammenhang von Freiheit und Gleichheit auch hinsichtlich der vorhandenen Güter bewußt ist, zeigt etwa die Äußerung *Maihofers* (Eigentum als Fundament, S. 74): Art. 14 GG sei auch zu sehen als Garantie des „Rechts auf Eigentum, das jemand gerade nicht hat“. Ebenso *Häberle*, Wesensgehaltgarantie, S. 123.

[112] s. aber *Kimminich*, Bonner Kommentar, Art. 14, Rdn. 12.

[113] BVerfG, NJW 1978, 1622.

dern es steht im Dienste der Freiheit von Wissenschaft, deren institutionalisierte Selbststeuerung in Abwesenheit externer Zwecksetzungen Realbedingung von Wahrheitsfindung ist[114]. Ganz anders aber eine auf der Basis individueller Freiheitssicherung interpretierte Eigentumsgarantie: Sie sichert das Eigentum des jeweiligen Grundrechtsträgers primär um seiner selbst willen, nicht aber, weil er als Instrument und Schlüsselfigur gesellschaftlicher Freiheit gedacht würde[115]. Ähnlich steht es mit dem Asylrecht politisch verfolgter Ausländer[116]: Hier wird von vorneherein an die Ausnahmesituation einer kleinen Gruppe von Menschen angeknüpft. Niemand wird — ebensowenig wie bei der Wohnungs-, Kommunikations- oder Berufsfreiheit — die Eigentumsgarantie als Minderheitenschutzrecht gefährdeter Personen konzipieren wollen.

Auf der anderen Seite darf die so beschriebene Schwächung der Eigentumsgarantie auch nicht überschätzt werden: Daß das Sacheigentum heute weitgehend weder der Individualität seines Inhabers Ausdruck verleiht noch in sozialrelevanten Dimensionen existenzsichernd wirkt, bedeutet nämlich nicht, daß die Begründung von Eigentum aus Freiheit schlicht gegenstandslos geworden wäre, sondern lediglich, daß vielleicht allzu hoch gespannte Ansprüche hinsichtlich Erfülltheit, Dichte und Enge der Verbindung zwischen Person und Sache in der Realität kaum Entsprechung finden. Nichts spricht aber dagegen, Eigentum dort im besonderen Maße zu schützen, wo diese enge Bindung zum Inhaber noch vorhanden sein mag — etwa bei Landwirtschafts-, Handwerksbetrieben u. ä.[117], überhaupt bei Eigentümer-Unternehmen[118] —, und im übrigen einen gelockerten personalen Bezug ausreichen zu lassen. Dieser — für das persönliche Eigentum des täglichen Umgangs offensichtliche — Bezug wäre etwa darin zu sehen, daß Sacheigentum erstens immerhin anteilig an der Existenzsicherung des Einzelnen mitwirkt, daß es zweitens auch in den der Existenzgrundlage vorgelagerten Bereichen individueller Lebensführung und Freizeitgestaltung seine Freiheitswirkungen entfaltet[119], und daß es drittens besonders hinsichtlich langfristiger und höherwertiger Konsumgüter eine „spezielle Lebensqualität" ermöglicht, die über die durch Lohn und Rente vermittelte Durchschnittsbefriedigung elementarer Bedürfnisse hinausreicht[120]. Als Garantie „kleineren

[114] Vgl. *Herzog*, GG, Art. 5 III Rdn. 8; *Kriele*, NJW 1976, 357 f.

[115] Zum Gedanken sozialer Gewaltenteilung s. u. D II.

[116] Vgl. *Kimminich*, Bonner Kommentar, Art. 14, Rdn. 12.

[117] Vgl. W. *Weber*, Festschr. Michaelis, S. 329.

[118] Zu dieser Abschichtung im Vergleich zu Großunternehmen kommt insbesondere *Chlosta*, Wesensgehalt, S. 121 f., 146, der im übrigen privates Produktiveigentum wegen seiner „Zweckmäßigkeit" gerechtfertigt sieht; ähnlich BVerfG — Mitbestimmungsurteil v. 1. 3. 1979, NJW 1979, 699 ff. (Krit. dazu unten C II 3 d).

[119] W. *Weber*, Festschr. Michaelis, S. 328.

[120] s. *Leisner*, Kleineres Eigentum, S. 57, 62, 66.

Eigentums" bekäme die Eigentumsgarantie somit einen mehr mittelständischen Zuschnitt[121]; sie erschiene immerhin als das spezifische Grundrecht einer „Neuen Mittelklasse". Die Schwächung der Eigentumsgarantie läge dann weniger in einer rapiden Abnahme potentieller Grundrechtsträger, sondern beträfe eher Intensität, Qualität und naturrechtliche Evidenz dieses Grundrechts.

bb) „Stärkung" der Eigentumsgarantie

Auf der anderen Seite kann der Formenwandel individueller Existenzsicherung Wert und Gewicht der Eigentumsgarantie auch erhöhen. Wenn Lohnanspruch und Versorgungsrechte verfassungsrechtliches Eigentum sind, so läßt sich die gesellschaftliche Breitenwirkung der Eigentumsgarantie gar nicht hoch genug einschätzen. Aber auch ihre Geschlossenheit und Stärke, die Einheit von Legitimation und Normbereich, wären höher einzustufen als je zuvor. Das Sacheigentum erschiene dann als eine mehr oder weniger kontingente, u. U. vorwiegend einer bestimmten historischen Epoche zuzuordnende Erscheinungsform individueller Sicherung.

Diese Aktualisierung des (naturrechtlichen) Kerns gegenüber der historischen Erscheinung könnte sich allerdings nur zu leicht gegen die heute noch vorhandenen privaten vermögenswerten Rechte wenden: Lohn und Rente sind Ansprüche, denen nicht allein erbrachte Leistung, sondern auch die Forderung nach gerechter Verteilung der in einer Gesellschaft vorhandenen natürlichen und von ihr erzeugten Reichtümer zugrunde liegen; sie sind Rechte auf Teilhabe an den vorhandenen Gütern[122]. Das klassische Privateigentum aber ist das Recht, andere vom Genuß und Gebrauch dieser im wesentlichen bereits verteilten Gütern auszuschließen, und als Eigentum an Produktivkräften der Anspruch, mehr als den pro-Kopf-Anteil am Zuwachs des Sozialprodukts zu erhalten. Wenn bei einer denkbaren Abnahme quantitativen Wachstums, mit der Aufgabe der Utopie von der durch die Produktivkräfte entfesselten Güterfülle, diese Teilhabeansprüche nicht mehr dilatorisch aus den Zuwächsen finanziert werden können, dann besteht die Gefahr, daß soziale Verteilungskämpfe unter einseitiger Berufung auf die Eigentumsgarantie geführt werden: Das durch die Eigentum-Freiheit-Relation besonders legitimierte „Neue Eigentum"[123] kann dann die Restbe-

---

[121] s. d. entsprechende „Mittelstandsprogramm" bei *Leisner*, S. 71 ff.: Vermögensbildung, Mittelstandsschutz, verschärfte Kartellgesetzgebung.

[122] Vgl. *Macpherson*, Equality and Freedom, S. 81 ff., S. 84; seiner idyllischen Sicht von den frei und gleich am Reichtum Partizipierenden liegt das Bild eines Staates zugrunde, der die durch das Marktsystem geschaffenen Reichtümer — der Markt selbst habe seine Schuldigkeit getan — an alle verteilt, S. 83/84.

[123] s. *Ch. Reich*, ZfSR 1975, 263 ff., 396 ff.

stände privater Ausschließungsrechte als verfassungsrechtlich „eigentlich" nicht begründete, sondern lediglich positivrechtlich noch eingeräumte Privilegien erscheinen lassen[124].

3. Großunternehmen

Während also die freiheitssichernde bzw. -verstärkende Wirkung des Eigentums für das persönliche und „kleinere" Eigentum sowie für den mittelständischen Kleinbetrieb zu begründen ist, stößt eine entsprechende Argumentation für das Eigentum von Großunternehmen auf Probleme. Denn sie werden in aller Regel als juristische, von ihren Eigentümern abgelöste Personen geführt. Ein Eigentümer-Unternehmer, dessen grundrechtliche Freiheit es zu schützen gelte, ist auf den ersten Blick nicht erkennbar. Persönlichkeitsfernes Eigentum aber kann — wenn überhaupt — nicht denselben Eigentumsschutz genießen wie persönlichkeitsnahes.

Es gehört daher zu den Merkwürdigkeiten verfassungsrechtlicher Dogmatik, daß lange Zeit zwei Aussagen als völlig selbstverständlich und miteinander in Einklang stehend gleichzeitig getroffen wurden: Erstens: Ratio legis der Eigentumsgarantie ist der Freiheitsschutz des Individuums. Zweitens: Auch das Eigentum an Produktionsmitteln ist unabhängig von seiner Größe Gegenstand der Eigentumsgarantie. Inzwischen hat die Diskussion über diese Spannung zwischen Schutzzweck und Anwendungsbereich der Eigentumsgarantie auf breiter Front eingesetzt[124a].

a) Recht am eingerichteten und ausgeübten Gewerbebetrieb

Bevor der Frage nach der Tragfähigkeit der Eigentum-Freiheit-Relation bei Großunternehmen nachgegangen wird, soll die bisherige Entwicklung des verfassungsrechtlichen Schutzes von Eigentum an Produktionsmitteln verdeutlicht werden.

Die Ursprünge des Rechts am eingerichteten und ausgeübten Gewerbebetrieb sind in der zivilrechtlichen Rechtsprechung des Reichsgerichts zu suchen. Es ging schon kurz nach Inkrafttreten des BGB davon aus, daß auch das Recht auf Ausübung des Gewerbebetriebes von § 823 Abs. 1 BGB geschützt werde[125]. Einen Eingriff in dieses Recht

---

[124] Vgl. *Häberle,* Wesensgehaltgarantie, S. 216: „Heute empfände man ihn (sc. den liberalen Eigentumsbegriff Schmittscher Prägung) zu Recht eher als übergesetzliches Unrecht", s. a. *Däubler,* S. 259 N. 353; *Rittstieg,* S. 363.

[124a] Aus der Fülle neuerer Literatur s. insbes. die Berichte von *Papier* und *Saladin* in: VVDStRL 35 (1977), 55 ff. und 7 ff.; *Rittstieg,* Eigentum als Verfassungsproblem (1975); *Däubler* u. a., Eigentum und Recht (1976); *Issing / Leisner,* „Kleineres Eigentum" (1976); *Friauf,* DÖV 1976, 624 ff.; *Püttner,* DÖV 1976, S. 433 ff.; *Rüfner,* DVBl. 1976, 689 ff.; *Podlech,* Der Staat 1976, S. 31 ff.; *Friauf / Wendt,* Eigentum am Unternehmen (1977); s. insbes. a. *Badura,* Verh. 49. DJT, S. 23; *Benda,* Herrschaft, S. 329.

nahm es dann an, wenn dieser sich unmittelbar gegen den Bestand des Gewerbebetriebes richtete; hierzu rechneten — aufgrund der finalen Fassung dieser Schutzbereichsdefinition — nicht nur die Vernichtung des Betriebes in seinem Bestand, sondern auch die tatsächliche Verhinderung einzelner Betriebshandlungen sowie der unberechtigte Angriff auf die rechtliche Basis des Betriebes[126].

Erheblich länger ließ die Anerkennung dieses Rechts als Schutzrecht gegenüber Eingriffen des Staates auf sich warten. Zunächst wurde die Einstufung als wohlerworbenes Recht (Art. 75 Einleitung ALR) bzw. als verfassungsrechtliches Eigentum (Art. 153 Weimarer Reichsverfassung) abgelehnt[127]. Erst mit der Erweiterung des verfassungsrechtlichen Eigentumsbegriffs Mitte der zwanziger Jahre[128] bahnte sich die Wende im Sylter Kleinbahnfall an, wo zum ersten Mal die Parallele zum zivilrechtlichen Unternehmensschutz durch § 823 Abs. 1 BGB gezogen wird[129]. Die ausdrückliche Anerkennung des inzwischen in gefestigter Rechtsprechung als absolutes Recht im Sinne des § 823 Abs. 1 BGB anerkannten Rechts am Gewerbebetrieb findet ein Jahr später in der Heilpraktikerentscheidung statt[130] und wird kurz darauf bestätigt[131]. Eine Entschädigung wird im übrigen in keiner dieser Entscheidungen gewährt.

Erheblich umfangreicher ist die Rechtsprechung des Bundesgerichtshofs[132]. Voraussetzung für den Schutz des Gewerbebetriebes im Rahmen des Art. 14 GG ist zunächst, daß überhaupt ein Gewerbebetrieb eingerichtet ist und ausgeübt wird; eine entsprechende Absicht allein reicht nicht aus[133]. Neben den tatsächlichen Voraussetzungen müssen auch die rechtlichen, d. h. insbesondere Genehmigungen bei genehmigungsbedürftigen Betriebsweisen gegeben sein[134].

---

[125] RGZ 51, 66 i. V. mit der Zitierung eines — nicht abgedruckten — Teils dieser Entscheidung in RGZ 51, 369 (374) (aus dem Jahre 1902); grundlegend dann RGZ 58, 24 ff. (1904).

[126] RGZ 101, 335 (337); RGZ 102, 223 (225); s. a. RGZ 79, 224; 100, 213 sowie Recht 1924, 537; GRUR 1942, 54; RGZ 126, 96; 158, 377; 163, 21.

[127] RG JW 1906, 163; RGZ 61, 9 (12); RGZ 101, 289 (292) (1921).

[128] s. dazu oben A II 1.

[129] RGZ 126, 93 (96) (1929); im Ergebnis wird hier an RGZ 19, 353 (355) (1887) angeknüpft: für „zufällige Vorteile, die durch thatsächlich bestehende Verhältnisse erwachsen“, werde kein Schutz gewährt.

[130] RGZ 129, 146 (148).

[131] RGZ 139, 177 (185/186).

[132] Detaillierte Darstellungen finden sich bei *Badura*, AöR 1973, 164 ff.; *Buchner*, Gewerbebetrieb, S. 130 ff.; *Kröner*, Eigentumsrechtsprechung, S. 51 ff.; *Schneider*, GewArch 1969, 269 ff.; *Schack*, BB 1963, 1227 ff.; *Kreft*, WM 1977, 362 ff.

[133] BGH WM 1965, 500 (503); BGH NJW 1965, 2101; vgl. a. BGHZ 30, 338 u. 14, 363 (367/368).

[134] BGH LM Nr. 18 zu Art. 14 (Cf) und LM Nr. 19 (Cf); vgl. a. BGH LM Nr. 18 zu Art. 14 (Cc); dies auch dann, wenn der Betrieb bereits aufgenommen wurde: BGH WM 1962, 1008; BGH LM Nr. 56 zu Art. 14.

Das Spannungsfeld, in dem die anschließende umfangreiche Rechtsprechung sich bewegt, deutet sich schon in einer frühen Entscheidung an (infolge Ablenkung des Fußgängerstromes durch die Errichtung von verkehrssichernden Straßengittern sinkt der Umsatz einer Gaststätte)[135]: Einerseits kann es gegenüber sozialen Veränderungen keine allumfassende Garantie eines status quo geben — daher auch kein Recht auf Erhaltung der Ertragsfähigkeit des Betriebes[136] —, andererseits darf sozialer Wandel bzw. sein Nachvollzug durch Gesetzgeber und die Verwaltung auch nicht über Leichen gehen — der BGH zieht hier die Grenze beim Bestand bzw. bei erheblicher Einschränkung des Rechts[137]. Die damit gestellte Frage nach dem Schutzbereich des Rechts am Gewerbebetrieb im Rahmen des Art. 14 GG versucht der BGH in seiner grundlegenden Entscheidung vom 28. Januar 1957 zu beantworten: „Zum Gewerbebetrieb gehören nach heutiger Auffassung nicht nur die Betriebsgrundstücke und -räume sowie die Einrichtungsgegenstände, die Warenvorräte und die Außenstände; dazu gehören auch geschäftliche Verbindungen, Beziehungen, der Kundenstamm, kurz alles das, was in seiner Gesamtheit den wirtschaftlichen Wert des konkreten Gewerbebetriebes ausmacht[138].“ Diese erstaunlich weite Ausdehnung des Schutzbereichs wird — anders als in der Grundsatzentscheidung des Großen Senats von 1952[139] — nicht aus der ratio legis der Eigentumsgarantie gerechtfertigt, sondern mit dem, was nach „heutiger Anschauung“ aus einer nicht verfassungsrechtlich ausgerichteten Sicht zum Gewerbebetrieb gehöre, d. h. der Eigentumsbegriff des Art. 14 GG wird zivilrechtsdogmatisch definiert. Für die Weite dieses Eigentumsschutzes muß folgender Syllogismus herhalten: Der Gewerbebetrieb sei Eigentum im Sinne des Art. 14 GG; dieser schütze das Eigentum nicht nur in seinem Bestand, sondern auch in seinen Ausstrahlungen; also stehe auch der Gewerbebetrieb in seinen einzelnen Ausstrahlungen unter dem Schutz der Eigentumsgarantie[140]. Spezifisch verfassungsrechtliche Gesichtspunkte geraten also nicht ins Blickfeld. Daß nach der weiten Definition des BGH nicht nur geschäftliche Verbindungen und der Kundenstamm unter dem Schutz der Eigentumsgarantie stehen sollen, bleibt aber nicht nur verfassungsrechtlich unbegründet, sondern ist auch unpraktikabel, bedarf also einer Relativierung: Gerade daraus, daß nicht nur der eigentliche Bestand, sondern auch die einzelnen Erscheinungsformen geschützt seien, folge „bei wirtschaftlich wertender Beur-

[135] BGHZ 8, 273.
[136] BGH 8, 275.
[137] BGHZ 8, 275.
[138] BGHZ 23, 157 (162/163).
[139] BGHZ (GS) 6, 278.
[140] BGHZ 23, 157 (162/163).

teilung", daß „erst die jeweilige Situation, in der ein Gewerbe betrieben wird, den vermögensrechtlichen Umfang des Betriebes schafft"[141]. Der damit gefundene topos der „Situationsgebundenheit" wird in der Folge zur Drehscheibe der Rechtsprechung zum eingerichteten und ausgeübten Gewerbebetrieb[142]. Er bedarf allerdings einer weiteren Präzisierung, denn die faktische Situation eines Betriebes innerhalb seiner sozialen Verflechtungen sagt nicht darüber aus, welche einzelnen Betriebsvorteile verfassungsrechtlich geschützt sein sollen. Hier muß vielmehr ein normativ Kriterien schaffender topos hinzutreten, den der BGH in dem Gesichtspunkt des Vertrauens findet: Rechtlich geschützt seien diejenigen Vorteile, auf deren Fortbestand sich der Betriebsinhaber verlassen dürfe[143]. Diese Frage nach dem Vertrauenkönnen und -dürfen wird im Verlauf der weiteren Rechtsprechung zum eigentlichen Abgrenzungskriterium zwischen ungeschütztem Unternehmerrisiko (sog. Chancen u. ä.) und geschütztem Verfassungseigentum. Auch hier hätte es sich angeboten, diesen noch immer sehr weiten Begriff vom verfassungsrechtlichen Vertrauensgrundsatz und vom telos zu schützender Individualfreiheit her auszufüllen. Aber der BGH bleibt auch insoweit bei einer vom Sachverhalt her argumentierenden Kasuistik, die ihre Entscheidungskriterien nicht recht deutlich werden läßt.

So sind aufgrund einer widerruflichen Genehmigung getroffene Investitionen geschützt, weil sie ohne das Vertrauendürfen auf ihre Amortisation d. h. auf die Nichtausübung des Widerrufsrechts, gar nicht erst getroffen worden wären[144]. Daß ein Müllabfuhrunternehmer, dessen Betrieb nach Einführung der gemeindlichen Müllabfuhr den gesamten Kundenstamm verlor und dadurch vernichtend getroffen wurde, ohne Entschädigung blieb, beruhte wesentlich darauf, daß er sein Unternehmen zu einer Zeit begonnen hatte, als eine Ermächtigungsvorschrift zur Einführung von gemeindlichem Anschluß- und Benutzungszwang bereits in Kraft war, er also — so jedenfalls der BGH — immer mit der Aktualisierung dieses Risikos hätte rechnen müssen[145]. Anders wäre nur dann zu entscheiden gewesen, wenn mit einer Zusicherung oder einer ähnlichen Erklärung der Gemeinde ein die Dispositionen des Müllabfuhrunternehmers schützender „Vertrauenstatbestand" geschaffen worden wäre[146]. Auch im bekannten Fall des Schweinemästers ging es —

---

[141] BGHZ 23, 163 (s. dazu Anm. *Pagendarm* LM Nr. 63 zu Art. 14 Bl. 1 R).

[142] Also nicht als ein die Sozialbindung, sondern den Eigentumsbegriff konkretisierendes Element.

[143] BGHZ 23, 164 f.

[144] BGH NJW 1957, 1927 m. Anm. *Pagendarm* LM Nr. 66 zu Art. 14.

[145] BGHZ 40, 355 m. Anm. *Kreft* LM Nr. 15 zu Art. 14 (Cc); gegen diese Wertung d. BGH neuerdings OVG Lüneburg DÖV 1978, 44 — nicht rechtskräftig — (mit abl. Anmerkung *Scholler/Broß*).

[146] BGHZ 40, 355.

wenn auch unausgesprochen — um die Reichweite des Vertrauens, nämlich um die Frage, ob in der Baugenehmigung für die Stallungen eine Risikoübernahme des Staates für den Fortbestand der Betriebsweise zu sehen war[147]. An einem besonderen Vertrauenstatbestand fehlte es auch im Falle der durch eine Schutzzollsenkung betroffenen Knäckebrothersteller: Der einen großen Marktanteil sichernde Schutzzoll von 25 % (nach der Änderung 10 %) erwies sich als eine außerhalb des Betriebes gelegene Chance, auf deren Weiterbestehen man sich nicht verlassen durfte[148]. Aus diesem Grunde blieben auch der Verleiher von Märchenfilmen und der Hersteller von Blinkleuchten ohne Entschädigung, als Gesetzesänderungen erhebliche finanzielle Einbußen zur Folge hatten.[149]. Ebenso wurde entschieden, als sich die tatsächlichen Grundlagen des Betriebes veränderten: Der infolge des Moselausbaus veränderte Fischzug war kein Umstand, auf dessen Fortbestand sich die Fischer hätten verlassen dürfen[150].

Selbst bei Vernichtung der konkreten wirtschaftlichen Existenz als Folge hoheitlichen Handelns soll keine Entschädigung zu leisten sein, wenn ein „nur allgemeines" Vertrauen auf das weitere Zugutekommen tatsächlicher oder rechtlicher Vorteile vorliegt. So führte die nach dem Bau des Elbeleitdammes erheblich verlängerte Anfahrt eines Krabbenfischers zu „seinen" Fanggründen zur Unrentabilität seines Betriebes[151]. Er blieb ebenso ohne Entschädigung wie die Inhaber von Restaurationsstätten, die den wesentlichen Teil ihrer Kunden dadurch verloren, daß unter Erhaltung der Zugangsmöglichkeit die bisher besonders bequeme Anfahrt verschlechtert wurde, und aus diesem Grunde schließen mußten[152]. Einwirkungen von Natur und Gesellschaft werden Eingriffe des Staates — jedenfalls soweit sie Reaktion auf natürlichen oder gesellschaftlichen Wandel sind — gleichgestellt[153]. Hier wird — auch in den Anmerkungen des damaligen Präsidenten des Entschädigungssenates[154] — besonders deutlich, wie sehr der topos des „Vertrauendürfens" zum Blankettbegriff für die wertende Abwägung zwischen Unternehmerrisiko und staatlicher Verantwortung geworden ist.

---

[147] BGHZ 45, 23 (26).

[148] BGHZ 45, 83 (87); vgl. a. BGH NJW 1972, 1574.

[149] BGH NJW 1964, 769; BGH LM Nr. 36 zu Art. 14 (Cf).

[150] BGHZ 49, 231 (237) und 50, 73 (76).

[151] BGHZ 45, 150 m. Anm. *Kreft* LM Nr. 36 zu Art. 14 (Bb).

[152] BGHZ 48, 56 (60) m. Anm. *Kreft* LM Nr. 33 zu Art. 14 (Cf); BGHZ 55, 261 (264) m. Anm. *Kreft* LM Nr. 42 a zu Art. 14 (Cf); vgl. a. BGHZ 48, 65.

[153] Geradezu epische Passagen finden sich in BGHZ 45, 150 (159 f.): Der Krabbenfischer müsse den Bau des Dammes ebenso wie „alle Veränderungen durch Naturgewalten über sich ergehen lassen", er stehe „im ständigen Kampf" mit „Wind und Wetter, Gezeiten und Meeresströmungen, Brandungen und Stürmen, Bodenversetzungen und ähnlichen Umständen" — ebenso mit dem Staat?

[154] s. o. FN 151 u. 152.

Als besondere Fallgruppe seien schließlich die sog. *Anliegerfälle* (Beeinträchtigung des Gewerbebetriebes durch Eingriffe in den Gemeingebrauch an öffentlichen Straßen u. ä.).erwähnt. Hier verknüpft der BGH den zivilrechtlichen Eigentumsbegriff mit einer subjektiv-öffentlichen Rechtsstellung zu einem dogmatisch unklaren Konglomerat. Immerhin bietet sich mit dem Institut des Gemeingebrauchs ein rechtlicher, den Umfang des geschützten Vertrauens erheblich mehr als sonst präzisierender Rahmen an, um den zunächst sehr weit gefaßten Schutzbereich, der mit dem „Kontakt nach außen" auch Werbemöglichkeiten u. ä. beinhaltet, wieder einzugrenzen[155]. Der Gemeingebrauch des Anlieger-Gewerbebetriebes ist nämlich einerseits durch den Gemeingebrauch Dritter[156], andererseits durch Maßnahmen, die der Zweckbestimmung der Straße dienen, begrenzt, sofern nur die Straße als Kommunikationsmittel an sich erhalten bleibt[157]. Zu dulden sind also nicht nur der Erhaltung und Verbesserung der Straße dienende, sondern auch an Versorgungsleitungen und beim Bau der Untergrundbahn durchgeführte Arbeiten, soweit sie verhältnismäßig sind; nur „was bei ordnungsmäßiger Planung und Durchführung der Arbeiten mit möglichen und zumutbaren Mitteln sachlicher und persönlicher Art notwendig ist"[158], greift nicht in den Schutzbereich des Art. 14 GG ein. Nach neuerer Rechtsprechung kann allerdings auch bei Wahrung der Verhältnismäßigkeit eine Entschädigungspflicht bestehen, nämlich bei „ungewöhnlicher Schwere"[159]; hierzu rechnet der BGH die „Existenzvernichtung eines Anliegers"[160] oder eine dem „wirtschaftlich gleichstehende Maßnahme"[161].

Damit scheint sich gegenüber der bisherigen Rechtsprechung, die bei rechtmäßigen Infrastrukturmaßnahmen u. U. auch Existenzvernichtungen entschädigungslos ließ[162], eine gewisse Wende zu einer mehr am verfassungsintendierten Individualschutz orientierten Entschädigungsgewährung anzudeuten. Einer ersten Phase der Abwehr der durch die Globalformel von 1957 geweckten Erwartungen[163] und einer zweiten Phase einer konsolidierten engen Handhabung dieser Formel würde dann eine dritte folgen, in der gegenüber dem Gedanken des privaten

[155] Vgl. BGHZ 8, 273; 23, 157; 55, 261; 57, 359; LM Nr. 76 zu Art. 14.

[156] Neben BGHZ 23, 157 (165); LM Nr. 76 zu Art. 14 Bl. 2 R auch LM Nr. 37 zu Art. 14 (Cf) und LM Nr. 38 zu Art. 14 (Cf).

[157] LM Nr. 16 zu Art. 14 (Cf); LM Nr. 25 zu Art. 14 (Ba) Bl. 2; LM Nr. 24 zu Art. 14 (Cf) Bl. 1 R und LM Nr. 27 zu Art. 14 (Cf) Bl. 2 R; vgl. a. BGH LM Nr. 32 zu Art. 14 (Ea) Bl. 4; BGHZ 57, 359 (362).

[158] BGHZ 57, 359 (362).

[159] BGHZ 57, 365.

[160] BGH LM Nr. 27 zu Art. 14 (Cf) Bl. 3; vgl. a. LM Nr. 24 zu Art. 14 (Cf).

[161] BGHZ 48, 65 (67).

[162] BGHZ 45, 150; 48, 58; 55, 261; vgl. a. BGH NJW 1964, 863.

[163] Vgl. *Kreft*, DRiZ 1973, 336 f.

Risikos der Schutz der Existenzgrundlage stärker akzentuiert würde[164]. In dieses Bild eines Übergangs zu einer mehr die individuelle Betroffenheit berücksichtigenden Rechtsprechung fügen sich insbesondere zwei Entscheidungen jüngeren Datums zum Wasserrecht ein, in denen mehr oder weniger behutsam der althergebrachte Grundsatz, daß der polizeilich Verantwortliche ohne Entschädigung zu bleiben habe, in Frage gestellt wird[165]. Ob diese Tendenz zu einer extensiveren Interpretation der Eigentumsgarantie sich durchsetzen wird, ist allerdings fraglich; die entsprechenden Entscheidungen des BGH sind inzwischen sowohl in der Literatur[166] wie bei den Untergerichten[167] als auch in einem obiter dictum des Bundesverfassungsgerichts auf Kritik gestoßen[168].

Als Ergebnis dieses auf die Rechtsprechung des BGH beschränkten Überblicks läßt sich festhalten: Das Recht am eingerichteten und ausgeübten Gewerbebetrieb ist vom Reichsgericht als absolutes Privatrecht im Hinblick auf § 823 Abs. 1 BGB entwickelt worden und hat so — inkorporiert in den zivilistischen Begriff eines privaten, absolut geschützten Vermögensrechtes und damit nicht spezifisch verfassungsrechtlich ausgewiesen — Eingang in die Eigentumsgarantie gefunden. Eine Begründung dieses Verfassungsschutzes aus der ratio legis der Eigentumsgarantie hat nicht stattgefunden. Auch Bundesverfassungsgericht und Bundesverwaltungsgericht unterstellen im übrigen der zivilrechtlichen Dogmatik folgend den Eigentumsschutz des Gewerbebetriebes[169]; ihre Erwägungen beziehen sich im wesentlichen auf die Abgrenzung von Sozialbindung und Enteignung[170]. Ebenso ist es im Ergebnis auch beim BGH: Hier geht es nur terminologisch um die Frage, ob und inwieweit Eigentum im Sinne des Art. 14 GG vorliegt[171]; auch der BGH argumentiert nicht von Merkmalen her, die den spezifisch ver-

---

164 BGHZ 57, 359 (365 ff.): Notwendige Infrastrukturmaßnahmen hätten „ein früher nicht gekanntes Ausmaß" angenommen, das Zumutbarkeit und „Opfergrenze" insbesondere für kleine Ladenbetriebe leicht übersteigen könne.

165 BGHZ 60, 126 (132) und BGH NJW 1974, 275 (277); vgl. a. BVerfGE 38, 209 (218).

166 U. a. *Sendler*, ZfW 1975, 1; vgl. *Starck*, JuS 1977, 732.

167 LG Aschaffenburg, NJW 1977, 1077; VGH München, DÖV 1976, 281.

168 BVerfG NJW 1977, 1960 (1962).

169 Vgl. BVerfGE 4, 7 (17); 13, 225 (229); 16, 147 (187); 11, 294 (299); 17, 232 (248); 32, 311 (39); BVerwGE 6, 247 (267); 7, 257 (260); 12, 87 (96); 16, 301 (304); 27, 341 (344); 36, 248 (251); 38, 209 (218); 39, 190 (197); 42, 30 (39).

170 Ausnahmen sind allein die Altersgrenzen-Urteile BVerfGE 1, 264 und BVerwGE 3, 254, wo schon das Vorliegen eines nach Art. 14 GG geschützten Rechts geprüft und verneint wird.

171 Vgl. BGHZ 48, 65 (66 f.); 48, 58 (60 f.); die im Rahmen der Sozialbindung angestellten Erwägungen (vgl. etwa BGHZ 57, 359 (363); LM Nr. 32 zu Art. 14 [Ea] Bl. 4) unterscheiden sich nicht von Argumentationen zum Eigentumsbegriff.

fassungsrechtlichen Eigentumsbegriff konstituieren oder sonst verfassungsdogmatisch ausgewiesen wären[172].

Daß dieses Defizit an teleologischer Argumentation aus der Begründung von Eigentum durch Freiheit bisher nicht grundlegend kritisiert worden ist, hat einen einfachen Grund, wenn man sich die Art der betroffenen Unternehmen vor Augen hält: Gaststätten, Landwirtschaften, Fischereibetriebe, Apotheken, Einzelhandelsgeschäfte u. ä. Sie sind unmittelbar identisch mit ihrem Inhaber, er ist ihr lebendiger Bezugspunkt. Der Träger der in der Eigentumsgarantie geschützten personalen Freiheit ist so evident und unmittelbar vorhanden, daß die Frage nach dem Unternehmer hinter dem Unternehmen[173] sich — im Gegensatz zu den Großunternehmen — gar nicht erst stellt. Insofern ist die „altfränkische"[174] Terminologie, die etwas umständlich und behäbig von einem Recht am eingerichteten und ausgeübten Gewerbebetrieb spricht, durchaus angemessen und läßt sich nicht schlankweg durch „Recht am Unternehmen" ersetzen[175] — ein Begriff, bei dem der eigentlich geforderte Personalbezug der Eigentumsgarantie auch noch terminologisch eliminiert wird.

b) Großunternehmen als Machtinstrumente

Einer verbreiteten Auffassung zufolge ist unternehmerische Freiheit gleichbedeutend mit der Unfreiheit der im Unternehmen Beschäftigten: „Mit dem Eigentum des Produktionsmitteleigners ist ... notwendig die Unfreiheit des Nichteigentümers verbunden[176]." Derjenige, der über die Produktionsmittel verfüge — unterstellt es seien die Eigentümer —, verfüge auch über diejenigen, die sie bedienten, und die so als „Zubehör des Kapitals"[177] erschienen. Es ist die Rede von einer Art moderner „Sklaverei", von den durch das Eigentum an Großunternehmen vermittelten „dinglichen Rechten an Personen"[178]. — Mit diesen Feststellungen

[172] Dies führt im übrigen zu einer Auflösung der dogmatischen Struktur des Art. 14 GG: Ob vermögenswerte Positionen Verfassungseigentum sind oder nicht, soll davon abhängen, wie schwer der Eingriff ist (BGH LM Nr. 27 zu Art. 14 [Cf] Bl. 3; LM Nr. 24 zu Art. 14 [Cf]), wie weit man vertrauen konnte und durfte, welche Bindungen die jeweilige Situation hergibt und ob die staatliche Maßnahme — eine Fernwirkung des Elfesurteils (BVerfGE 6, 32) — rechtmäßig oder rechtswidrig ist (BGHZ 32, 208 [211 f.]), denn bei Rechtswidrigkeit staatlichen Handelns verwandeln sich sonst ungeschützte Chancen in verfassungsgeschütztes Eigentum (besonders deutlich BGHZ 48, 58 [62]).

[173] Vgl. *Püttner*, DÖV 1976, 422 ff.

[174] *E. R. Huber*, Mitbestimmung, S. 90.

[175] So aber *E. R. Huber*, S. 90. *Rüfner*, DVBl. 1976, 689; *Pernthaler*, Mitbestimmung, S. 72, 76.

[176] *Däubler*, Eigentum, S. 213; s. a. *Rittstieg*, Eigentum, S. 329, 363; *Ridder*, Soziale Ordnung, S. 106; *H. Wagner*, Recht als Widerspiegelung, S. 141 f.; vgl. a. *Benda*, Herschaft, S. 312 m. w. Nachw.

[177] *Rittstieg*, S. 363.

ist also weniger eine gesellschaftliche „Kommandogewalt" der Unternehmer gemeint — die Entscheidung etwa über Wirtschaftswachstum, Energiesicherung, Richtung des technischen Fortschritts u. ä. — und ihre Rolle als Lotsen der Wirtschaftsgesellschaft[179], sondern vielmehr das spezifische „Herrschaftsverhältnis" zwischen Produktionsmitteleigentümern und „ihren" Betriebsangehörigen. Daß in diesem Verhältnis Macht ausgeübt wird, ist nach der wohl meistgebrauchten Weberschen Definition[180] nicht zweifelhaft: Decken sich, wie in aller Regel zu vermuten, Unternehmerwille und betriebswirtschaftliche Rationalität, so dürfte die Chance des Unternehmers, seinen Willen durchzusetzen, insgesamt günstig einzuschätzen sein. Eigentumsschutz an Großunternehmen erscheint dann als Verfassungsschutz von Macht über Dritte. — Ist also die Redeweise von der durch Eigentum gesicherten Individualfreiheit im wesentlichen Ideologie für Produktionsmitteleigentümer?

Man kann diesen Feststellungen sogleich mit der Entstehungsgeschichte des Art. 14 GG begegnen wollen[181]: Es ist unbestritten, daß die allein den Schutz persönlichen Eigentums bezweckende Fassung der Eigentumsgarantie im Grundsatzausschuß — wenn auch nur mit Stimmengleichheit — abgelehnt wurde[182]. Doch richtet sich die genannte Kritik — jedenfalls z. T. — weniger gegen den Eigentumsschutz von Produktionsmitteln an sich, als auch gegen die Begründung dieses Eigentumsschutzes durch den Gedanken individueller Freiheitssicherung[183]. Daß der Verfassungsgeber sich dennoch anders entschieden hat, könnte an diesem Legitimationsdefizit der Eigentumsgarantie an sich nichts ändern. Vor allem aber: Der Rückzug auf die Dezision des Verfassungsgebers ohne Eingehen auf die ratio seiner Entscheidung bestärkt nur den erhobenen Ideologieverdacht statt ihn auszuräumen.

Von größerer Relevanz erscheint auf den ersten Blick die Überlegung, die unternehmerische Weisungsmacht beruhe nicht auf dem Eigentumsrecht am Unternehmen, sondern auf der freiwilligen Unterwerfung der Arbeitnehmer durch ihre Arbeitsverträge[184]. An die Stelle einer nicht

---

178 *Ekk. Stein*, Wirtschaftsaufsicht, S. 44.

179 s. hierzu *F. Böhm*, Festgabe Kronstein, S. 32 ff.

180 „die Chance, innerhalb einer sozialen Beziehung den eigenen Willen auch gegen Widerstreben durchzusetzen, gleichviel, worauf diese Chance beruht" (Wirtschaft und Gesellschaft, S. 28); zu engeren Definitionen s. *Gehlen* („Macht I") und *Rittig* („Macht II") in HdSw Bd. 7, S. 77 ff., 81 ff.

181 *Friauf/Wendt*, Eigentum, S. 33.

182 Vgl. JböR (NF), Bd. 1, S. 145 f.

183 *Rittstieg*, S. 363: „dann sollte man es aufgeben, von einem Menschenrecht und seiner Verbindung zur Persönlichkeitsentfaltung zu sprechen."

184 Vgl. u. a. *E. R. Huber*, Mitbestimmung, S. 39; *Scheuner*, Einführung, S. 50; *Friauf/Wendt*, S. 51; Zweifel sind an dieser Beschreibung vor allem aus zwei Gründen angebracht: Zum einen wegen des untrennbaren Zusammenhanges zwischen dem Besitz von Produktionsmitteln und der Möglichkeit, als

mehr konsensfähigen charismatischen Legitimation von Herrschaft — wie sie noch für die Generation der großen Gründer und Patriarchen der aufkommenden Industrialisierung gelten mochte — träte dann eine rationale Begründung[185].

Zugunsten des Eigentumsschutzes von Großunternehmen ist mit dem Rückbezug auf Arbeitsvertrag und Privatautonomie allerdings nichts gewonnen. Im Gegenteil: Trifft es zu, daß heute „das Arbeitsverhältnis aus einer Funktion des Eigentumsrechts in eine Funktion des sozial geprägten Arbeitsvertragsrechts“[186] verwandelt ist, so bedeutet dies nichts anderes, als daß Art. 14 GG für den Schutz dieser Macht nicht einschlägig sein kann. Man kann nicht die Weisungsbefugnis des Arbeitgebers als eigentumsfremde Vertragskompetenz beschreiben und gleichzeitig als verfassungsgeschütztes Eigentumsrecht postulieren. Dieser Widerspruch läßt sich auch kaum dadurch beseitigen, daß zwischen vertragslegitimiertem Direktionsrecht (Einzelweisungen u. ä.) einerseits und eigentumslegitimierter Leitungsmacht (Richtlinienkompetenz) andererseits unterschieden wird[187]. Denn die der Eigentumsgarantie zugerechnete Leitungsmacht[188] soll ja nicht nur Planung von Produktion und Investitionen, Vertrieb, Marketing u. ä. umfassen, sondern auch und gerade die Verfügung über den „Faktor Arbeit“[189]. Ohne die unternehmens- und betriebsinterne Durchsetzungsmöglichkeit wäre die Leitungsmacht in der Tat eine leere Befugnis. Dann aber wird auch die behauptete „Verfügung“ über die Arbeitnehmer des betreffenden Unternehmens als möglicher Einwand gegen den Eigentumsschutz dieser Befugnis wieder relevant[190]. Direktionsrecht und unternehmerische „Ausrichtung der personalen Kräfte des Unternehmens für dessen Ziele“[191]

Arbeitgeber Arbeitsverträge zu schließen (vgl. *Rittstieg*, S. 343, 347), zum anderen, weil das Weisungsrecht auch ohne (faktische) Vertragsbindung kraft Gesetzes (§ 121 GewO) besteht (vgl. *Ekk. Stein*, Wirtschaftsaufsicht, S. 48; *O. Kunze*, RdA 1972, 257 ff.).

[185] Nachdem der „Alltagsglaube“ an die „Heiligkeit altüberkommener Ordnungen und Herrengewalten“ (*M. Weber*, Wirtschaft und Gesellschaft, S. 130, „traditionale“ Legitimation) an Lebendigkeit verloren haben dürfte, kommt nur noch eine vertragliche bzw. demokratische Legitimation von Machtausübung in Frage (vgl. *H. J. Vogel*, Eigentumsverfassung, S. 24).

[186] *E. R. Huber*, Mitbestimmung, S. 39.

[187] So insbesondere die *Biedenkopf*-Kommission, BT-Drucks. VI 334, S. 61 ff.; *Scheuner*, Einführung, S. 50; *E. R. Huber*, Mitbestimmung, S. 39 ff.; *Friauf/Wendt*, S. 51; diese Unterscheidung ist praktisch nur bei einer unternehmensinternen organisatorisch-institutionellen Aufteilung der entsprechenden Entscheidungskompetenzen möglich; sie gilt auch dann nicht für die unternehmenseigene Verwaltung, vgl. *Biedenkopf*-Kommission, S. 60.

[188] Vgl. *Friauf/Wendt*, S. 45 ff.

[189] *Scheuner*, Einführung, S. 50.

[190] Dies verkennt insbesondere der Bericht der *Biedenkopf*-Kommission, S. 59, 60.

[191] *Friauf/Wendt*, S. 46.

sind also, soweit sie überhaupt sinnvoll voneinander unterschieden werden können, dieselbe — wie auch immer zu legitimierende — Machtausübung in jeweils verschieden verdichtetem Zustand.

Wenn trotzdem die These von der durch das Eigentum am Großunternehmen konstituierten Unfreiheit der Nichteigentümer kein durchschlagendes Argument gegen den Verfassungsschutz des Produktiveigentums sein kann, so beruht dies im wesentlichen auf anderen Gründen:

Zunächst einmal hat die Redeweise von „dinglichen Rechten an Personen" deutlich anachronistischen Charakter[192]. Sie legt — mehr oder weniger ausgesprochen — Begriffe und Verhältnisse des 19. Jahrhunderts zugrunde. Die mit dem Eigentum an Produktionsmitteln verbundene Machtfülle gegenüber den Arbeitnehmern aber hat seit Mitte des 19. Jahrhunderts kontinuierlich abgenommen. Von den Anfängen preußischer Arbeitsschutzgesetzgebung über die soziale Sicherung im Kaiserreich bis hin zur heutigen, durch moderne Sozialpolitik konstituierten Arbeitsverfassung ist der Ausübung innerbetrieblicher Macht eine Spitze nach der anderen genommen worden. Die Weisungsabhängigkeit in privaten Unternehmen dürfte sich heute nicht mehr von der in staatlichen oder in von Arbeitnehmerkollektiven geführten Betrieben unterscheiden, sondern weitgehend durch die jeweiligen Sachzwänge arbeitsteiligen Wirtschaftens bestimmt sein. Dies bedeutet nicht, daß der verbliebene Rest an Abhängigkeit, insbesondere das Arbeitsplatzrisiko, in Zeiten reduzierten Wirtschaftswachstums unterschätzt werden dürfte. Andererseits aber ist zu bedenken, daß sich die Kündigungsmöglichkeit von Arbeitsverträgen in Zeiten der Hochkonjunktur vorwiegend als Entfaltungschance und grundrechtlich gesichertes Freiheits- und Aufstiegsrecht des Arbeitnehmers darstellt. Gerade in Großunternehmen hat die Abhängigkeit der Arbeitnehmer entscheidend an Gewicht verloren, wenn man sie mit der des 19. Jahrhunderts vergleicht. Entsprechende Freiheitsgefährdungen sind heute eher in Kleinbetrieben denkbar, wo mit den persönlichen Entfaltungsmöglichkeiten des Arbeitnehmers in einer überschaubaren Sphäre auch die besondere Gefahr von „Betriebsdespotismus"[193] und persönlichkeitsgefährdender Abhängigkeit von Entscheidungen Einzelner gegeben ist. Insoweit bedeutet die Anonymisierung in großen Institutionen mit verteilten Kompetenzen, Kontrollinstanzen und geregelten Verfahren auch die Verringerung der Abhängigkeit von Einzelpersonen. Hier wird der Freiheitsaspekt entfremdeter Arbeit deutlich: Wenn der Einzelne seine Persönlichkeit im Arbeits- und Wirtschaftsprozeß nicht mehr zur Entfaltung und zur Begegnung mit der der anderen bringt, so werden auch die verletzbaren Flächen verringert.

[192] So zu Recht *Huber*, Mitbestimmung, S. 90 f.

[193] Ebd., S. 38.

Daß die unternehmensinterne Weisungsmacht sozialstaatlich verfaßt ist, bedeutet darüber hinaus, daß sie sich auf eine entsprechende Entscheidung des demokratisch gewählten Gesetzgebers zurückführen läßt[194]. Damit wird ein Vakuum gefüllt, das als faktisches, nämlich als Mangel an tatsächlich ausgeübter Leitungsmacht zwar nie bestanden hat[195], aber doch als legitimatorisches deutlich geworden ist. Die faktische Weisungsmacht des Unternehmers wird damit zum verfaßten Weisungsrecht. Der Zusammenhang zwischen Eigentum an Produktionsmitteln und der Verfügung über den Faktor Arbeit ist somit also rechtlich anerkannt und sanktioniert.

Schließlich ist zu bedenken, daß die Feststellung, in Großunternehmen werde Macht über Dritte ausgeübt, lediglich die Struktur jedes Ausschließungsrechtes beschreibt, nicht nur des Eigentums an Produktionsmitteln. Denn jedes Eigentumsrecht greift in den Freiheitsraum der jeweiligen Nichteigentümer ein: Es schließt sie zum einen von Besitz und Genuß der bereits verteilten Güter aus und es legt ihnen zum anderen Beachtungspflichten auf, die sich beim Eigentümer entsprechend als latente Einzelrechte niederschlagen. Es ist wenig sinnvoll, von Robinson als dem Eigentümer seiner Insel zu sprechen — so sehr sie von ihm geformter Entfaltungsraum ist —, solange nicht jemand da ist, der sie ihm streitig macht. Die rechtliche Zuordnung von Sachen zu einzelnen Personen hat gerade den Zweck, diesen Entzug der Sache für alle anderen abschließend und endgültig zur Anerkennung zu bringen[196]. Eigentum als das „umfassendste Herrschaftsrecht, das die Rechtsordnung an einer Sache zuläßt"[197] ist also in seinem Kern weniger ein Herrschaftsrecht über eine Sache als ein Recht gegenüber anderen Personen[198]; es läßt sich geradezu dadurch definieren, daß das, was der

---

[194] Vgl. § 121 GewO; s. a. *O. Kunze*, RdA 1972, 257 ff.; *Rittstieg*, S. 358, 363; s. a. *Däubler*, S. 211 ff.; *Püttner*, DÖV 1976, S. 436; auch *Rüfner*, DVBl. 1976, 690 FN 14 will nicht dahin „mißverstanden werden, als gebe das Eigentum die rechtliche Legitimation der Leitungsmacht auch hinsichtlich der Arbeitnehmer" her.

[195] So zu Recht *Friauf/Wendt*, S. 51.

[196] Zu dieser „Idee des Eigentums" s. *Ch. Darwin*, dem die Wärter eines Affen versicherten, „daß das Tier, wenn es den Stein gebraucht habe, ihn im Stroh verberge und keinem anderen Affen erlaube, ihn zu berühren" (Abstammung, S. 102); seinen Sinn — und seine Konfliktträchtigkeit — bekommt dieses Verhalten nur, wenn nicht genug zum Nüsseknacken geeignete Steine vorhanden sind.

[197] *Wolff/Raiser*, Sachenrecht, S. 173.

[198] Besonders klar *O. v. Gierke*, Soziale Aufgabe, S. 14: „In Wahrheit ist alles Recht nicht einseitige, sondern gegenseitige Willensbeziehung. Auch das Sachenrecht ist zuletzt ein Verhältnis zwischen menschlichem Willen, nicht zwischen dem isolierten Einzelwillen und dem willenlosen Objekt"; ebenso *Dürig*, ZStW 1953, 347 ff.; *Meier-Hayoz*, Festschr. Oftinger, S. 171 ff., 176 ff.; s. a. *Rupp*, Grundgesetz und „Wirtschaftsverfassung", S. 30; *H. Wagner*, Widerspiegelung, S. 141 f. m. w. Nachw.

eine hat, dem anderen entzogen sein soll. Daß damit dessen Entfaltungsmöglichkeiten von vornherein und unmittelbar eingeschränkt sind, und zwar um so mehr, je begrenzter und verteilter eigentumsfähige Güter sind, liegt auf der Hand. Darüber hinaus werden Dritten Sekundärpflichten auferlegt, die sie zwecks Vermeidung von Schadensersatzpflichten oder gar Strafe zum Unterlassen oder Handeln zwingen können[199]. Insoweit also schützt die Eigentumsgarantie von vornherein Rechte gegenüber Dritten d. h. ein gewisses Maß von Verfügung über Nichteigentümer.

Dies bedeutet, daß das Argument von der in Großunternehmen ausgeübten Macht nicht bei der Konstituierung des Eigentumsbegriffs seinen verfassungsdogmatischen Standort hat, sondern bei der Konkretisierung der Sozialbindung durch staatliches Handeln. Wie für jedes Eigentum ist es auch für das Eigentum an Großunternehmen Aufgabe des Gesetzgebers, dafür zu sorgen, daß die „Willkür des einen mit der Willkür des anderen nach einem allgemeinen Gesetze der Freiheit zusammen vereinigt werden“[200] kann. Gerade weil mit dem Eigentum ein Stück Freiheit seines Inhabers und gleichzeitig ein Stück Unfreiheit der Nichteigentümer garantiert wird, ist es offen für die konkretisierende Abgrenzung privater Autonomiesphären. Mit der Begründung von Eigentum durch Freiheit werden also gleichzeitig die Eingriffsrechte des zum Zwecke der Freiheitssicherung handelnden Staates begründet. Dieses Argumentieren mit der Figur der immanenten Schranke verdeutlich, daß das Argument von der durch das Eigentum vermittelten Unfreiheit Dritter den in Frage stehenden Verfassungsschutz von Großunternehmen nicht derogiert. Er wird aber selbstverständlich auch nicht begründet: Inwieweit sich der Verfassungsschutz von Eigentum an Großunternehmen noch durch den Bezug zur Individualfreiheit legitimieren läßt, ist nach wie vor eine offene Frage.

c) Tragweite personaler Interpretation

Die Frage nach dem Unternehmer hinter dem Unternehmen[201] führt für die Großunternehmen zu Art. 19 Abs. 3 GG, denn sie existieren durchweg in der Form der juristischen Person[202]. Mit dieser Norm ist zunächst jedoch nur der „dogmatische Umschlagplatz“[203] gefunden. Die Erwartung nämlich, mit dieser Bestimmung materielle Kriterien für den Grundrechtsschutz juristischer Personen gewonnen zu haben, trügt.

---

[199] z. B. §§ 823, 1004 BGB, §§ 242 ff., 263 ff., 330 c StGB.

[200] *Kant*, Metaphysik der Sitten, Einl. in die Rechtslehre, § B.

[201] Vgl. *Püttner*, DÖV 1976, 433.

[202] Von den hundert umsatzstärksten Unternehmen sind fast alle juristischen Personen (ca. $^{2}/_{3}$ Aktiengesellschaften, ca. $^{1}/_{5}$ GmbH), Monopolkommission, Hauptgutachten 1975, Statistischer Anhang, S. 679 f.

[203] *D. Suhr*, VVDStRL 35, 126 im Anschluß an *Kriele*, VVDStRL 35, 118.

Denn es ist gerade die Frage nach dem personalen Substrat, die die Diskussion um die Auslegung auch dieser Vorschrift bestimmt.

Immerhin steht mit der Existenz des Art. 19 Abs. 3 GG fest, daß ein grundsätzlicher Ausschluß juristischer Personen vom Grundrechtsschutz, wie ihn noch *Carl Schmitt* vertreten hatte[204], unzulässig wäre[205]. Aus der Struktur der Freiheitsrechte als Menschen- und Individualrechte hatte er gefolgert, daß sie juristischen Personen nicht zustehen könnten. Immerhin ist mit seiner Argumentation heute noch der Kernpunkt der Problematik bezeichnet: Wie kann eine juristische Person als „künstliches Gebilde aus der Vorstellungswelt des Juristen und der Retorte des Gesetzgebers“[206] Subjekt von „unverletzlichen und unveräußerlichen Menschenrechten“ (Art. 1 Abs. 2 GG) sein?

Den Versuch, Individualcharakter der Grundrechte und Existenz des Art. 19 Abs. 3 GG auf einen Nenner zu bringen, hat insbesondere *Dürig* unternommen[207]: Art. 19 Abs. 3 GG solle wie die Grundrechte selbst in erster Linie den Einzelnen schützen, nämlich seine „Persönlichkeitsentfaltung in Gemeinschaft“, deren Wirkungspotential grundrechtlich nicht verloren gehen dürfe[208]. Eine juristische Person könne sich also dann auf ein Grundrecht berufen, wenn ein „Durchgriff“ auf die hinter ihr vermuteten personalen Substrate erfolgreich sei. Sie erscheint damit, soweit sie Grundrechtsträger ist, als eine Art treuhänderische Bündelung von Einzelfreiheiten. Dies hat zur Folge, daß Art. 19 Abs. 3 GG deklaratorischen statt konstitutiven Charakter bekommt[209]: Die gemeinschaftlich von Individuen ausgeübten Freiheiten wären von Art. 9 Abs. 1 GG gedeckt. So hat auch schon *Theodor Heuss* bei den Beratungen im Grundsatzausschuß Art. 19 Abs. 3 GG für überflüssig erklärt[210]. — Wesentliche Bedeutung hätte diese Bestimmung dann — abgesehen davon, daß sie entsprechende verfassungsdogmatische Bemühungen zu Einzelgrundrechten unnötig machte — vor allem als verfassungsprozessuale Erleichterung bei der Verfassungsbeschwerde[211]. Der Grundrechtsschutz

---

204 *C. Schmitt*, Grundrechte und Grundpflichten (1932), in: Verfassungsrechtl. Aufs., S. 207 ff., wobei er allerdings die Eigentumsgarantie als „entindividualisiert“ (S. 207) aus dem Kanon der Freiheitsrechte herausnimmt; ob er an seiner Auffassung auch unter der Geltung des Art. 19 III GG festhalten will, läßt sich seiner Nachbemerkung von 1958 (S. 231) nicht klar entnehmen.

205 s. dazu *W. W. Schmidt*, Jurist. Personen, S. 29.

206 *Rupp v. Brünneck*, Festschr. Arndt, S. 349.

207 *Dürig*, GG, Art. 19 III Rdn. 1—7 u. passim; ebenso *Schwerdtfeger*, Mitbestimmung, S. 247; *W. W. Schmidt*, S. 23 ff.; *Oechsle*, Diss., S. 148 ff.; *Chlosta*, Wesensgehalt, S. 171.

208 *Dürig*, GG, Art. 19 III Rdn. 3.

209 *W. W. Schmidt*, S. 33.

210 *Th. Heuss*, JbÖR (NF) Bd. 1, S. 181.

211 *Dürig*, GG, Art. 19 III Rdn. 3 a. E.

juristischer Personen wäre nach *Dürigs* „Durchgriffstheorie" also abgeleiteter Schutz, kein originäres Eigenrecht des Verbandes[212].

Der Auffassung *Dürigs* hat sich — jedenfalls verbal — auch das Bundesverfassungsgericht angeschlossen: „Das Wertsystem der Grundrechte geht von der Würde und Freiheit des einzelnen Menschen als natürlicher Person aus. Die Grundrechte sollen in erster Linie die Freiheitssphäre des Einzelnen gegen Eingriffe der staatlichen Gewalt schützen und ihm insoweit zugleich die Voraussetzungen für eine freie aktive Mitwirkung und Mitgestaltung im Gemeinwesen sichern. Von dieser zentralen Vorstellung her ist auch Art. 19 Abs. 3 GG auszulegen und anzuwenden. Sie rechtfertigt eine Einbeziehung der juristischen Personen in den Schutzbereich der Grundrechte nur, wenn ihre Bildung und Betätigung Ausdruck der freien Entfaltung der natürlichen Personen sind, besonders wenn der „Durchgriff" auf die hinter den juristischen Personen stehenden Menschen dies als sinnvoll oder erforderlich erscheinen läßt[213]."

Die Stärke dieser Auffassung liegt auf der Hand: Keine noch so weitgehende institutionelle Ausdeutung der Grundrechte kann daran vorbeigehen, daß der historische und systematische Kern der Grundrechte in der Gewährleistung von Rechten des Individuums besteht[214]. Zur Sicherung dieser Rechte ist in Art. 19 Abs. 4 GG der Rechtsweg gegeben; auch der institutionelle Rahmen staatlichen Handelns (Rechtsstaat, Gewaltenteilung, Föderalismus usw.) ist auf die Durchsetzung und Erhaltung dieser individuellen Freiheitsrechte bezogen und bekommt von hierher seinen Sinn[215]. Die Meinung, mit Art. 19 Abs. 3 GG habe das Grundgesetz die Auffassung vom individualistischen Charakter der Grundrechte abgelehnt und den „Individualismus des Naturrechts und der Aufklärung und damit das ursprüngliche Verständnis der Grundrechte" überwunden[216], trifft in dieser Allgemeinheit also nicht zu. Der Parlamentarische Rat hat sich keineswegs aus der Tradition der Durchsetzung der Menschenrechte seit 1776 herausbegeben wollen — wie hätte er dies auch tun sollen? —, sondern sich, wie die insoweit eindeutige Entstehungsgeschichte[217] und der Wortlaut des Art. 1 GG verdeutlichen, bewußt in sie hineingestellt. Daß das Menschenbild des Grund-

---

212 *Rupp-v. Brünneck*, Festschr. Arndt, S. 359.

213 BVerfGE 21, 362 (369), wo es allerdings um den Schutz juristischer Personen des öffentlichen Rechts (Sozialversicherungsträger) ging, so daß trotz der an sich klaren Formulierungen fraglich bleibt, ob sie auch für juristische Personen des Privatrechts gelten sollen.

214 So zu Recht BVerfG — Mitbestimmung —, NJW 1979, 704.

215 Vgl. *Kriele*, Menschenrechte, S. 13 f.

216 *Bettermann*, NJW 1969, 1324.

217 JbÖR (NF) Bd. 1, S. 42 ff. (Vorbemerkung), S. 48 ff.; s. a. S. 53: die Grundrechte des Grundgesetzes „seien im wesentlichen eine Wiederholung dessen, was sich seit Ende des 18. Jhdts. herausgebildet habe".

gesetzes nicht das eines isolierten, sondern eines in Gemeinschaft lebenden und entsprechend gebundenen Individuums ist[218], ändert ja nichts daran, daß die primäre Schutzrichtung der Grundrechte der einzelnen Person, ihrer Würde und Freiheit gilt, nicht einer bestimmten gesellschaftlichen oder wirtschaftlichen Ordnung.

Gerade diese Verwurzelung im klassischen Grundrechtsverständnis aber macht auch die Schwäche der „Durchgriffstheorie" aus: Konsequent durchgeführt führt sie zu unhaltbaren Ergebnissen. Denn es gibt zu viele Fallgruppen, in denen sie juristischen Personen den — ihnen vernünftigerweise zuzugestehenden — Grundrechtsschutz entzieht[219]. Sie ist nicht in der Lage, die — mit der Vermutung der Vernünftigkeit zu kreditierende — verfassungsrechtliche Praxis zu erklären.

Diese Praxis ist durch zweierlei gekennzeichnet: Erstens: Juristische Personen dürfen sich auf praktisch alle für sie vom Sachbereich her einschlägigen Grundrechte berufen. Zweitens: Dieses Ergebnis erscheint so selbstverständlich, daß eine Begründung z. T. selbst in einschlägigen Arbeiten aus kaum mehr als einer apodiktischen Feststellung besteht[220].

Insbesondere das Bundesverfassungsgericht hat trotz seines Bekenntnisses zur personalen Sicht des Art. 19 Abs. 3 GG[221] die Anwendbarkeit des Art. 14 GG auf juristische Personen nicht mehr als eines Satzes gewürdigt[222]. Für anwendbar erklärt wurden darüber hinaus Art. 2 Abs. 1[223], Art. 3 Abs. 1[224], unter Umständen Art. 4 Abs. 1[225], Art. 5 Abs. 1[226], Art. 9 Abs. 3[227], Art. 12 Abs. 1[228], Art. 13 Abs. 1[229], sowie die

---

[218] *Bettermann*, NJW 1969, 1324, der BVerfGE 12, 45 (51) als Beleg anführt (FN 45).

[219] Gegen *Dürig* v. allem *v. Mutius*, BK, Art. 19 III Rdn. 29 ff. mit einer Fülle weiterer Nachweise; s. a. *Heinz Wagner*, VVDStRL 27, 75 ff.

[220] *Rüfner*, AöR Bd. 89 (1964) S. 314; *Feiler*, Diss., S. 129; *Maser*, Diss., S. 77; *Beyer*, Diss., S. 59, 75; selbst bei *Dürig*, GG, Art. 19 III Rdn. 4 findet sich ein entsprechendes „obiter dictum"; im übrigen verweist er — anders die Vorauflage Rdn. 52 ff. — auf die Kommentierung der einzelnen Grundrechte (Rdn. 32): für Art. 14 GG findet sich hier allerdings auch nur die übliche Kurzbemerkung (*Maunz*, Art. 14 Rdn. 11).

[221] BVerfGE 21, 362 (368 ff.).

[222] BVerfGE 4, 7 (17); 23, 153 (163); 23, 208 (233); 35, 348 (360); 41, 126 (149); NJW 1979, 705.

[223] BVerfGE 10, 89 (99); 19, 206 (215); 20, 323 (336); Urt. v. 1. 3. 1979 — Mitbestimmung —, NJW 1979, 707.

[224] BVerfGE 3, 383 (390); 19, 206 (215); 23, 153 (163); diffenzierend E 35, 348 (357).

[225] BVerfGE 19, 206 (215).

[226] BVerfGE 21, 271 (277 f.).

[227] BVerfGE 4, 96 (101 f.).

[228] BVerfGE 21, 261 (266); 22, 380 (383); 41, 126 (149); NJW 1979, 707.

[229] BVerfGE 42, 212 (219).

sogenannten Prozeßgrundrechte[230]. Soweit sich Begründungen finden, wird nicht nach natürlichen Personen hinter oder innerhalb der juristischen Person gefragt, sondern danach, ob der jeweilige grundrechtlich geschützte Sachbereich von einer juristischen Person ebenso wahrgenommen werden kann wie von einer natürlichen[231]. Wenn juristische Personen einmal anders behandelt werden als natürliche, so wird ein „Durchgriff" nicht erst versucht, sondern die Zulässigkeit unterschiedlicher Behandlung anders begründet.[232].

Demgegenüber hat in jüngerer Zeit das Problembewußtsein zugenommen[233], allerdings ohne daß bisher Konsequenzen im Hinblick auf eine restriktivere Anwendung des Art. 19 Abs. 3 GG ersichtlich wären. Diese Zurückhaltung hat — insbesondere im Hinblick auf Art. 14 GG — gute Gründe für sich; nach der Durchgriffstheorie müßte in einer Vielzahl von Fällen Eigentumsschutz für juristische Personen versagt werden.

aa) Stiftungen[234]

Welches personale Substrat im Hinblick auf Art. 14 GG weisen Stiftungen auf[235]? Hier ist allein die juristische Person Eigentümerin des jeweiligen Vermögens, es stehen keine natürlichen Personen hinter ihr. Auch der Stifter kann keinen Einfluß nehmen, außer durch einen nur beschränkt zulässigen Widerruf seines Stiftungsgeschäftes (§ 81 Abs. 2 BGB). Ist der Stifter gestorben, wie im häufigen Fall der Stiftung auf den Todesfall, so bleibt nur der Wille eines Toten als Anknüpfungspunkt, der zu Lebzeiten weder Eigentümer noch Verfügungsberechtigter war[236]. Soll andererseits der Grundrechtsschutz von der Zufälligkeit der Rechtsform abhängen?

bb) Verschachtelungen

Auch bei Schachtelgesellschaften dürfte es kaum sinnvoll sein, sie als gebündelte Individualfreiheit ihrer Eigentümer zu verstehen. Soll hier

[230] BVerfGE 3, 359 (363); 12, 6 (8); 18, 441 (447).

[231] Zu Art. 12 I BVerfGE 21, 261 (266); zu Art. 13 I E 42, 212 (219); ebenso BVerwGE 40, 137 ff.

[232] BVerfGE 35, 348 (356); E 41, 126 (184).

[233] Vgl. BVerfG NJW 1979, 706 zu Art. 9 I GG; s. a. *Rupp-v. Brünneck*, Festschr. Arndt, S. 361; *Dürig*, GG, Art. 19 III Rdn. 6 a. E.; *Bull*, Staatsaufgaben, S. 205; *Ekk. Stein*, Mitbestimmung, S. 54 ff. im Anschluß an *Chlosta*, Wesensgehalt, S. 159 ff.; *Kriele*, VVDStRL 35, 118; s. auch die in FN 124a genannten.

[234] Zu den Stiftungen bzw. ihrem Eigentum zählen auch Großunternehmen (z. B. Krupp, Bosch, Klöckner, Hertie).

[235] s. *v. Mutius*, BK, Art. 19 III Rdn. 63—65; auch *Dürig* äußerte sich in der Vorauflage seiner Kommentierung noch zweifelnd und sprach von „Spurenlesen" (Rdn. 6); *W. W. Schmidt* — ein Vertreter der Durchgriffstheorie — gesteht das Versagen personaler Betrachtungsweise offen ein und läßt — sozusagen kompensatorisch — den Verfassungs*text* ausschlagebend sein, S. 37.

[236] Ablehnend *W. W. Schmidt*, S. 36; *Maser*, S. 20; *v. Mutius*, BK, Art. 19 III Rdn. 64; vgl. aber BVerwGE 40, 347 (349).

versucht werden, über die Muttergesellschaft, Großbanken, Fondsverwaltungen u. ä. hindurch auf einen Eigentümer aus Fleisch und Blut zu stoßen? Wie soll bei Tochtergesellschaften ausländischer Unternehmen mit Sitz im Inland[237] verfahren werden[238]? Wie sollten die verschiedenen Beteiligungsanteile und Verhältnisse aufgelöst und gewertet werden? Wie soll bei Überkreuzgesellschaften verfahren werden? Das skurrilste Beispiel ist hier der Iduna-Fall[239]: Zwei Tochtergesellschaften dieses Konzerns gehörten einander zu je 94,7 bzw. 94,6 %.

Derartige Verschachtelungen sind in unserer Wirtschaftsordnung außerhalb mittelständischer Eigentümer-Unternehmer-Betriebe nicht die Ausnahme, sondern der Regelfall[240]. Die Grundrechtsfähigkeit von Schachtel- und Überkreuzgesellschaften in Frage zu stellen[241], bedeutet also, daß damit zugleich die Anwendbarkeit des Art. 14 GG für Großunternehmen in Frage gestellt wird.

cc) Öffentliche Unternehmen

Lebhaft umstritten ist, ob vom Staat betriebene Unternehmungen in Privatrechtsform Grundrechtsschutz genießen können[242]. Die Suche nach dem Unternehmer hinter dem Unternehmen führt hier nicht zu Individuen und ihrer etwa im Unternehmen gebündelten Freiheit, sondern zur juristischen Person Staat; ihr Grundrechtsschutz entfällt mithin[243]. Die Frage nach personalen Substraten verstellt hier also den notwendigen Blick auf die eigentlich relevante Frage, ob Verselbständigungen innerhalb des staatlichen Gefüges grundrechtlichen Schutz verdienen. Jedenfalls ist dies die Ebene, auf der die Auseinandersetzung um den Grundrechtsschutz für öffentliche Unternehmen geführt werden sollte und weitgehend geführt wird — sowohl was die grundsätzliche Bejahung ihres Grundrechtsschutzes[244] angeht wie auch die Fülle differenzierender Ansätze (Rechtsform, organisatorische Verselbständigung, grundrechtstypische Gefährdungslage, institutioneller Gehalt des jeweiligen Grundrechts)[245].

---

237 Von den 50 umsatzstärksten Unternehmen betrifft dies 15 (Monopolkommision 1975, S. 679 ff.).

238 Damit nach h. M. „inländisch" i. S. d. Art. 19 III GG, vgl. *Dürig*, GG, Art. 19 III Rdn. 31.

239 RGZ 149, 305, dargestellt bei *W. W. Schmidt*, S. 34.

240 s. Monopolkommission 1975, Statistischer Anhang, S. 679 ff.

241 *Dürig*, GG, Art. 19 III Rdn. 6 a. E.; a. A. *W. W. Schmidt*, S. 35.

242 s. *v. Mutius*, BK, Art. 19 III Rdn. 82 m. w. Nachw.

243 *Dürig*, GG, Art. 19 III Rdn. 45; vgl. a. BVerfGE 21, 362 ff. (371): „weil der unmittelbare Bezug zum Menschen" fehlt.

244 *Bettermann*, NJW 1969, 1321 ff.

245 s. d. Nachw. bei *v. Mutius*, BK, Art. 19 III Rdn. 82—86.

dd) Freiheit der Arbeitnehmer

Wenn man den idealtypischen Fall einer im Streubesitz vieler natürlicher Personen befindlichen Aktiengesellschaft oder einer Großgenossenschaft zugrunde legt, läßt ein Beiseiteräumen des juristischen Überbaus den Blick keineswegs sofort auf die Anteilseigner fallen. Eine besonders enge Verbindung zwischen persönlicher Entfaltung und Unternehmen ist hier nämlich zunächst bei denjenigen festzustellen, die der Wirtschaftsorganisation nicht nur das jederzeit mobilisierbare und in andere Anlageformen verwandelbare Kapital zur Verfügung stellen, sondern bei denjenigen, die mit ihrer Arbeitskraft — bis hin zum Management — einen Teil ihrer eigenen Person in das Unternehmen einbringen. Zwar ist auch die Verwaltung von Eigentumsanteilen und der möglichst effiziente Einsatz von Kapitalien ‚Arbeit'; aber sie dürfte im Regelfall mehr eine Bindung des Aktionärs an seine Anteile als Inbegriff ökonomischer Gewinnpotentiale als Bindung an „sein" Unternehmen sein. — Ein aus der „personalen Gesamtsicht des Grundgesetzes"[246] interpretierter Art. 19 Abs. 3 GG führt mithin zur Frage nach dem Eigentumsschutz der Arbeit[247]. Am weitesten geht hier bisher wohl der Vorschlag von *Suhr*[248]: Jeder, der bei einem Unternehmen als einer „Eigentumseinheit" — unabhängig von der zivilrechtlichen Betrachtungsweise — „Eigentumsfunktionen" ausübe, sei „verfassungsrechtlich geborenes Mitglied der Ausübungsgemeinschaft"[249]. Arbeiter, Angestellte, das Management und die Anteilseigner werden so zu einer „Grundrechtsgemeinschaft" zusammengeschweißt[250].

Dieser Versuch, verfassungsrechtlich über den Unternehmensbegriff die Einheit der verschiedenen Produktionsfaktoren in Analogie zum Eigentümer-Unternehmer-Betrieb wieder herzustellen, kann jedoch im Rahmen der Art. 19 Abs. 3, 14 Abs. 1 GG kaum gelingen. In Großunternehmen hat sich die früher vielleicht in einer Person konzentrierte Produktionssphäre auf verschiedene Trägergruppen verteilt: Arbeit, Kapital und Verfügungsmacht haben sich voneinander gelöst und spezifisch eigene Interessen entwickelt[251]. Diese Antinomien können mit verfassungsrechtlichen Begriffsbildungen wohl kaum überspielt werden: Individualinteressen können nur dann gebündelt von einem Sachwalter

---

[246] *Dürig*, GG, Art. 19 III Rdn. 3.

[247] Vgl. etwa *Gebhard Müller*, DWW 1971, 314; *Simon*, Evangel. Kommentare 1977, S. 35; *Rittstieg*, Eigentum, S. 351, 387; *Podlech*, Der Staat 1976, S. 49 f.; *Kimminich*, BK, Art. 14 Rdn. 13; s. a. *Gehlen*, Eigentum, S. 169 zur gesellschaftlich bereits vollzogenen „Appropriierung des Arbeitsplatzes".

[248] *D. Suhr*, Entfaltung, S. 208 ff.; ähnlich schon *ders.*, Eigentumsinstitut, S. 83 ff.; s. a. *ders.*, NJW 1978, 2361 ff.

[249] *Suhr*, Entfaltung, S. 209.

[250] Ebd., S. 210.

[251] Besonders klar *Richard Schlatter*, Private Property, S. 278 u. passim.

wahrgenommen werden, wenn sie gleichgerichtet sind. In manchen Fällen, etwa bei der Abwehr staatlicher Auflagen u. ä. mögen sich zwar die Interessen von Belegschaft, Management und Eigentümern decken; der Regelfall aber wird dies kaum sein. Soll etwa die juristische Person gegen erweiterte Mitbestimmung, verschärften Arbeitsschutz, verbesserten Kündigungsschutz u. ä. Klage erheben dürfen, wenn sie doch auch diejenigen repräsentiert bzw. zu ihrer Grundrechtsgemeinschaft zählt, deren Begünstigung gerade bezweckt ist? Sollte ihr aber eine Klage deshalb verboten sein? — Ein Grundrecht, das im Großunternehmen die Freiheit schützen will, dann aber „Eigentum ohne Freiheit" ebenso wie „Freiheit ohne Eigentum" schützen soll, kann so kaum noch Gegenstand dogmatischer Begrifflichkeit sein. Mit dem Verlust an Praktikabilität und damit auch an rechtlicher Validität aber wäre dann auch die Funktion der Eigentumsgarantie als Basis für den von *Suhr* vorgeschlagenen Integrationsversuch gefährdet.

ee) Freiheit der Anteilseigner

Im Rahmen des Art. 14 GG ist es vertretbar, die im Unternehmen konkretisierten Freiheitspositionen der Arbeitnehmer aus der verfassungsrechtlichen Betrachtung auszuklammern. Zwar ist der Arbeitsplatz im gesellschaftlichen Bewußtsein ebenso als Eigentum „appropriiert"[252] wie das Großunternehmen nach Einführung der wirtschaftlichen Mitbestimmung kaum noch als reine Veranstaltung der Kapitalgeberseite verstanden werden kann[253]. Andererseits aber ist es eine historische Tatsache, daß die Eigentumsgarantie seit jeher als Grundrecht auch der Produktionsmitteleigentümer verstanden worden ist, nicht als Grundrecht ihrer Arbeiter und Angestellten.

Aber selbst bei einem derart eingeengten Blickwinkel läßt sich der Eigentumsschutz von Großunternehmen nicht befriedigend als Schutz gebündelter Eigentümerfreiheit erklären.

Zum einen bestünden auch dann entgegengesetzte Individualinteressen, nicht nur zwischen Mehrheits- und Minderheitsaktionären, wie etwa das Feldmühle-Urteil gezeigt hat[254], sondern auch zwischen den Anteilseignern und der juristischen Person selbst, wie sie etwa bei den jährlichen Auseinandersetzungen um die dem Unternehmen zuzubilligende finanzielle Manövriermasse — Rückstellung oder Dividende? —

---

[252] *A. Gehlen*, Eigentum, S. 169.

[253] Das BVerfG spricht im Zusammenhang mit dem MitbestG 1976 von einer „soziale(n) Legitimation", NJW 1979, 708.

[254] BVerfGE 14, 263 ff.; wäre hier eine personale Sicht dominierend gewesen, so hätte die Gewichtung von Konzerninteresse — Mehrheitsaktionär war ein mehrfach verschachtelter Konzernzweig — und Interessen der Aktionärsminderheit (natürliche Personen) wohl anders ausfallen müssen.

deutlich werden[255]. Selbst auf der Kapitalgeberseite also findet sich ein Konglomerat aus eigenen Rechten und Interessen der Korporation sowie divergierender Eigentümergruppen[256].

Zum anderen ist die Dichte des personalen Bezugs der Anteilseigner zu „ihrem" Unternehmen nicht eben hoch zu veranschlagen. Auch wenn man den an sich naheliegenden Vergleich mit den in Großunternehmen Beschäftigten nicht ziehen will, sondern lediglich Anteilseigner und Sacheigentümer vergleicht, ist die Ausdünnung dieser Beziehung unübersehbar.

Sie ist in die rechtswissenschaftliche Diskussion unter dem Stichwort Auseinanderfallen von Eigentum und Verfügungsmacht eingegangen[257] und ist als Tatsache im wesentlichen unbestritten — wenn auch nicht in ihrer verfassungsrechtlichen Relevanz[258] — und gilt als sozialwissenschaftlich gesicherte Erkenntnis[259]. Die wesentlichen Gesichtspunkte seien für die Aktiengesellschaft[260] in Erinnerung gerufen: Der Aktionär hat zunächst nur einen Eigentumsanteil am Unternehmen, nicht aber am Vermögen des Unternehmens, d. h. er kann über Gegenstände „seines" Unternehmens nicht verfügen. Er stellt sein Kapital dem Unternehmen unwiderruflich (§ 57 Abs. 1 AktG) zur Verfügung, d. h. er begibt sich im Austausch für die Aktie jeder weiteren Verwendungsentscheidung über das eingesetzte Kapital; er ist Anteilseigner, nicht Unternehmer[261]. Über die Verwendung des Kapitals entscheidet allein das Vertretungs- und Leitungsorgan (§ 76 Abs. 1 AktG). Dabei kann man nicht von einer — wenn auch unwiderruflichen — Delegation der Verfügungsbefugnis als personaler Entfaltungschance von den Aktionären auf das Management

---

[255] s. *Chlosta*, Wesensgehalt, S. 173.

[256] So auch *Rupp-v. Brünneck*, Festschr. Arndt, S. 360; *v. Mutius*, BK, Art. 19 III Rdn. 33.

[257] *Ad. Smith*, Wohlstand, S. 629 zu Aktiengesellschaften: „Allerdings nehmen die meisten Eigentümer selten für sich in Anspruch, irgend etwas von den Geschäften der Gesellschaft zu verstehen ... und ... werden sich auch damit nicht abgeben. Sie sind vielmehr zufrieden, wenn sie ... eine Dividende erhalten, welche die Direktoren als für sie angemessen ansehen"; vgl. a. *Friedr. Naumann*, bei *Brüggemeier*, Entwicklung des Rechts, S. 160; zur heutigen Diskussion s. *Badura*, Verh. 49. DJT, S. 9 ff. und *Friauf/Wendt*, S. 53 ff.; s. a. BVerfG NJW 1979, 704: „Auseinanderfallen von Gebrauch des Eigentums und Verantwortung für diesen Gebrauch".

[258] s. *Papier*, VVDStRL 35, 62 ff. m. w. Nachw.

[259] *Chlosta*, S. 166; es sei nur an die „Klassiker" erinnert: *Berle/Means*, Modern Corporation and Private Property, 1932; *J. Burnham*, Managerial Revolution, 1941; *Schumpeter*, Kapitalismus, Sozialismus und Demokratie, 1950, S. 213 ff.; *J. K. Galbraith*, Moderne Industriegesellschaft, 1968; *Helge Pross*, Manager und Aktionäre in Deutschland, 1965 (S. 112 ff.).

[260] Ca. $^2/_3$ der 100 umsatzstärksten Unternehmen sind Aktiengesellschaften (s. Monopolkommission 1975, Stat. Anhang, S. 679 ff.).

[261] s. *Püttner*, Depotstimmrecht, S. 100 f., 103 ff.; *Papier*, VVDStRL 35, 73 N. 80.

sprechen; denn in der Hand der Aktionäre hat sich diese Kompetenz nie befunden. Schon in der Gründungsphase der Aktiengesellschaft wird klar zwischen Kapitalgebern und Kapitalverwendern (Vorstand) unterschieden; der in der Aktie enthaltene Unternehmensanteil ist von vornherein nicht als Anteil einer unternehmerischen Entfaltungsmöglichkeit des Aktionärs konzipiert (§§ 23 ff. AktG). Mit der Aktie erhält der Anteilseigner vielmehr im wesentlichen ein Vermögensrecht zugewiesen[262]. Sieht man von denjenigen Großaktionären ab, bei denen Kapital und der Wille zum Einfluß auf die Unternehmensführung zusammentreffen, so hat er keinerlei konkrete Möglichkeiten, Entscheidungen über den Kapitaleinsatz, über die Unternehmenspolitik, Investitionen u. ä. zu beeinflussen. Selbst die Bestellung der Unternehmensführung, der nur begrenzt präjudizierende Wirkung für die Geschäftspolitik zukommen dürfte, ist Sache des Aufsichtsrats (§ 84 AktG). Nach der Einführung der Mitbestimmung hängt die Durchsetzung dieser — vor allem personalpolitischen — Aktionärsinteressen u. U. am seidenen Faden des Stichentscheids. Die Einrichtung des Depotstimmrechtes[263] und der nicht zu egalisierende Informations-, Kapazitäts- und Wissensvorsprung des Vorstandes tun ein Übriges, um unternehmerische Betätigung des Aktionärs gegen Null zu reduzieren.

Die Möglichkeit der Aktionäre, dadurch Einfluß auszuüben, daß sie mißfällige Entscheidungen des Managements durch den Verkauf ihrer Anteile quittieren, kann kaum ernsthaft als äquivalenter Ersatz angesprochen werden[264]. Selbst wenn man die bewußte Herbeiführung eines Kursverfalls nicht von vornherein als utopisch ansehen wollte[265], so würde man danach die Verfügungsbefugnis des Aktionärs in seiner Möglichkeit sehen, eine ohne sein Mitwirken getroffene, in der Regel irreversible Entscheidung dadurch zu bewerten, daß er sich von eben dem Recht, das ihm diese Befugnis verleihen soll, trennt. — Diesem Bild vom Unternehmen, das einerseits Kapital benötigt und sich andererseits so weit wie möglich von der Person des anschließend eher lästigen Kapitalgebers absetzt, entspricht, daß der Aktionär selbst nicht für Schulden des Unternehmens haftet (§ 1 Abs. 1 Satz 2 AktG). Selbst das Risiko eines unternehmensgefährdenden Kursverfalls[266] ist ange-

[262] BVerfGE 4, 7 (26); 14, 263 (273 ff.); NJW 1979, 704, 706; *Püttner*, DÖV 1976, 434; *Ekk. Stein*, Mitbestimmung, S. 55; *Chlosta*, S. 173.

[263] s. hierzu *Püttner*, Depotstimmrecht, pass.

[264] s. aber *W. Weber*, Festschr. Michaelis, S. 331; *Vogel*, VVDStRL 35, 141: „mit den Füßen abstimmen".

[265] So *Däubler*, Eigentum, S. 217.

[266] Zum Aktionär als Risikoträger s. *F. Böhm*, Festgabe Kronstein, S. 29 ff.; s. a. *Ad. Smith*, Wohlstand, S. 629: „Der völlige Ausschluß von Sorge und Risiko über eine begrenzte Summe hinaus läßt viele Leute Aktionär werden ..."

sichts der faktischen Konkursunfähigkeit von Großunternehmen stark verringert[267].

Diese Aufteilung ursprünglich einheitlicher Unternehmer-Eigentümerfunktionen und ihre Verlagerung auf jeweils verschiedene Instanzen ist bei der Aktiengesellschaft besonders augenfällig. Sie ist aber — mehr oder weniger ausgeprägt — das Merkmal jeden Großunternehmens, gleich welcher Rechtsform es sich bedient. Auch da, wo Kapitalhingabe und Wahrnehmung unternehmerischer Freiheitsentfaltung scheinbar vereint sind, also etwa bei Familienunternehmen[268] oder auch bei Großaktionären, soweit sie natürliche Personen und unternehmensleitend tätig sind[269], dominieren die Sachzwänge industrialisierter Produktionsweise in Großeinheiten, die sich der Beherrschung und Lenkung durch den Einzelunternehmer entziehen. Es ist geradezu ein Indiz für die Überlebensfähigkeit von Familienunternehmen, ob ihnen die Entflechtung von unternehmerischen Einzelfreiheiten und ihre Verlagerung auf hinreichend autonome und dezentrale Unternehmensinstanzen gelingt: Das Leben der juristischen Person Großunternehmen muß sich in der Regel aus der Hand des Unternehmer-Eigentümers zum „Unternehmen an sich" emanzipieren, wenn es auf Dauer Bestand haben will. Dies wird vor allem dadurch erreicht, daß der persönliche Einfluß des Eigentümers auf seine Funktion als Kapitalgeber und Kontrollinstanz für die Gewinnerzielung reduziert wird. Schon die Verwaltung von Großvermögen mit unterschiedlichen Aktienpaketen verschiedener Unternehmen kann von natürlichen Personen nur selten noch geleistet werden[270] und wird z. T. delegiert, u. U. durch Bildung eines eigens zu diesem Zwecke gebildeten Unternehmens. Allein also die Unternehmensgröße führt zur Ausdifferenzierung der unternehmerischen Leitungsfreiheiten: An die Stelle eines Einzelnen tritt das Vorstandskollegium, das seinerseits angesichts der Fülle und Komplexität der in einem Großunternehmen anfallenden Aufgaben gezwungen ist, seine Kompetenzen jedenfalls teilweise auf den apparativen Unterbau, die „Technostruktur" (*Galbraith*), zu übertragen und so als Exekutivorgan Züge einer präsidialen Einrichtung annimmt.

Die verfassungsrechtliche Relevanz dieser Sachlage für eine personale Interpretation des Art. 14 GG und des Art. 19 Abs. 3 GG läßt sich nicht

---

[267] Vgl. *Chlosta*, Wesensgehalt, S. 161; daß durch staatliche Rettungsaktionen in erster Linie Arbeitsplätze erhalten werden sollen — vgl. *Papier*, VVDStRL 35, 63 FN 31; *Friauf/Wendt*, S. 59 — ändert nichts daran, daß hierzu das Unternehmen — ggfs. unter Abfindung der Altaktionäre durch einen neuen Rechtsträger — erhalten werden muß.

[268] Von den 50 umsatzstärksten Unternehmen sind über 10 % ganz oder überwiegend in Familienbesitz (Monopolkommission, 1975, Statist. Anhang, S. 679 ff.).

[269] Dazu *H. Pross*, Manager und Aktionäre, S. 112 ff.

[270] s. *Wannagat*, Festschr. Horst Peters, S. 173; *Chlosta*, S. 166.

damit abweisen, daß eine derartige Situationsschilderung die Eigentumswirklichkeit bei Großunternehmen mit der Elle eines verfassungsrechtlich verfehlten, an § 903 BGB orientierten Sacheigentumsbegriffs messe[271]. Denn es geht einer am personalen Charakter der Grundrechte orientierten Interpretation ja gerade darum, Großunternehmen als Bündelung von dahinter vermuteten Freiheitspositionen der Anteilseigentümer zu beschreiben. Die in der Eigentumsgarantie geschützte „vergegenständlichte Freiheit", die „materielle Entfaltungsbasis" des einzelnen Anteilseigners aber ist im wesentlichen allein im Vermögenswert des Anteils aktualisiert, nicht im Unternehmen selbst. Mit dem „Durchgriff" auf den Anteilseigentümer scheint im Gegenteil das persönlich am wenigsten beteiligte Glied in der Kette der mit dem Unternehmen verbundenen natürlichen Personen erfaßt zu sein.

Für diese Einschätzung ist schließlich auch nicht entscheidend, worauf die Einflußlosigkeit des Aktionärs und seine Ausschaltung aus der Führung und Verwaltung des Unternehmens beruhen[272] oder inwieweit sich in der Aufteilung von Eigentumsfunktionen in Großunternehmen wirtschaftliche Vernunft unter den Bedingungen der Industriegesellschaft realisiert[273]. Jede Erklärung oder Rechtfertigung dieser Sachlage — so aufschlußreich und zutreffend sie auch sein mag — ändert an dem Vorhandensein dieser Situation nichts, sondern erkennt sie im Gegenteil als gegeben an.

Die rein personale Interpretation der Art. 14 Abs. 1 und 19 Abs. 3 GG blendet aber nicht nur engere personale Bezüge als die der Anteilseigner aus der Betrachtung aus und gerät bei diesen an den Rand einer Fiktion, sondern führt — wäre sie bei Großunternehmen anwendbar — auch zu einem kumulativen Schutz individueller Freiheitspositionen: Über die Grundrechte der Korporation sowie über die der Korporierten. Damit aber wird der Unterschied zwischen korporationseigenen Rechten und denen der Anteilseigner unzulässig verwischt: Werden etwa die Geschäftsräume einer Aktiengesellschaft in Beschlag genommen, so kann nur sie Verfassungsbeschwerde erheben, nicht der nach der Durchgriffstheorie eigentlich betroffene Aktionär. Besonders deutlich wird diese Kumulation, wenn man den Aktionär nicht nur hinsichtlich des von der Aktie vermittelten Vermögenswertes von Art. 14 GG geschützt sieht, sondern in ihr auch unternehmerische Betätigung verkörpert und grundrechtlich garantiert sieht[274]. Entweder aber nimmt die Gesellschaft die Unternehmerrechte wahr, dann kann sie entspre-

[271] So *Papier*, VVDStRL 35, 62; *Friauf/Wendt*, S. 58.

[272] *Friauf/Wendt*, S. 57; *Rupp*, GG und Wirtschaftsverfassung, S. 33.

[273] *W. Weber*, Festschr. Michaelis, S. 327 ff., 331.

[274] So etwa *R. Scholz*, Mitbestimmung, S. 81 f.; *Friauf/Wendt*, Eigentum, S. 52.

chende Grundrechte geltend machen, oder aber der Aktionär — dann sollte ihm die Entscheidung über ihre Wahrnehmung zustehen[275]. Auch diese Trennung der Rechtskreise von Aktionär und Gesellschaft — einerseits Eigentumsschutz der Aktie als Vermögensrecht, andererseits Grundrechtsschutz der unternehmerischen Freiheit auf seiten der Gesellschaft —, kann die „Durchgriffstheorie" also nicht adäquat beschreiben.

ff) Fazit

Die juristische Person Großunternehmen läßt sich nicht überzeugend als gebündelter, materieller Entfaltungsraum ihrer Eigentümer beschreiben; sie ist kein „Außenwerk"[276] ihrer Persönlichkeit. Mit einer am Schutz individueller Eigentümerfreiheit ansetzenden Interpretation des Art. 14 bzw. des Art. 19 Abs. 3 GG kann der Grundrechtsschutz von Großunternehmen mithin nicht begründet werden[276a]. Wenn dennoch die völlig herrschende Meinung an diesem Grundrechtsschutz festhält, dann spricht dies entweder für eine umfassende ideologische Befangenheit oder dafür, daß ein Stück Rationalität in unserer Rechtspraxis noch nicht hinreichend ausformuliert ist, jedenfalls in der Begründung von Eigentum durch Individualfreiheit nicht klar genug zum Ausdruck kommt.

d) Das Mitbestimmungsurteil des Bundesverfassungsgerichts[277]

Die tragenden Aussagen des Bundesverfassungsgerichts in seinem Urteil zum Mitbestimmungsgesetz 1976[278] lassen sich, soweit sie die hier einschlägige Problematik betreffen, in vier Punkten zusammenfassen.

— Die Grundrechte sind von ihrem telos her auszulegen: „Das Schutzgut bestimmt den Inhalt des Grundrechts[279]."

— Der Schutzzweck der Grundrechte liegt in der Sicherung der persönlichen Freiheit des Individuums. Dies ist der eigentlich ausschlaggebende, immer wieder in den Vordergrund gestellte Kerngedanke,

---

[275] Vgl. BVerfGE 35, 348 (352) — Armenrechtsbeschluß —, wo diese Trennung sehr klar durchgeführt wurde: Nur die GmbH konnte sich gegen die Verweigerung des Armenrechts wenden, nicht ihre einzige Gesellschafterin (bei der es sich um eine natürliche Person handelte).

[276] *F. C. Dahlmann*, Ein Wort über die Verfassung, S. 36.

[276a] Auch *Leisners* Hilfskonstruktion vom eigentumsgeschützten Eigentümer-Unternehmer her (Einheit des Eigentumsbegriffs, Schutz der Wachstumschance für den Unternehmerbetrieb — Kleineres Eigentum, S. 81 ff.) führt nicht weiter: Der Eigentumsbegriff ist teleologisch konstituiert (s. o. A II 2 und unten D I, II), außerdem sind Großunternehmen in aller Regel keine großgewordenen Kleinbetriebe, sondern werden von vornherein als solche errichtet (vgl. *F. Böhm*, Wirtschaftsordnung und Staatsverfassung, S. 34).

[277] BVerfG NJW 1979, 699 ff.

[278] BGBl. I, 1153.

[279] BVerfG, NJW 1979, 706; s. dazu auch oben A II 2.

an dem das Bundesverfassungsgericht Schwere und Intensität der durch das Mitbestimmungsgesetz verursachten Beeinträchtigungen mißt und aus dem es die spezifische Reichweite der einschlägigen Grundrechte entwickelt[280].

— Bei Großunternehmen läßt sich ein stringenter Zusammenhang zur Personalfreiheit der Eigentümer nicht mehr herstellen[281].

— Auch Großunternehmen können sich auf Grundrechte berufen[282].

Dieses auf den ersten Blick überraschende Ergebnis bedarf aber — wie dargelegt — der Begründung: Wenn die Grundrechte ihrer Geschichte und ihrem Wesen nach einerseits reine Individualrechte sind, wenn andererseits bei Großunternehmen das personale Element „bis zur Bedeutungslosigkeit"[283] zurücktritt, so muß es für ihren Grundrechtsschutz einen anderen vernünftigen Grund geben. Nimmt man hinzu, daß die vom Bundesverfassungsgericht genannten Gesichtspunkte keine obiter dicta sind, sondern entscheidungstragende Gründe, so darf erwartet werden, daß dieser Grund im Rahmen des selbstgestellten Anspruchs auf teleologische Argumentation offengelegt wird.

Dies ist jedoch nicht der Fall: Zur Anwendbarkeit der Eigentumsgarantie findet sich zunächst nicht mehr als ein apodiktischer Satz: „Der Schutz des Art. 14 GG umfaßt auch ... das Eigentum der Unternehmensträger[284]." Erst bei der Prüfung des Art. 9 Abs. 1 GG findet sich die (nach den Prämissen des Bundesverfassungsgerichts für Art. 14 GG ebenso notwendige) Frage, ob das personale Schutzgut des Grundrechts seine Anwendbarkeit auf größere Kapitalgesellschaften zulassen könne[285]. Die Antwort auf diese Frage umgeht das Gericht mittels eines argumentatorischen Kunstgriffs: Da Art. 9 Abs. 1 GG i. E. nicht verletzt sei — die entsprechenden Ausführungen füllen immerhin sechs Seiten der Urteilsgründe —[286], brauche diese Frage nicht entschieden zu werden[287]. Ebensowenig können die entsprechenden Ausführungen zu

---

[280] Zu Art. 14 GG, S. 702 ff.; zu Art. 9 I GG, S. 705 ff.; zu Art. 2 I, 12 I GG, S. 707 ff.; etwas anders bei Art. 9 III GG, der nicht zu den „klassischen" Grundrechten gerechnet wird (708 ff.).

[281] Zu Art. 14 GG: Die Konnexität zwischen Eigentum und Freiheit sei „weitgehend gelöst" (703); zu Art. 9 I: bei größeren Kapitalgesellschaften trete das „personale Element bis zur Bedeutungslosigkeit zurück" (706); zu Art. 12 GG: Der personale Bezug gehe „bei Großunternehmen nahezu gänzlich verloren", Unternehmerfreiheit sei „im Fall von Großunternehmen nicht Element der Ausformung der Persönlichkeit des Menschen" (708).

[282] Art. 14 GG: S. 703, 705; für Art. 9 I offengelassen, aber materiell geprüft: S. 706 f.; für Art. 12 I: S. 707/708; für Art. 2 I: S. 707.

[283] BVerfG, S. 706.

[284] BVerfG, S. 703; s. a. S. 705.

[285] BVerfG, S. 706; s. a. S. 707; größere Kapitalgesellschaften entsprächen kaum dem von Art. 9 I GG gemeinten „Grundtyp" der Vereinigung.

[286] Schriftl. Urteilsbegründung, S. 83—89.

Art. 12 Abs. 1 GG überzeugen: Die Frage nach der Reichweite des individualrechtlich-personalen Ansatzes wird zwar auch hier aufgeworfen, aber dann nicht mit materiellen Erwägungen beantwortet, sondern zunächst mit einem Hinweis auf die ständige Rechtsprechung des Bundesverfassungsgerichts[288]. Dann erst — also an wenig auffälliger Stelle — läßt das Bundesverfassungsgericht andeutungsweise erkennen, warum es auch Großunternehmen Grundrechtsschutz zukommen lassen will: „Großunternehmen und Konzerne sind wesentliche Elemente einer hochentwickelten und leistungsfähigen Volkswirtschaft[289].“

Soll also ihr Grundrechtsschutz mit ihrer Effizienz und Zweckmäßigkeit begründet werden? Deutlicher — und offener — läßt sich der Konkursantrag einer Verfassungstheorie, die Grundrechte allein als Instrument individuellen Freiheitsschutzes interpretiert, wohl kaum formulieren; man wird unterstellen dürfen, daß das Bundesverfassungsgericht diesen Widerspruch zwischen Normtelos und Normanwendung bewußt hat deutlich werden lassen. Aber es ist doch die Frage, ob dieser Widerspruch wirklich in dieser Schärfe vorhanden ist: Wenn die Grundrechte seit jeher den Schutz von Individualfreiheit meinen, wenn zugleich seit jeher Unternehmen unabhängig von ihrer Größe Grundrechtsschutz zugebilligt wird, wenn es andererseits so etwas wie eine „vermutete Vernünftigkeit unseres Rechts“[290] gibt, dann kann die vom Bundesverfassungsgericht angedeutete Aporie nicht das letzte Wort sein. Dann besteht Grund zu der Vermutung, daß es einen inneren Zusammenhang zwischen der Freiheit des Einzelnen und der des Unternehmens, zwischen politischem und wirtschaftlichem Liberalismus geben könnte.

---

[287] BVerfG, S. 706.

[288] BVerfG, S. 707.

[289] BVerfG, S. 708.

[290] *Kriele,* Legitimitätsprobleme, S. 47 ff.

D. Politischer und wirtschaftlicher Liberalismus

I. Evidente Einheit von politischer und ökonomischer Freiheitsordnung?

Die Grundrechte garantieren dem Einzelnen Freiheitsräume, in denen er dem Zugriff des Staates grundsätzlich entzogen ist. Zu ihnen gehört auch die Freiheit zu wirtschaftlicher Betätigung. Sie ist allein quantitativ gesehen eine der substantiellen und den Kernbereich individueller Entfaltung betreffenden Einzelfreiheiten. Ist die Entscheidung für ein System der durch Grundrechte gesicherten Freiheiten also nicht notwendig auch eine Entscheidung für eine marktwirtschaftliche Ordnung als System der ökonomischen Freiheit — und umgekehrt[1]?

1. Ideengeschichtliche Bemerkungen

Auch für die Frage nach einem strukturellen Zusammenhang von Marktwirtschaft und Demokratie bieten sich ideengeschichtliche Betrachtungen an: Wo sind insbesondere in der Geschichte der (politischen) Aufklärung natur- bzw. vernunftrechtliche Begründung von politischer und ökonomischer Freiheit zusammengeflossen bzw. identisch?

Der Ertrag einer derartigen Untersuchung wäre allerdings zweifelhaft. Denn zum einen gibt es keinerlei Gewähr dafür, daß die Ahnherrn unserer heutigen politischen bzw. ökonomischen Theorie die Frage eines strukturellen Zusammenhangs zwischen politischer und ökonomischer Freiheit vorurteilsloser und ideologiefreier als ihre Nachkommen betrachtet hätten. So ist z. B. *Locke*, der wohl als erster die bürgerliche und politische Freiheit auch und gerade als Freiheit der Eigentümer naturrechtlich begründet hat, der ideologiekritische Vorwurf nicht erspart geblieben, die Interessen und Werte der bürgerlichen Schicht gegen Ende des 17. Jahrhunderts als Naturrecht ausgegeben und Menschenrechte besitzindividualistisch verzerrt zu haben[2].

Zum anderen hat sich mit der heutigen Produktionsweise in Großunternehmen, deren Sozialprodukt das der Staaten des 17. Jahrhun-

---

[1] Zum Gedanken einer strukturellen Homogenität von Verfassungs- und Marktordnung — „gesamtgesellschaftliche Freiheitsentscheidung" — s. K. *Stern*, FamRZ 1976, S. 129 ff.

[2] *Macpherson*, Besitzindividualismus, z. B. S. 294; zur Kontroversität der modernen Locke-Forschung s. W. *Euchner*, Einl., S. 43 ff., 51 ff.

derts um ein Vielfaches übertreffen dürfte, die Lage entscheidend verändert. Autonomie und Letztentscheidungskompetenz des Einzelnen in den ihn betreffenden Fragen vermögen den Eigentumsschutz dieser Unternehmen und des marktwirtschaftlichen Systems nicht mehr unmittelbar zu rechtfertigen[3]. Wenn daher heute das Privateigentum an Produktionsmitteln als „Teil der privatautonomen Ordnung, welche selbst auf der Freiheit und der Gleichheit aller Menschen als Rechtspersonen beruht" bezeichnet und legitimiert wird[4], so ist dies begründungs- und erklärungsbedürftig. Denn mit Privatautonomie meinte die Aufklärung primär die Autonomie des privaten einzelnen Individuums, nicht von gesellschaftlichen, der Sphäre ihrer Eigentümer-Individuen längst entwachsenen Institutionen. Der Begriff der Privatautonomie darf nicht dadurch entwertet werden, daß er sich durch Anlehnung an die durch die Aufklärung konstituierten Grundüberzeugungen über die Rechte des Einzelnen einer Legitimationskraft bedient, die ihm heute in dieser Weise nicht mehr zukommt. Außerdem würde mit dem Kurzschließen von Individualrechten mit Wirtschaftsmächten durch den Begriff Privatautonomie das spezifische Problem der Legitimation gesellschaftlicher Mächte eher verdunkelt als erhellt. Schließlich würde man mit einer derartigen Argumentation hinter den Stand der liberalen Theorie des 19. Jahrhunderts zurückfallen: *J. S. Mill* hatte bereits 1859 zwischen den persönlichen, naturrechtlich begründeten Freiheiten des einzelnen Individuums — sie allein sind der Intervention und Bestimmungsmacht durch die „Gesellschaft" entzogen[5] — und der Wirtschafts- und Handelsfreiheit unterschieden: „Der Handel ist ein gesellschaftlicher Akt", der damit grundsätzlich auch der „Gerichtsbarkeit der Gesellschaft" unterliegt[6]. Wirtschaftsfreiheit ist nach Mill utilitaristisch begründet und beruht damit — wie er wiederholt erklärt — „auf anderer Basis" als das Prinzip der persönlichen Freiheit[7].

Zum dritten scheint eine Vergegenwärtigung der ideengeschichtlichen Zusammenhänge vor allem deswegen wenig erfolgversprechend, weil jedenfalls die klassische Theorie der Marktwirtschaft z. T. ein anderes Erkenntnisinteresse verfolgte als der politische Liberalismus. Während es etwa *B. Constant* als „Begründer des Liberalismus"[8] bei seiner Ver-

---

[3] s. dazu oben C II 3. c).

[4] *Rittner*, Festschr. Schilling, S. 378; s. a. *Papier*, VVDStRL 35, S. 82 f.

[5] *J. S. Mill*, Die Freiheit, Kap. IV passim („society" = Staat u. Gesellschaft).

[6] Ebd., S. 238.

[7] Nur auf der Grundlage dieser Unterscheidung ist auch verständlich, wie er einige Jahre früher (1848) die (zu dieser Zeit allerdings unabweisbare) Frage stellen konnte, ob sich eine kollektive Wirtschaftsordnung besser mit der menschlichen Freiheit und Individualität vertrage als eine auf das Privateigentum an Produktionsmitteln gegründete (vgl. Polit. Ökonomie, S. 300 ff.).

teidigung der Gewerbefreiheit darum zu tun ist, dem Staat ein Stück Souveränität zu nehmen, um so die dem Einzelnen aus absolutistischer Machtentfaltung drohenden Freiheitsgefahren zu beschränken[9], geht es *Adam Smith* als dem klassischen Theoretiker der Marktwirtschaft um etwas anderes: Er will mit seinen Untersuchungen über die Ursachen des Wohlstands die Bewegungsgesetze marktwirtschaftlicher Produktionsweise analysieren. Nur so läßt sich erklären, daß er in der Nachfolge *John Lockes* und in der Tradition der schottischen Moralphilosophie etwa den Subsistenzlohn des Arbeiters und seiner Familie nicht wie *Locke* primär mit einem Naturrecht auf Selbsterhaltung begründet, sondern eine Unterschreitung des Subsistenzlohns „für längere Zeit" deshalb für unmöglich hält, weil sonst die Schicht der Arbeiter mit der ersten Generation aussterben, d. h. die Basis weiterer Produktion entfallen würde[10]. So werden auch die Kinder der unteren Schichten als potentielle Produktionsmittel ihrer Eltern beschrieben: „Die Arbeit eines Kindes wird, bis es das Elternhaus verlassen kann, auf 100 Pfund reinen Gewinn geschätzt[11]." Analytischer Scharfblick des Wissenschaftlers, nicht naturrechtliches Pathos bestimmt auch folgende Erkenntnis: Sind Lebensmittel knapp, so setzt dies der Vermehrung der unteren Schichten natürliche Schranken: „Das geschieht ausschließlich auf die Weise, daß die meisten der in diesen fruchtbaren Ehen geborenen Kinder sterben[12]." „Auf solche Art reguliert die Nachfrage nach Arbeitskräften, wie bei jeder anderen Ware, das Wachstum der Bevölkerung. Sie beschleunigt es, wenn es zu langsam ist, und sie hindert es, wenn es zu schnell ist[13]." Gegen die Sklaverei schließlich argumentiert *Smith* nicht mit der knapp 100 Jahre vorher formulierten Erkenntnis *Lockes* von der unverzichtbaren und unveräußerlichen Freiheit jedes Menschen von absoluter und willkürlicher Gewalt[14], sondern mit der Erfahrung, „daß von freien Menschen geleistete Arbeit letztlich immer billiger kommt als die, welche Sklaven verrichten[15]." — Bereits diese wenigen

---

[8] So *Zbinden*, Einl. Über die Gewalt, S. VII.

[9] Über die Freiheit, S. 61 ff.; s. zu *Constant* auch unten D II 2.

[10] Wohlstand der Nationen, S. 59 (naturrechtliche Hilfsargumentation: S. 68).

[11] *A. Smith*, S. 61: „Eine junge Witwe aus der Mittel- oder Unterschicht mit vier oder fünf kleinen Kinder ... wird ... häufig als gute Partie umworben. Der Nutzen der Kinder ist der stärkste Anreiz zur Heirat, so daß wir uns nicht wundern brauchen, wenn die Nordamerikaner im allgemeinen sehr jung heiraten."

[12] *A. Smith*, S. 69.

[13] *A. Smith*, S. 69/70.

[14] *Locke*, II, §§ 22—24.

[15] *A. Smith*, S. 70; vgl. a. S. 632, wo sich *Smith* über die „schurkischen und überspannten Börsenspekulationen" einer AG beschwert, an deren Gewerbe selbst — der „Versorgung Spanisch-Westindiens mit Negern" — er nur die geringen Gewinnchancen kritisiert.

Argumentationsbeispiele machen hinreichend deutlich, wie heterogen die verschiedenen Fragestellungen sind: *Constant* fragt nach den Bedingungen einer gerechten und freiheitssichernden Ordnung, *Smith* fragt in der Weise eines Naturwissenschaftlers „wertungsfrei" nach ökonomischen Gesetzmäßigkeiten[16].

Andererseits darf man es sich mit der Trennung von politischem und ökonomischem Liberalismus als verschiedener Fragestellungen auch nicht zu einfach machen. Der Absolutismus hatte die ständischen und feudalen Herrschaftsstrukturen und Privilegien in einer Zentralmacht zusammengefaßt und die vorhandenen, hierarchisch gestuften Machtgefälle im wesentlichen eingeebnet. Allgemeine Geltung des Gesetzes und Schaffung eines schlagkräftigen Staatsapparates aber konnten nur auf der Grundlage des monarchischen Gottesgnadentums, d. h. der Behauptung gerechtfertigt werden, die absolute Macht des mit der Einsicht in die Wahrheit allein begabten Königs diene dem Wohle seiner Untertanen. Deren zunehmende Zweifel an der Wahrheit dieser These gaben dem Liberalismus und der politischen Aufklärung — vice versa — das Fundament: Die Entscheidung über die Verbindlichkeit von Wahrheiten soll derjenige treffen, der ihre Folgen zu spüren bekommt, nämlich der autonome und mündige Einzelne selbst. Genau in diesem Punkt aber fließen ökonomischer und politischer Liberalismus zusammen: Fortschritte in der Erkenntnis von Wahrheit sind allgemein und grundsätzlich nur mit den Mitteln der Überzeugung freier und selbstverantwortlicher Individuen möglich, d. h. die Autonomie des Individuums läßt sich nicht auf den politischen oder den wirtschaftlichen Bereich beschränken; mag sie zunächst auch nur politisch oder ökonomisch begründet sein, so tendiert sie doch zu Universalität und zur Umfassung aller Lebensbereiche.

Die Frage, ob mit diesen Feststellungen die These von der Untrennbarkeit von politischer und ökonomischer Liberalität wenigstens auf ideengeschichtlicher Ebene indiziert ist[17], oder ob hier lediglich zwei verschiedene Strömungen in der Abwehr eines gemeinsamen Gegners zeitlich und inhaltlich begrenzt zusammengeflossen sind[18], ist damit jedoch nicht beantwortet. Gegen die Annahme ideengeschichtlicher Identität spricht nämlich, daß frühe marktwirtschaftliche Theoretiker zu-

---

[16] Bei stark ausgeprägter privater caritas: Daß *Smith* trotz sehr hohen Einkommens und bescheidener Lebensführung nur geringe Summen hinterließ, lag an seinen großen, im geheimen getätigten Ausgaben für wohltätige Zwecke (vgl. *Recktenwald*, Würdigung, S. XXXII).

[17] *F. A. v. Hayek* vertritt diese These übrigens unter dem Stichwort „Politischer Liberalismus" (HdSW, Bd. 6, S. 594), *v. Mises* unter dem Stichwort „Wirtschaftlicher Liberalismus" (HdSW, Bd. 6, S. 597) — eine wohl unbewußte Ironie der Herausgeber.

[18] So *Kriele*, Staatslehre, S. 198.

gleich Verteidiger des Absolutismus gewesen sind. So gilt etwa *Hobbes* einerseits als klassischer Theoretiker der bürgerlichen und individualistischen Wettbewerbsgesellschaft, andererseits gehört er zu den unbedingten und leidenschaftlichsten Verfechtern eines uneingeschränkten Absolutismus[19]. Ähnliches trifft für die französischen Physiokraten zu: Als unmittelbare Vorläufer und Lehrer von *Adam Smith* nahmen sie mit ihrer primär auf die Landwirtschaft bezogenen Wettbewerbs- und Markttheorie einerseits wesentliche Ergebnisse des „Wohlstandes der Nationen" vorweg, andererseits verteidigten sie engagiert den vollentfalteten zentralistischen Absolutismus ihrer Zeit und hielten auch gegenüber *Montesquieus* Forderung nach Gewaltenteilung an der Einheit von Exekutive und Legislative fest[20].

Ideengeschichtliche Betrachtungen ergeben also kein klares Bild; jedenfalls vermitteln sie keine Evidenz dafür, daß politische und wirtschaftliche Freiheit nur einheitlich begründet worden seien bzw. begründet werden könnten und in nur einer politisch-theoretischen Tradition ihre gemeinsame Wurzel hätten.

2. Empirische Evidenz?

Auf den ersten Blick scheint der innere Zusammenhang zwischen ökonomischer und politischer Freiheitsordnung jedoch empirisch erwiesen und in der Realität evident zu sein: Die westlichen Industriestaaten sind durch Marktwirtschaft und demokratischen Verfassungsstaat gekennzeichnet, die des Ostens durch Planwirtschaft und ein System politischer Unfreiheit. Doch hält diese Evidenz einem zweiten Blick kaum stand: Nur der kleinste Teil der in den Vereinten Nationen organisierten Staaten hat eine demokratisch-liberale Verfassung, während beim größten Teil — abgesehen allein von den Staatshandelsländern — ein mehr oder weniger ausgeprägtes System ökonomischer Liberalität vorherrscht. Zu nennen sind hier vor allem die vom Militär errichteten sowie die teils feudalistisch-hierarchischen, teils von charismatischen Einzelpersönlichkeiten geprägten Diktaturen Lateinamerikas, Afrikas, des nahen und des fernen Ostens. Die Marktwirtschaft ist hier die Regel, der demokratische Verfassungsstaat die Ausnahme.

Selbst für den durch eine gemeinsame Geschichte verbundenen, einheitlichen Kulturkreis Westeuropas hätte noch vor wenigen Jahren die Evidenz eines strukturellen Zusammenhangs von Marktwirtschaft und demokratischem Verfassungsstaat angesichts der Marktwirtschaften in den Diktaturen Portugals, Griechenlands und Spaniens kaum behauptet

---

[19] *Kriele*, Herausforderung des Verfassungsstaates, passim u. Staatslehre, S. 135 ff.

[20] *F. K. Mann*, „Physiokratie", HdSW Bd. 8, S. 297.

werden können — wenn man nicht versuchen will, die schrittweise Verwandlung dieser Länder in demokratische Verfassungsstaaten mit Gewaltenteilung und Grundrechtsgarantien als eine späte Folge ihrer ökonomischen Ordnung zu interpretieren.

Hiergegen — wie überhaupt gegen die Annahme einer strukturellen Zusammengehörigkeit von politischer und ökonomischer Freiheit — spricht jedoch prima facie das Verhalten der bestimmenden Repräsentanten der liberalen Wirtschaftsordnungen dieser Länder. Mußte für sie nicht jeder Angriff auf das System politischer Freiheit auch ein Anschlag auf ihre ökonomische Freiheit sein? Wäre nicht gerade von den Nutznießern ökonomischer Freiheit — im eigenen Interesse — das Eintreten für Grundrechte, Gewaltenteilung und Demokratie zu erwarten gewesen[21]? Aber als Vorkämpfer des politischen Liberalismus und als Kritiker diktatorischer Herrschaft sind sie jedenfalls nicht hervorgetreten. Es hat im Gegenteil den Anschein, daß diejenigen, die an führender Stelle ökonomischen Liberalismus praktisch konkretisierten, nicht nur in Südeuropa, sondern auch in Lateinamerika, im faschistischen Italien sowie in den weiter zurückliegenden absolutistischen Herrschaften der Zaren und Napoleons bis hin zum kalvinistischen Polizeistaat mehr dazu neigten, angegriffene Diktaturen zu stützen und angegriffene Demokratien (mit)zustürzen. Warum dies so war und aus welchen Motiven hier gehandelt bzw. nicht gehandelt wurde — in der Hoffnung auf größere Stabilität und Rechtssicherheit, auf einen im Vergleich zum parlamentarischen System direkteren Zugang zum Machthaber oder zur Verteidigung ökonomischer Freiheit gegenüber der Gefahr sozialistischer Diktatur —, ist eine offene und hier nicht zu diskutierende Frage. Festzuhalten ist jedenfalls, daß die führende Repräsentanten des Marktsystems in der Krise, also dann, wenn ihre Entscheidung gefordert war, in der Regel nicht den demokratisch-liberalen Staat verteidigt haben, sondern eher den (u. U. ebenso marktwirtschaftlich orientierten) faschistisch-autoritären.

Auch die jüngere deutsche Geschichte bietet keine entsprechende empirische Evidenzbasis für eine innere Einheit von Marktwirtschaft und Demokratie. Schrittmacher des wirtschaftlichen Liberalismus war bereits der Absolutismus, nicht der demokratische Verfassungsstaat[22]. Die Bedingungen, die Marktwirtschaft ermöglichten (Mobilisierung von Grund und Boden, Aufhebung der Leibeigenschaft, Herstellung der Gewerbe-, Wettbewerbs- und Vertragsfreiheit), wurden im wesentlichen noch im absoluten Staat hergestellt. Die entstehende Erwerbsgesellschaft machte sich von merkantilistischer Bevormundung des Staates

---

[21] Hierzu *Kriele*, Staatslehre, S. 195 ff.

[22] s. *Zycha*, Wirtschaftsliberale Reformen, S. 342; *Rittstieg*, Eigentum, S. 222 ff.

frei bzw. wurde vom aufgeklärten Souverän freigestellt, ohne daß dieser Entwicklung die Ausbildung eines Systems politischer Freiheit entsprochen hätte. Der erste große und erfolgversprechende Ansatz zur Überwindung der absolutistischen Restauration fand vielmehr erst Mitte des 19. Jhdts., vierzig Jahre nach diesen Reformen statt. Zwar hatte am Verfassungsentwurf von 1848 neben dem Bildungsbürgertum auch das neuentstandene Besitzbürgertum als der eigentliche Vertreter der neuen marktwirtschaftlichen Ordnung entscheidenden Anteil[23], aber die Allianz zwischen ökonomischem und politischem Liberalismus war nur von kurzer Dauer. Als sich mit dem Scheitern der Revolution die Frage eines Zusammengehens mit den demokratisch-sozialen Kräften stellte und damit die Wahl zwischen demokratischem Verfassungsstaat und bestehender Monarchie, war die Furcht vor der politischen Emanzipation der Eigentumslosen stärker als die Furcht vor dem Souverän[24]. Das Arrangement mit den alten Mächten unter dem Dach der monarchisch revidierten preußischen Verfassung von 1849 mit Dreiklassenwahlrecht[25] und einem minimalisierten Rechtsstaatsprogramm sorgte dann für ein Aufblühen des industriell-wirtschaftlichen Systems bei einer gleichzeitigen Festigung der halbkonstitutionellen Monarchie. Im Verlauf der fortschreitenden Feudalisierung des Bürgertums setzte dann das Besitzbürgertum als Repräsentant des Marktsystems seine politischen Hoffnungen immer mehr auf den „starken Mann" und immer weniger auf ein System politischer Freiheit[26]. An die Stelle eines demokratischen Verfassungsstaates trat so ein Staat, der zwar weitgehend Toleranzen gewährte, sich aber in der Krise, etwa im preußischen Budgetkonflikt und in der Sozialistenfrage, als Machtstaat gegen das freiheitliche Prinzip des politischen Liberalismus und gegen die demokratisch-sozialen Kräfte durchsetzte. Ein entwickeltes Marktsystem ist so über mehrere Generationen ohne demokratische Verfassung nicht nur notgedrungen ausgekommen, sondern es hat sich dabei glänzend entwickelt. Der wirtschaftliche Liberalismus hatte also in der Gestalt, in der er sich historisch durchsetzte, keine Einheitsfront der für politische Freiheit und gegen feudale Ordnung kämpfenden Gruppen zur Folge, sondern eher eine solche der Besitzenden gegenüber den Besitzlosen.

Schließlich geht auch der entscheidende Schritt zum demokratischen Verfassungsstaat der Weimarer Republik nicht primär auf Bestrebungen der am System des ökonomischen Liberalismus partizipierenden

---

[23] s. *Rittstieg*, S. 232.

[24] Vgl. *Griewank*, Ursachen und Folgen des Scheiterns, S. 45 ff.; *H. Heller*, Ges. Schr. Bd. II, S. 632: „bourgeoise Degeneration".

[25] Zum Zusammenhang von Wahlrechtsentwicklung und Politik „des" Besitzbürgertums, s. *Rittstieg*, S. 233 ff.

[26] s. dazu *H. Heller*, Ges. Schr. Bd. II, S. 631 ff.

Schichten zurück. Zwar hatten die bürgerlichen Mehrheitsparteien — gegen Widerstände im eigenen Lager[27] — bei den Oktoberreformen 1918 mit der Einschränkung von Rechten des Kaisers und der Einführung der Parlamentsverantwortung des Reichskanzlers eine wichtige erste Hürde zum demokratisch-parlamentarischen Regierungssystem genommen. Doch dieser halbherzige erste Schritt kam zu spät; erst die unter sozialistischem Vorzeichen stehende Revolution brachte die volle Verwirklichung des gewaltenteilend-parlamentarisch-demokratischen Verfassungsstaates.

Den Inhabern der ökonomischen Freiheit aber blieb diese Ordnung der politischen Freiheit im wesentlichen selbst dann noch fremd, als (im Grundsatz schon mit der Verabschiedung der Weimarer Reichsverfassung von 1919) die revolutionären Forderungen nach grundlegender Umgestaltung der Eigentumsverhältnisse ad acta gelegt worden waren. Als die Weimarer Republik dann nach der Weltwirtschaftskrise immer mehr an Stabilität verlor, gehörten schließlich auch bedeutende Teile der deutschen Wirtschaft zu den Paten der nationalsozialistischen Machtergreifung. Das Vertrauen auf eine neue, expansive Wirtschaftspolitik, auf Stabilität, Kontinuität und Rechtssicherheit konnte der nationalsozialistische Staat wohl eher wecken und bestätigen als die Weimarer Republik[28]. Er konnte auch trotz einiger sozialistischer Forderungen im Programm der NSDAP und entgegen der Vermutung *C. Schmitts* von 1929, der faschistische Staat werde zu einem die Industriellen bedrohenden, starken Arbeiterstaat werden[29], die Erwartung erfüllen, sozialistische Eingriffe von vornherein zu verhindern. Das Hitlerregime hat in der Tat keinen Industriezweig verstaatlicht, sondern im Gegenteil die während der Wirtschaftskrise in Staatsbesitz geratenen Aktienmehrheiten reprivatisiert[30].

3. Ökonomische Freiheit und soziale Frage

Zweifelhaft ist schließlich, ob die Begriffe „System der politischen Freiheit“ und „System der wirtschaftlichen Freiheit“ überhaupt äquivalent nebeneinander gestellt werden dürfen. Denn in einem System poli-

---

[27] Vor allem in der Zentrumspartei (hierzu und zum folgenden *E. R. Huber*, Verfassungsgeschichte 5, S. 584 ff.).

[28] Vgl. d. heftigen Anklagen *H. Hellers*, Ges. Schr. Bd. II, S. 460 f. (zum parallelen Vorgang in Italien, S. 566 f.).

[29] „Weil diese heute das Volk sind und der Staat nun einmal die politische Einheit des Volkes ist. Nur ein schwacher Staat ist kapitalistischer Diener des Privateigentums“ (Schmoll. JB 1929, S. 108; zit. n. *Schulz*, Faschismus, S. 41).

[30] *P. Sering*, Faschismus, S. 410; allerdings kam es nicht wie in Italien zu einer Überwältigung des Staates durch das Großeigentum, sondern mehr zu „einer Art Symbiose“, vgl. *F. Negro*, Eigentum, S. 201 ff., 206; s. a. *F. Neumann*, Behemoth, 269 ff., 615 ff.

tischer Freiheit besteht die Freiheit für jeden Einzelnen, das Wahlrecht ist allgemein, die Grundrechte stehen „jedermann“ zu. Geht man nun von der Evidenz eines strukturellen Zusammenhangs von politischer und ökonomischer Freiheitsordnung aus, so liegt dem offenbar das Bild zugrunde, auch die wirtschaftlichen Entfaltungsfreiheiten und -chancen seien gleich verteilt. — Es war in der Tat die Hoffnung der vorindustriellen Wirtschaftsliberalen, daß durch eine Art von Selbstregelung die Freiheit der Selbstbehauptung zum Mutterboden der Freiheit für alle und damit zur Grundlage einer politischen Freiheitsordnung werden könne. Vom System des ökonomischen Liberalismus wurde nicht nur die Beseitigung feudaler Armut auf individueller und staatlicher Ebene erhofft, sondern auch eine gerechte, nicht auf alten Rechtstiteln, sondern auf dem Arbeitsanteil der Individuen beruhende Verteilung der vorhandenen und neu erzeugten Güter[31].

Diese Erwartungen sind zunächst in einem auch von konservativ-skeptischen und wenig fortschrittgläubigen Liberalen (wie etwa *Burke* und *Tocqueville*) nicht vorausgesehenen Ausmaß enttäuscht worden. Die industrielle Revolution und die explosionsartige Freisetzung der Produktivkräfte von traditionalistischen Bindungen führten — beispielhaft in England — zu einer Klassengesellschaft, die das Feudalsystem mit seinen patriachalischen Fürsorgepflichten als ländliche Idylle erscheinen lassen konnte. *Friedrich List*, einer der wohl einflußreichsten liberalen Nationalökonomen seiner Zeit, pries noch 1841 die Vorteile des liberalen Wirtschaftssystems: „Jede, auch die geringste Kraft, die der Kinder und Frauen, der Krüppel und Greise, findet in den Manufakturen Beschäftigung und Entlohnung[32].“ In *Friedrich Engels* nur zwei Jahre später erschienenen Bericht über die Lage der arbeitenden Klasse in England fanden diese Aussagen ihre Bestätigung[33]: Kinder erwiesen sich als besonders geschickt im Zusammenknoten der zerrissenen Fäden an den mechanischen Webstühlen, ihre geringe Körpergröße prädestinierte sie zum Transport von Loren durch enge Bergwerksstollen, — und überdies waren sie „wunderbar billig“[34]. Aber auch die Freiheit der Unter-

[31] So noch *Ludw. Erhard* in seiner programm. Rede vom 17. Juni 1948: „... ich glaube, daß der Markt die einzige wohltätige Einrichtung ist, um eine gerechte, eine maximale Verteilung zu schaffen ...“ (FAZ v. 15. 6. 1978, S. 12).

[32] Nationales System der polit. Ökonomie, S. 193.

[33] *Fr. Engels*, Die Lage der arbeitenden Klasse in England, 1843; s. a. *K. Marx*, Das Kapital, I. Buch, Kap. 8 — „Der Arbeitstag“ und Kap. 13, 3 a — zur Frauen- und Kinderarbeit; s. a. Kap. 24, 6 a. E. „kapitalisiertes Kinderblut“ — eine angesichts seiner Schilderungen und der Tatsache, daß 1840 die durchschnittliche Lebenserwartung eines Arbeiters in Leeds 19, in Manchester 17 und in Liverpool 15 Jahre betrug (*Haussherr*, Wirtschaftsgesch., S. 305), verständliche Formulierung.

[34] *H. Freyer*, Weltgeschichte, II, S. 930; nach *Henning*, Industr., S. 106, arbeiteten Kinder ab 4 Jahren (ca. 1830) in der Tagschicht 13, in der Nachtschicht 11, bei fehlender Nachtschicht 16 bis 18 Stunden hintereinander.

nehmer hatte mit der vom ökonomischen Liberalismus gemeinten Freiheit nur noch wenig zu tun: Das Gesetz der Konkurrenz legte ihnen die Rolle von Sklavenhaltern nahe.

Dieses wohl dunkelste Kapitel in der Entwicklung privatautonomer Wirtschaftsordnung ist relativ schnell Geschichte geworden und hat alsbald den Charakter eines — heute weit zurückliegenden — Durchgangsstadiums angenommen. Die wesentliche Ursache für die schrittweise Verringerung des Elends bildete ökonomisch die vom technischen Fortschritt ausgehende rapide Steigerung der Durchschnittsproduktivität; rechtlich wurde mehr Freiheit für alle vor allem mit der um 1840 einsetzenden Arbeitsschutzgesetzgebung und ihrer mehr oder weniger intensiv betriebenen Durchsetzung gegenüber den Unternehmern erreicht — die allerdings erst dann generell zu einer Schonung der Ressource Arbeitskraft bereit sein konnten, als (durch Fabrikinspektion, Gewerkschaften und bürgerliche Öffentlichkeit) weitgehend sichergestellt war, daß kein Einzelunternehmer sich durch diese Art der Senkung von Lohnkosten ungerechtfertigte Wettbewerbsvorteile verschaffen konnte. Erst dadurch, daß der Staat Mindestbedingungen definiert und durchgesetzt hat, auf deren Basis Wettbewerb stattfinden darf — von der Arbeitszeitbeschränkung und dem Schutz des Arbeitsplatzes bis hin zum sozialstaatlichen Sicherungssystem —, ist die Marktwirtschaft zu einer sozialen geworden.

Schon aus diesem Grunde ist es wenig sinnvoll, den Verfassungsschutz für dieses Wirtschaftsmodell zu fordern: Daß der Marktwirtschaft heute das Attribut „sozial" zu Recht zukommt, ist das Werk gerade desjenigen, dessen Eingriff abgewehrt werden soll: des Staates. Man begründet also im Ergebnis entweder Verfassungsschutz auch für das System sozialer Schutz- und Sicherungsvorschriften oder allein für den privaten — dann allerdings nicht mehr ohne weiteres sozialen — Teil der Marktwirtschaft. Dementsprechend ist es heute auch nicht der Markt, der versagt, wenn marktwirtschaftliche Abläufe zu Beeinträchtigungen der Realbedingungen menschlicher Freiheit führen können, sondern der Staat. Wenn private vices auf Teilbereichen keine public benefits zur Folge haben, sondern nur public vices und private benefits, so ist es seine Aufgabe — und nicht die der Unternehmer —, durch Veränderungen der in das ökonomische Kalkül einzustellenden Rahmendaten für die Gewährleistung von Gemeinwohl zu sorgen.

Eine strukturelle Homogenität von Marktsystem und demokratischer Freiheit läßt sich als historisch evident nicht feststellen. Nicht der wirtschaftliche Liberalismus ist alleinige Keimzelle oder gar hinreichende Bedingung politischer Liberalität, sondern es ist umgekehrt der demokratische Verfassungsstaat, der die Freiheit im Wirtschaftsbereich für alle konstituiert.

Daß eine entsprechende Evidenz nicht besteht, bedeutet jedoch andererseits nicht, daß dem Privateigentum an Produktionsmitteln unter den heutigen Verhältnissen notwendig eine freiheitsfeindliche Tendenz zuzuordnen wäre[35], sondern lediglich, daß der Satz „Privateigentum an Produktionsmitteln sichert die Freiheitlichkeit der Gesamtgesellschaft" nicht so evident ist, daß er ohne Begründung übernommen werden könnte. So wie der Unternehmer zwar für die freie Wirtschaftsordnung ist und sie durch seine Tätigkeit mit konstituiert, aber zugleich bestrebt ist, die Konkurrenz in seiner Branche auszuschalten oder möglichst gering zu halten[36], so wäre immerhin denkbar, daß er auch im Verhältnis zur politischen Ordnung objektiv Freiheitsfunktionen ausübt, obwohl er im Einzelfall, in der Krise, seine konkreten und kurzfristigen Interessen u. U. besser bei autoritären Regierungsformen aufgehoben sieht.

II. Eigentum und soziale Gewaltenteilung

1. Gegenwärtige Diskussion

Nach dem zweiten Weltkrieg bestand eine weitverbreitete und auch tief in christlich-konservative Kreise hineinreichende Auffassung, daß das überkommene liberale ökonomische System nicht so beibehalten werden dürfe wie bisher. Nach den Erfahrungen mit dem Nationalsozialismus, nach Hugenberg und Hitler, schien vielen die langfristige institutionelle Sicherung individueller Freiheit eher möglich, wenn wirtschaftliche Macht den Händen privater Einzelner entnommen und in die des Staates gelegt würde. Dennoch fanden keine durchgreifenden Sozialisierungen statt; das Ahlener Programm der CDU blieb Episode und auch die SPD fand im Godesberger Programm den Weg zur Anerkennung der sozialen Marktwirtschaft. Diejenigen Kräfte, die heute Marktwirtschaft und Freiheit des Einzelnen für unvereinbar halten, sehen sich vor der Aufgabe, den demokratischen Verfassungsstaat als Schutzorganisation der Produktionsmitteleigentümer zu interpretieren — um dann entweder den ausgebeuteten und staatlich unterdrückten bzw. sozialstaatlich manipulierten Klassen das Recht zu revolutionärer Notwehr zu geben[37] oder den Eigentümern das Recht zum Putsch, wenn die besitzlosen Unterschichten sich auf dem Wege über das allgemeine Wahlrecht derjenigen Güter bemächtigen wollten, die ihnen aufgrund eigenen Unvermögens bisher nicht erreichbar waren[38].

---

[35] So aber u. a. *H. Pross*, Manager, S. 165.

[36] Vgl. *F. Böhm*, Wirtschaftsordnung und Staatsverfassung, S. 38; s. a. *Ad. Smith*, Wohlstand, S. 213: „Kaufleute sind immer daran interessiert, ... den Wettbewerb einzuschränken."

[37] Vgl. *Agnoli*, Transformation, S. 29: Es entstamme einer „allerdings althergebrachten Bewußtseinskonfusion, daß Repression mit „friedlichen" Mitteln humaner sei als Emanzipation mit gewaltsamen Mitteln".

[38] Vgl. *Dietze*, Verteidigung des Eigentums, S. 153 ff., 211 ff., 220.

Daß derartige Bestrebungen heute politisch ohne jede Chance sind, und daß Sozialisierungsforderungen sich — wie schon nach dem ersten Weltkrieg — nicht durchsetzen konnten, lag sicherlich nicht nur am Einfluß interessierter Kreise oder an der Effektivität einer Wirtschaftsordnung, die binnen weniger Jahre aus einem zerstörten ein wohlhabendes Land werden ließ. Es lag wohl auch an der Einsicht in die freiheitsfördernden — und damit den Grundgedanken der Verfassung verwandten — Aspekte dieser Ordnung[39]. Allerdings haben sich viele der nach dem 2. Weltkrieg vor allem von den Ordoliberalen gebrauchten Argumente nicht durchsetzen können oder sind angesichts der heutigen Produktionsweise in Großeinheiten in ihrer Kraft geschwächt. So verliert etwa die Feststellung, daß wirtschaftliche Freiheit einen bedeutenden oder gar den entscheidenden Teil menschlicher Freiheit ausmache, hinsichtlich ihrer Legitimationskraft für die Wirtschaftstätigkeit in Industriegesellschaften erheblich, wenn sich wirtschaftliche Tätigkeit von Großunternehmen nicht als individueller Freiheitsgebrauch interpretieren läßt[40]. Ähnliches gilt von der Vorstellung, daß die Wettbewerbswirtschaft ein „in sich selbst demokratischer Vorgang" sei[41], bei dem jeden Tag von neuem mit Hilfe von Geldscheinen als — einigermaßen ungleich verteilten — Wahlzetteln die Abstimmung der Bürger stattfinde.

Überzeugend ist jedoch ein anderes, weniger dem individualistischen Ansatzpunkt verhaftetes Argument: Wenn die Herrschaft über die Produktionsmittel von vielen verschiedenen Eigentümern ausgeübt wird, so ist dies gleichbedeutend mit einer Aufteilung von Macht; dem Staat wie auch den privaten Einzelnen sind mit dieser innerwirtschaftlichen Gewaltenteilung absolute Machtentfaltung unmöglich gemacht oder jedenfalls erheblich erschwert.

Seinen verfassungstheoretischen Standort hat dieser Gedanke zum einen in den vielfältigen Versuchen von juristischer Seite zu einer umfassenden Interpretation des Gewaltenteilungsgrundsatzes gefunden[42],

---

[39] So ist schon *K. Adenauer* 1945/46 Sozialisierungsforderungen in seiner Partei mit dem Argument des „machtverteilenden Prinzips" entgegengetreten (Erinnerungen 1945—1953, S. 60).

[40] Dazu oben C II 3. c); dieser Gesichtspunkt betrifft nur noch eine Minderheit (vgl. *H. Huber*, Festschr. Gutzwiller, S. 561 f.).

[41] *F. Böhm*, Wirtschaftsordnung und Staatsverfassung, S. 51.

[42] Insbes. *E. v. Hippel*, Gewaltenteilung im modernen Staat (1950), S. 31 ff., 40; *H. Peters*, Gewaltentrennung in moderner Sicht (1954); *W. Kägi*, Von der klassischen Dreiteilung zur umfassenden Gewaltenteilung (1961); letztere — u. a. — abgedr. bei *Rausch* (Hrsg.); a. *Imboden*, Staatsformen (1959), 38 ff. u. pass. Von seiten der *Eigentumstheorie* vgl. *Rittner*, Funktionen, S. 21 ff.; *ders.*, Festschr. Schilling, S. 377 ff.; *Biedenkopf*, Unternehmung und Staat, S. 48; *Benda*, ZfSR 1974, 18; *Friauf / Wendt*, Eigentum, 66 ff.; *Scholz*, Mitbestimmung, 38 ff.; *ders.*, Grenzen, 124; *Rupp*, GG und Wirtschaftsverfassung,

zum andern in der von politologischer und soziologischer Seite geführten Pluralismusdiskussion[43]. Innerstaatliche Gewaltenteilung erscheint hiernach lediglich als Spezialfall eines weitergehenden Prinzips, zu dem neben einer „temporalen Teilungslehre“[44] (z. B. Begrenzung der Amtsdauer), einer föderativen[45] und einer dezisiven[46] vor allem eine „soziale Teilungslehre“ gehört. Sie ist das eigentliche Fundament, denn hier wird das Prinzip der Gewaltenteilung „zum allgemeinen Prinzip sozialen Lebens und muß als Quelle der individuellen Freiheit wie auch des Phänomens der Autonomie im sozialen Leben bezeichnet werden“[47]. Neben das klassische, innerstaatliche Gewaltenteilungstheorem, das in seiner allzu dogmatischen Fassung des real-sozialen Bezugs ermangelt und laufend zur Konstatierung von Ausnahmen und Durchbrechungen gezwungen ist[48], tritt so erweiternd der Gedanke einer allgemeinen Gewaltenteilung, die mit der Erfassung realer sozialer Mächte eine an der Wirklichkeit orientierte theoretische Basis für die Zuordnung dieser Gewalten zum Staat und untereinander sein könnte[49].

Indem für die Begründung von Eigentumsschutz an Unternehmen nicht an einen fiktiven personalen Bezug angeknüpft wird, sondern an einen realen gesellschaftlichen Umstand, wird zugleich deutlich, wie wenig der sogen. Funktionswandel des Eigentums mit der realen Funktion der Unternehmen zu tun hat und wie wenig insoweit ihre Rolle als gewaltenteilende Elemente tangiert wird. Daß etwa privates Sacheigentum immer weniger als Freiheitsbasis des Einzelnen interpretiert werden kann und an seine Stelle Lohnansprüche und ihre öffentlich-rechtlichen Surrogate treten, ist für die hiervon unabhängige Freiheitssicherung durch autonome Wirtschaftseinheiten im gesellschaftlichen Raum ohne entscheidende Relevanz. Das gleiche gilt für das Auseinanderfallen der ursprünglich einheitlichen Eigentümerstellung in die Faktoren Arbeit, Kapital und unternehmerische Führung

22, 35; *Böckenförde*, Der Staat 1976, 473; *Coing*, Rechtsphilos., 262 ff.; *Scheuner*, staatl. Einwirkung, 54; *K. Stern*, FamRZ 1976, 131.

[43] s. d. Darstellung bei *F. W. Scharpf*, Demokratietheorie, S. 29 ff.

[44] Nach *W. Steffani*, Gewaltenteilung, S. 329.

[45] z. B. neben Ländern und Gemeinden die Bundesbank, Universitäten, Rundfunkanstalten, u. ä.

[46] Gemeint ist hiermit die stufenweise politische Willensbildung und Entscheidung (öffentl. Meinung, Interessenverbände, Parteien, Parlament, Regierung), *Steffani*, 343 ff.; eine Fülle weiterer Beispiele geben *Leisner*, Festschr. Maunz, S. 269 ff. und insbes. *W. Kägi*, S. 303 ff. (von der Ressortaufteilung bis hin zu den Grundrechten).

[47] Vgl. *Steffani*, S. 352.

[48] s. *H. Peters*, Gewaltentrennung, S. 85 ff.; *Hesse*, Grundzüge, S. 195.

[49] Was allerdings nicht dazu führen darf, die innerstaatliche Gewaltenteilung abzuwerten, vgl. d. Bedenken von *Hesse*, Grundzüge, S. 197.

sowie deren Wahrnehmung durch je verschiedene Personenkreise: Kommt es allein auf die Entscheidungsautonomie wirtschaftender Subsysteme an, so ist nicht entscheidend, wie sich die interne Organisation und Verteilung von Unternehmensmacht im einzelnen darstellt und sich entwickelt, solange nur die autonom operierende Einheit Unternehmen selbst intakt bleibt[50]. Selbst eine immer weiter fortschreitende Aushöhlung des Zusammenhangs zwischen Eigentümer- und Unternehmermacht könnte weder an der gewaltenteilenden Funktion privatautonomer Wirtschaftsweise etwas ändern noch an der Verankerung des Unternehmensschutzes in Art. 14 GG. Denn gewaltenteilend wirkt nicht das Eigentum am hingegebenen Kapital allein, sondern vor allem das „Eigentum" an den zusammengefaßten Produktionsmitteln Arbeit, Kapital und Führung: Also die juristische Person als Eigentümerin des Unternehmens selbst[51].

Unübersichtlicher ist dagegen der Zusammenhang mit dem dritten Aspekt des sogenannten Funktionswandels, nämlich der zunehmenden Zusammenarbeit von Staat und Wirtschaft. Hier mag der erste Blick die Annahme einer diese Gewaltenteilung unterlaufenden Verflechtung nahe legen[52]. So hat die Forderung nach einer strikten Unterscheidung von Staat und Wirtschaft den Akzent bekommen, dem Staat seine durch diese „Identifikation" bedrohte Souveränität zurückzugewinnen[53]. In ähnlicher Weise läßt sich die Verflochtenheit von Staat und Wirtschaft als Bedrohung der wirtschaftlichen Autonomie interpretieren, da sie — augenfällig im Subventionswesen — dazu führen kann, Unternehmen vom Staat abhängig zu machen, staatlichen Dirigismus durch die Hintertür diktierter Verträge einzuführen und das an der privaten Gewinnerzielung ausgerichtete Wirtschaften durch zunehmende Gemeinwohlorientierung zu ersetzen. — So berechtigt auch beide Aspekte sein mögen, so sehr ist doch von einer Überschätzung dieser Entwicklung als Gefährdung der Autonomie von politischem bzw. wirtschaftlichem System Abstand zu nehmen[54]. Die zunehmende Dichte staatlicher Aufsicht entspricht im wesentlichen den zunehmenden Interdependenzen in einem eng besiedelten und industrialisierten Lebensraum. Auch der Zugriff des umverteilenden Staates auf die Erträge der Unternehmen ändert nichts am privatautonomen Charak-

---

[50] Ebenso BVerfG NJW 1979, 705, 706: „Funktionsfähigkeit".

[51] Damit erledigen sich insbesondere die Probleme der „Durchgriffstheorie" bei Stiftungen, Verschachtelungen u. ä. ein individuales Substrat aufzufinden, dazu oben C II 3. c).

[52] Vgl. *Ch. Reich*, ZfSR 1975, 399: „Verschmelzung von öffentlichem und privatem Sektor" (dazu oben C II 1. b) cc).

[53] Vgl. etwa *Böckenförde*, Staat, Gesellschaft, Freiheit, S. 206 ff.; *H. Krüger*, Staatslehre, 578.

[54] So zu Recht *Friauf / Wendt*, Eigentum, S. 75.

ter der Erzielung dieser Erträge. Die direkten und indirekten Subventionen an Unternehmen schließlich lassen sich zum großen Teil ebenso als sachgerechte Maßnahme zur Erhaltung autonomer Wirtschaftseinheiten d. h. als staatliche Hilfe zur Beibehaltung einer gewaltenteilenden Ordnung legitimitieren. Was die Abhängigkeit der politischen Ordnung von einer florierenden Wirtschaft angeht, so ist auch dies sicherlich kein novum, sondern konstante Lebensbedingung jeden Staates; sein durch die wirtschaftliche Produktivität eingeräumtes Konto kann kein Staat straflos überziehen[55]. Auch die Möglichkeit eines Formenwandels im staatlichen Verhalten bei einer partnerschaftlichen Kooperation mit der Wirtschaft sollte nicht lediglich als Gefahr für die klaren Konturen des so in seiner Macht beschränkten Rechtsstaats beschrieben werden, sondern kann auch als Chance zu einer Verwirklichung und Aktualisierung einer in ihren Funktionen geteilten und dezentralisierten Ordnung verstanden werden. Denn gerade im konkreten Zusammengehen, in der Abstimmung und im Austausch über das ökonomisch Mögliche und das politisch Wünschbare können die verschiedenen Kompetenzträger ihre hemmende und initiierende Wirkung entfalten[56]. Gegengewichtbildung *und* Koordination lassen sich geradezu als die beiden tragenden Elemente im Verfahren einer gewaltengeteilten Ordnung verstehen[57].

2. Vorläufer

Sucht man in groben Strichen diejenigen Traditionslinien nachzuzeichnen, die zum heutigen Begriff einer sozialen Gewaltenteilung hinführen könnten, so fällt der Blick zunächst einmal auf die Theorie des status mixtus[58]. Diese auf antike Schriftsteller — insbesondere auf *Polybius* Analyse der Stabilität der römischen Verfassung — zurückgehende Lehre wurde in den Verfassungskämpfen des 16. Jahrhunderts von den englischen Konstitutionalisten wieder aufgegriffen[59]; sie bot die Möglichkeit, den streitenden Parteien Machtteilhabe unter gleichzeitiger Zurückweisung weitergehender Souveränitätsansprüche zu gewähren. Denn ihr damaliger Kerngedanke war, daß Recht nur durch einen gemeinsamen Akt der sozial relevanten und autonomen Mächte gesetzt werden könne. Die Machtansprüche von König, Adel und Bür-

---

[55] Wie schon der Ausbruch der Französischen Revolution gezeigt hat.

[56] Ähnlich BVerfG NJW 1979, 709: Art. 9 III GG werde nicht nur durch Gestaltungen, die durch die „Gegensätzlichkeit der Interessen, des Konflikts und des Kampfes bestimmt sind, sondern auch durch solche, die Einigung und Zusammenwirken in den Vordergrund rücken“, Rechnung getragen.

[57] So *Vile*, Separation of Powers, S. 334, der das System von checks and balances gleichrangig in „control“ und „coordination“ verankert sieht.

[58] s. dazu *K. Kluxen*, Gewaltentrennung, S. 132 ff.

[59] s. die Darst. bei *Vile*, S. 33 ff., 53 ff.

gertum wurden so in integrationsfähiger Weise miteinander ausbalanciert. Entkleidet man diese Theorie ihres zeitbezogenen ständischen Charakters und nimmt man ihr die Beschränkung auf das Verfahren der Rechtsetzung, so wird unter der historischen Erscheinung der allgemeine Gedanke erkennbar: Zum einen Machtbegrenzung durch Kompetenzausgrenzung und Gewaltenteilung, zum anderen Staatshervorbringung und Gemeinwohldefinition durch das plurale Mit- und Gegeneinander geschichtlich gewachsener sozialer Mächte.

Das historische Substrat dieser Theorie — Stände und Feudalordnung — ist heute in der Form des 16. Jahrhunderts nicht mehr vorhanden. Ist dieser Gedanke damit notwendig zu einem „leergewordenen Gehäuse"[60] geworden? Immerhin sind Großunternehmen und Verbände heute nicht mehr staatlich-hoheitliche Gewaltenträger, sondern werden im Vorfeld der Gesellschaft gegenüber einem im Verhältnis zu ihnen mit spezifischer Souveränität ausgestatteten Staat tätig. Sie sind heute auch keine klar abgrenzbaren und von vornherein auf einzelne Bevölkerungsteile erstreckten sozialen Gestalten mehr, sondern überlagern und überschneiden sich in vielfältiger Weise. Der Einzelne gehört den verschiedensten Interessenkreisen an und ist unter Umständen Konsument, Arbeitnehmer und als Aktionär Produktionsmitteleigentümer in einem. Außerdem strebt abgesehen von den mit verfassungsrechtlichen Sonderstatus ausgestatteten Parteien heute kein Verband nach Erringung der politischen Herrschaft; die Auseinandersetzungen etwa zwischen Tarifvertragsparteien lassen sich heute nicht mehr als latenter Bürgerkrieg beschreiben.

Dennoch bleibt der Grundgedanke der Theorie von der gemischten Verfassung anwendbar: Will man nämlich nicht in der Tradition eines plebiszitären Demokratieverständnisses die institutionalisierte Organisation von Einzelinteressen von vornherein als systemfremd und demokratiefeindlich bekämpfen, so bietet sich die Neutralisierung intermediärer Mächte im Rahmen einer sozialen Gewaltenteilungslehre nach dem Modell der Theorie vom status mixtus an[61]; sie sind dann als legitime Teile und Kräfte eines machtbalancierten Systems von checks and balances zu begreifen. Jedenfalls lassen sich so die gewachsenen Mächte des Eigentums und die neuen, im Wachsen begriffenen demokratisch-sozialen Kräfte — will man nicht den Zweck des Staates einseitig dem Schutz des Eigentums oder der Durchsetzung materieller Gleichheit zuordnen — unter das gemeinsame Dach eines den sozialen Frieden garantierenden Staates bringen.

---

[60] Vgl. W. *Weber*, Trennung der Gewalten, S. 188.

[61] *E. Fraenkel*, Reformismus und Pluralismus, S. 428.

Dieser allgemeine Gedanke einer umfassenden staatlichen *und* sozialen Gewaltenteilung hat sich auf dem Kontinent vor allem bei *Montesquieu* niedergeschlagen; seine Gewaltenteilungslehre beschränkt sich keineswegs auf die klassische Dreiteilung staatlicher Gewalt[62]. Exekutive und Legislative z. B. „bedürfen einer ordnenden Macht, um sie zu mäßigen“[63]. Diese Gegenmacht ist nun keineswegs, wie das Dogma von *Montesquieu* als dem Ahnherrn allein der innerstaatlichen Gewaltenteilungsthese erwarten läßt, die richterliche Gewalt, sondern das Oberhaus als Repräsentativorgan des Adels[64]. Gewaltenteilung im Sinne *Montesquieus* ist also keine logisch-theoretische Konstruktion, sondern basiert auf den realen sozialen Schichtungen seiner Zeit; aus diesem Grund sieht er auch die richterliche Gewalt als „en quelque façon nulle“ — nämlich ohne soziale Machtbasis und damit auch ohne eigentliche Herrschaftsgewalt[65].

In England ist es vor allem *Burke*, der bereits 1790 — also zwei Jahre vor dem puristischen Terrorsystem der Jakobiner — gegenüber dem tabula-rasa-Denken der französischen Revolutionäre den freiheitssichernden Wert gewachsener sozialer Differenzierungen und Mächte verteidigt und unter Berufung auf *Montesquieu* die Siegermentalität derjenigen bekämpft, denen es darum geht, „alle Spuren des vorigen Zustandes in Religion, Verfassung, Gesetzen und Gebräuchen zu vertilgen“[66]: Wenn der Entwurf der republikanischen Staatsverfassung (die dann 1791 in Kraft getreten ist) scheitert, und der Versuch, alle Klassen soweit wie möglich „in eine gleichartige Masse zusammenzuschmelzen“, weitgehend gelingt, dann sind alle Schranken des Despotismus beseitigt. Ein neues Regime kann dann „die uneingeschränkteste Despotenherrschaft werden, die noch jemals auf dem Erdboden erschienen ist“[67].

Auf dem Kontinent war es *A. de Tocqueville*, der nach der Beseitigung der Despotien *Robespierres* und *Napoleons* die freiheitssichernde Wirkung dezentralisierender sozialer Mächte wieder neu formulierte.

---

[62] Wie insbes. *Kägi*, S. 286 ff., 291 ff. gezeigt hat; s. a. *Forsthoff*, Einleitung, S. 31 ff.

[63] *Montesquieu*, Esprit des lois, XI, 6 (ed. Forsthoff, S. 204); ähnlich sieht er die Aufteilung in verschiedene Ressorts (S. 201): „Die Vielzahl der obrigkeitlichen Ämter mildert manchmal die Obrigkeit“; s. a. XI, 4 (S. 199): „Par la disposition de choses le pouvoir arrête le pouvoir“ und anknüpfend an die Geltung der Gesetze insbes. einer geregelten Thronfolge V, 14 (S. 120): „Um eine gemäßigte Regierung zu bilden, muß man die verschiedenen Gewalten miteinander verbinden, sie ordnen, mäßigen, zum Einsatz bringen, der einen sozusagen Ballast mitgeben, damit sie der anderen widerstehen kann.“

[64] *Montesquieu*, XI, 6, S. 204.

[65] Vgl. *Forsthoff*, Einleitung, S. 36: „politisch gewichtlos“

[66] *E. Burke*, Betrachtungen über die französ. Revolution, S. 271.

[67] Ebd., S. 275; die entstehenden Voraussetzungen für diese Nivellierung hatte allerdings bereits der zentralistische Absolutismus des Ancien Régime geschaffen, s. *Tocqueville*, Staat, Zweites Buch, pass. (S. 39 ff., 104 ff.).

Allerdings ist ihm klar, daß die Zeit des Adels und die alte Ordnung unwiederbringlich vergangen sind. Den Ersatz für die verlorenen Föderativelemente findet er in den Institutionen der amerikanischen Demokratie wieder und versucht, sie seinen Landsleuten als Vorbild nahe zu bringen. Zu den für Frankreich wichtigsten Einrichtungen zählt er hier insbesondere die lokale Selbstverwaltung: „Jedes Viertel einer Stadt ist eine kleine Nation, hat seine besonderen Interessen, seine Regierung, seine Vertretung, kurz sein politisches Leben", das sich mit seinen Besonderheiten und seinem spezifischen Selbstbewußtsein „dem alleinigen Geist der Knechtschaft widersetzt"[68]. Eine andere „notwendige Sicherung gegen die Tyrannei" sieht *Tocqueville* in der Freiheit, sich zu Vereinen zusammenzuschließen, die aus eigener Initiative und ohne Inanspruchnahme des Staates die verschiedensten Anliegen und Aufgaben erfüllen[69]. Neben der Unabhängigkeit der Gerichte und Parlaments nennt er vor allem die Pressefreiheit: „Knechtschaft kann aber nicht vollständig sein, wenn die Presse frei ist. Die Presse ist im wahrsten Sinne das demokratische Werkzeug der Freiheit[70]."

Zu den föderativen und freiheitssichernden „aristokratischen Persönlichkeiten"[71] neuer Art rechnet *Tocqueville* allerdings nicht das Eigentum. Hierfür lassen sich jedoch zwei — zeitbedingte — Gründe anführen: Zum einen steht *Tocqueville* vor allem das Feudaleigentum des Adels vor Augen, dem er keine Zukunft mehr gibt. In einem kurz vor Ausbruch der Februarrevolution verfaßten Memorandum beschreibt er dieses Eigentum als von der Revolution noch stehengelassenes Privileg, „als letzter Rest einer untergegangenen aristokratischen Welt; es steht allein noch aufrecht als ein isoliertes Privileg inmitten einer gleichgemachten Gesellschaft"[72]. Er hat dieses Eigentum — selbst gelegentlich in Geldnöten und ohne jede Ader für das Erwerbsleben[73] — im übrigen auch nie mit anderer Begründung, etwa religiös, moralisch, naturrechtlich oder utilitarisch verteidigt. Zu gewiß ist ihm, daß die Gleichheit auch diese letzte Bastion noch schleifen wird.

Zum anderen ist er voller, zu seiner Zeit nur allzu berechtigter Vorbehalte gegenüber der am geschichtlichen Horizont sich abzeichnenden neuen „aristokratischen" Klasse der Fabrikanten. Denn diese neue

[68] *Tocqueville*, zit. nach *O. Vossler*, Tocqueville, S. 115.

[69] *Tocqueville*, Demokratie in Amerika, 1. Buch, Teil II, Kap. 4 (S. 220).

[70] Ebd., 2. Buch, Teil IV, Kap. 7 (S. 820); zur Pressefreiheit s. a. 1. Buch, Teil II, Kap. 3 (S. 206 ff.).

[71] Ebd., S. 820 u. Staat, II, Kap. 5 (S. 72) zur „alten" Aristokratie: „Hat ein Volk die Aristokratie in seiner Mitte zerstört, so eilt es ganz von selbst der Zentralisation entgegen."

[72] *Tocqueville*, Erinnerungen, S. 50.

[73] Vgl. *Vossler*, S. 162 f.

Elite sieht er frei von den personalistischen und patriarchalen Bindungen, wie sie in ihm als dem Erben eines siebenhundert Jahre alten Adelsgeschlechtes lebendig sind. Vier Jahre vor den *Marx*'schen Pariser Manuskripten beschreibt *Tocqueville* die Wirkungen von Arbeitsteilung und Industrialisierung hinsichtlich Industrieherr und Arbeiter: „Der eine gleicht immer mehr dem Verwalter eines umfassenden Reiches und der andere einem Vieh[74]."

Im gleichen Jahre, in dem *Tocquevilles* zweiter Band der Demokratie in Amerika erschien, sah sich das Eigentum einem zweiten, vehement vorgetragenen Angriff gegenüber. „Was ist das Eigentum?" fragte *P. J. Proudhon* in seiner gleichnamigen Schrift: „Es ist Diebstahl!"[75]. Wenn auch seine entsprechende Abneigung gegenüber den Eigentümern Zeit seines Lebens bestehen blieb, so revidierte *Proudhon* diese Antwort mit Blick auf die objektive Funktion des Eigentums später jedoch gründlich. In der in seinem Nachlaß aufgefundenen „Theorie des Eigentums" setzt er neu an[76]: Weder in seinem Prinzip, Ursprung oder Gegenstande dürfe die Rechtfertigung des Eigentums gesucht werden, sondern allein in seinem gesellschaftlich-politischen Zweck[77]. „Der noch so vernunftgemäße und liberal eingerichtete Staat, den die gerechtesten Absichten beseelen, ist deswegen nicht minder eine ungeheure Macht, die alles um sich herum zermalmen kann, wenn man ihr kein Gegengewicht gibt. Was kann dieses Gegengewicht sein? ... Als Gegengewicht gegen die öffentliche Gewalt dienen, den Staat im Gleichgewicht halten, auf diese Weise individuelle Freiheit sichern: das ist die wichtigste Funktion des Eigentums im politischen System[78]." In einer Wendung gegen die kommunistischen Theoretiker, deren Staatsgläubigkeit *Proudhon* früh durchschaut hatte und denen er vorwarf, lediglich einen revolutionären Austausch der Rechtsträger des Eigentums vollziehen zu wollen[79], kommt der Anarchist *Proudhon* zu Aussagen, in denen seine liberale Grundstimmung unverkennbar deutlich wird: „Das Eigentum ist Absolutismus in einem anderen Absolutismus und so für den Staat auch ein Element der Teilung. Die Staatsmacht ist eine Macht der Konzentration. Man lasse ihr freien Lauf — und jede Individualität wird bald verschwinden, von der Gesamtheit aufgesogen sein; die Gesellschaft verfällt in Kommunismus. Das Eigentum ist nun im Gegensatz

---

[74] Demokratie, 2. Buch, Teil II, Kap. 20 (S. 647 ff., 648).

[75] Was ist das Eigentum?, abgedr. bei *Th. Ramm*, Ausgewählte Texte, S. 1 ff.

[76] In den hier wesentl. Passagen (Kap. VI u. VII) abgedr. bei *Ramm*, S. 265 ff.

[77] *Proudhon*, Theorie, S. 266.

[78] Ebd., S. 272 f.

[79] Zum Bruch zwischen *Marx* und *Proudhon* (1847) s. *Ramm*, Einl., S. XXII ff.

hierzu eine Macht der Dezentralisation; weil es selbst absolut ist, ist es antidespotisch und antiunitarisch[80]." Das Eigentum wird damit zum tragenden und unverzichtbaren Bestandteil einer umfassenden föderativen Gesellschaftsordnung. Die „Theorie des Eigentums" ist ein Eckpfeiler der von *Proudhon* 1863 veröffentlichten Theorie eines durchgängig gewaltenteiligen, durch jeweilige Gegenkräfte stabilisierten Föderativsystems[81], in dem — nicht ohne Analogie zur Markttheorie *Adam Smith's*[82] — Fortschritt und Gerechtigkeit sich in dem Evolutionsgefüge eines freien Spiels der Kräfte verwirklichen — oder jedenfalls verwirklichen können. „Was ist in der Tat die Gerechtigkeit anderes als das Gleichgewicht der Kräfte[83]?"

Proudhon knüpft insoweit unmittelbar an *Burke* an und kann zugleich über *Tocqueville* hinausgehen: Nachdem ein erstes Stück sozialistischer Theorie formuliert und abzusehen ist, daß hier eine mögliche Legitimation für den totalen Staat bereitliegt, wird die potentiell freiheitssichernde Kraft des Eigentums wieder sichtbar.

Mit *Burke, Tocqueville* und *Proudhon* sind die wesentlichen Vorläufer einer gesamtgesellschaftlichen Föderativtheorie seit der Französischen Revolution genannt[84]. In der bürgerlich-liberalen, mit dem Aufkommen der Erwerbsgesellschaft verbundenen Tradition gibt es nämlich nur wenige Ansätze zu einer Theorie der sozialen Gewaltenteilung[85]. In der politischen Theorie des Liberalismus dominiert entweder eine individualistisch-naturrechtliche bzw. eine gesellschaftlich-utilitaristische Begründung. Zwar impliziert auch die Begründung von individuellen Naturrechten ein Stück Gewaltenteilung, denn sie nimmt dem Wohlfahrtsstaat die Kompetenz, dort zu entscheiden, wo es um die persönlichen Zielsetzungen von Individuen geht. Für den Bereich des Wirtschaftssystems jedoch bleibt es bei einer auf ökonomische Effektivität bezogenen Argumentation, bei der gesellschaftliche Freiheitswirkungen nicht zentral, sondern eher am Rande erörtert werden. Immer-

[80] *Proudhon,* Theorie, S. 277.

[81] „Über das föderative Prinzip und die Notwendigkeit, die Partei der Revolution wiederherzustellen" (bei *Ramm,* S. 193 ff.).

[82] Dem er nach seinem eigenen Zeugnis „nächst der Bibel" am meisten verdankt (*Ramm,* Einl., S. XXII).

[83] *Proudhon,* Theorie, S. 277.

[84] Vgl. auch *Const. Frantz* (Der Föderalismus, 1879), bei dem sich der föderative Gedanke mit der Vorstellung einer Überwindung gesellschaftlicher Gegensätze verbindet (S. 159): einer eigenen Untersuchung bedürfte die konservativ-romantische Entwicklungslinie (*Hegel, A. Müller, O. v. Gierke, O. Spann,* ital. Faschismus), die jedenfalls insoweit in eine andere Tradition hineingehört, als sie dem Staat „gesellschaftliche" Organe zur vollen Machtentfaltung zuspielt, statt sie seinem Zugriff zu entziehen.

[85] Zur Stellung des polit. Liberalismus zur Frage innerstaatlicher Gewaltenteilung s. *Fenske,* „Gewaltenteilung", Gesch. Grundbegriffe Bd. 2, S. 950 ff.

hin sind sie als mehr oder weniger mitgedachte Nebenlinie der Eigentumsbegründung vorhanden.

So finden sich schon bei *B. Constant* konkrete Ansätze: Die Volkssouveränität soll nicht nur an der „Unabhängigkeit des persönlichen Lebens" ihre Schranke finden[86], sondern auch gegenüber der Gewerbefreiheit; zu Eingriffen in die Wirtschaft, insbesondere zu Subventionen habe der Staat kein Recht[87]. Allerdings überwiegt auch hier der individualistische Ausgangspunkt, denn dieses Handlungsverbot dient dem Zweck, das Gefühl, alles sich selber zu verdanken und nur auf seine eigenen Kräfte zu bauen, zu erhalten und zu stärken. Doch wenn *Constant* Gewerbefreiheit den Individualfreiheiten ausdrücklich gleichstellen will[88], so hat er dabei immerhin auch eine grundsätzliche Beschränkung der Volkssouveränität im Auge. Innerstaatliche Gewaltenteilung allein reicht ihm nämlich nicht aus, da sonst die „Gesamtsumme der Gewalt" unverändert bleibe; bei einem Zusammenschluß der getrennten (Staats)gewalten drohe Despotismus[89]. Wenn er also allgemein davon spricht, daß durch die „Trennung und das Gleichgewicht der Gewalten" Souveränität begrenzt werden solle[90], so ist hiermit auch die Kontrollfunktion gesellschaftlicher Mächte gemeint. Daß er zu diesen Mächten auch die Eigentümer zählt, zeigt seine Auffassung über die freiheitsfördernden Wirkungen des Handels: „Durch den Kredit macht er die Staatsgewalt abhängig", dem Despotismus ist das Geld nicht nur Waffe, sondern — wenn es sich nämlich in Privathand befindet — auch „wirksamster Hemmschuh"[91].

Ähnlich wie bei *Constant* sind die Gewichte auch bei *J. S. Mill* verteilt: Neben der naturrechtlichen Begründung von persönlicher Freiheit und Eigentum und der hiervon deutlich abgesetzten ökonomisch-utilitaristischen Begründung des Freihandels[92] steht — mehr am Rande — die Erwägung, daß es nicht nur ökonomisch vernünftig, sondern auch freiheitsförderlich ist, wenn sich „Straßen, Eisenbahnen, Banken, Versicherungsgesellschaften" u. ä. nicht in der Hand der Regierung, sondern in der Privater befinden[93]. Die gleiche Gewichtsverteilung wie bei Mill findet sich schließlich z. T. auch bei Neo- und Ordoliberalen: Einerseits wird Privateigentum an Produktionsmitteln im wesentlichen allein

[86] *Constant,* Freiheit, S. 63.

[87] Ebd., S. 86 ff.

[88] Ebd., S. 89.

[89] Ebd., S. 70.

[90] Ebd., S. 73.

[91] *Constant,* Über die Gewalt, Kap. XIX, S. 164.

[92] *J. S. Mill,* Die Freiheit, S. 239: Es hat das „Prinzip der persönlichen Freiheit nichts mit der Freihandelslehre zu tun".

[93] Ebd., S. 258 ff.

kraft seiner ökonomischen Effizienz und als Voraussetzung einer privaten Freiheitssphäre gerechtfertigt[94]; wirtschaftliche Machtgruppen haben in der Theorie der „Konsumentendemokratie“ keinen Platz und sind vom Staat aufzulösen[95]. Andererseits ist aber auch hier der Gedanke einer Zurückweisung potentieller staatlicher Allmacht durch die private Verfassung von Wirtschaft lebendig[96].

Dominanz des individualistischen Ausgangspunktes und die Scheu, wirtschaftlichen Mächten einen legitimen Platz in liberaler Verfassungstheorie zuzuweisen, haben im wesentlichen wohl zwei Gründe: Zum einen waren gerade die sozialen Mächte der ständisch-feudalen Ordnung die historischen Gegner liberaler Theorie und Politik; „Freiheit“ und „Autonomie“ des Individuums waren zunächst Kampfbegriffe gegen die Bevormundung durch Kirche, Stände und Staat. Zum andern ist der Liberalismus weitgehend gekennzeichnet vom Trauma einer „entgleisten“ politischen Philosophie: Angetreten im Zeichen individueller Freiheit und Selbstbestimmung wurde er — nachdem „eigene“, auf der Grundlage des Liberalismus gewachsene Mächte entstanden waren — zur Verteidigungsideologie einer neuen „Herrenkaste“[97]. Er diente lange Zeit dazu, Freiheit für wenige und Unfreiheit für viele zu begründen.

Wie jedoch heute individuelle Freiheit zu sichern ist, hängt von den Gefahren ab, die ihr heute drohen. Wenn es so ist, daß mit der Errichtung des demokratischen Sozialstaates die Lehren aus der Vergangenheit weitgehend gezogen worden sind und wenn es richtig ist, daß die „alte“ soziale Frage inzwischen im wesentlichen als gelöst betrachtet werden kann, dann kommt es heute darauf an, das historische Potential des politischen Liberalismus vor allem im Hinblick auf die nunmehr dominant gewordenen Freiheitsgefahren von seiten totalitärer und neoabsolutistischer Ideologien zu reaktivieren. Jedenfalls kann keine Rede davon sein, daß liberale Theorie und der Gedanke sozialer Gewaltenteilung d. h. die Legitimation sozialer Mächte im Rahmen einer Staats- und Gesellschaftstheorie miteinander unvereinbar sein sollten[98].

---

[94] *Eucken*, Ordo II (1949), S. 51; *ders.*, Grundsätze, S. 333; s. i. ü. die Nachweise bei *Nawroth*, Neoliberalismus, S. 403 ff.

[95] *Eucken*, Grundsätze, S. 335; *F. Böhm*, Ordo XVII (1966), S. 121.

[96] Vor allem *F. A. v. Hayek*, Weg zur Knechtschaft, S. 113; *F. Böhm*, Ordo XVII (1966), S. 119 f. („Aufteilung der Planungskompetenzen zwischen Staatsgewalt und Gesellschaftsmitglied“, S. 149).

[97] *F. Böhm*, Ordo XVII (1966), S. 122; s. a. *ders*, Festgabe Kronstein, S. 32 ff.

[98] s. *G. Briefs*, Laissez-faire-Pluralismus, S. 33 ff., 42; a. A. *Forsthoff*, Rechtsstaat im Wandel, S. 59.

3. Materielle Freiheitsaspekte

a) *Innerwirtschaftliche Gewaltenteilung*[99]

Für die verfassungsrechtlich geschützte Freiheit des Einzelnen ist eine innerwirtschaftliche Gewaltenteilung in doppelter Hinsicht relevant:

aa) Machtverteilung[100]

Der Einzelne ist keiner dieser Mächte ausgeliefert, weder was seine Arbeitsmöglichkeiten noch was seine Konsumfreiheit angeht. Selbst Monopole oder Oligopole stellen nur ein ökonomisches Machtzentrum unter anderen dar. Dies gilt nicht nur für den Globalbereich Wirtschaft insgesamt, sondern läßt sich mehr oder weniger ausgeprägt als grundlegendes Ordnungsprinzip in fast allen Wirtschaftszweigen wiederfinden. Selbst wenn einzelne Unternehmen ihren spezifischen Markt absolut beherrschen, bleibt ihre Macht begrenzt; denn sie verfügen immer nur über einen kleinen Ausschnitt des Gesamtangebotes an Gütern und Dienstleistungen, dessen der Einzelne bedarf und mit dessen Verringerung oder Fehlen er erpreßbar würde. Wenn und solange es möglich ist, auf ähnliche oder verschiedenartige Güter auszuweichen, ist der Einzelne zwar abhängig vom Funktionieren der Wirtschaft insgesamt, aber weitgehend unabhängig vom einzelnen Unternehmen und von denen, die es führen. Anders als bei einer monopolisierten Zuteilung fast aller Güter, Dienstleistungen und Arbeitsplätze durch eine zentrale Behörde sieht er sich nicht der latenten Bedrohung gegenüber, wegen der Gefahr selektiver Unterversorgung auf den aufrechten Gang verzichten zu müssen oder in anderer Weise in seinem Verhalten seine umfassende Abhängigkeit von den Sachwaltern des Produktions- und Verteilungsapparates in Rechnung stellen zu müssen.

bb) Begrenzter Unternehmenszweck

Der wesentliche Zweck privatwirtschaftlicher Unternehmungen ist die Erwirtschaftung von Gewinnen und nicht die unmittelbare Verfolgung öffentlicher Ziele. Die Bindung zwischen privatautonomen Produktionseinheiten und dem Einzelnen — und damit auch seine mögliche Abhängigkeit — beschränkt sich also auf diesen Zweck und läßt im übrigen die individuelle Personalität des Einzelnen außer Ansatz. Für wirtschaftliche Entscheidungen, etwa Kauf- oder Arbeits-

---

[99] Außer bei *Friauf / Wendt*, Eigentum, S. 71—73 und insbes. *R. Scholz*, Mitbestimmung, S. 38 ff. finden sich in der jurist. Literatur nur Nebenbemerkungen, vgl. etwa *Papier*, VVDStRL 35, 79, 82 ff., 103; *Mestmäcker*, Recht u. ökon. Gesetz, S. 191.

[100] Vgl. insbes. *v. Hayek*, Weg zur Knechtschaft, S. 113 f.

verträge, sind die individuellen Attribute einer Person — Religion, Hautfarbe, Geschlecht, politische Überzeugung — keine relevanten Kriterien[101]. Dieser Warencharakter der bürgerlichen Erwerbsgesellschaft — die Tatsache also, daß sich Menschen weitgehend nur noch als Lieferanten von Arbeits- oder Kaufkraft wahrnehmen — ist damit eine Grundbedingung nicht nur für bürgerliche Gleichheit, sondern auch für Freiheit. Für die Freiheit nämlich, die Zwecke und Ziele der eigenen Person autonom zu setzen und nicht zum Objekt derjenigen zu werden, die im Besitze der Wahrheit, jedenfalls aber im Besitze der (wirtschaftlichen) Macht sind. Die persönliche Freiheit in der Sphäre einer von „Öffentlichkeit" abgesetzten Sphäre der Privatheit konstituiert sich mithin nicht nur im staatsfreien Raum der bürgerlichen Tauschgesellschaft, sondern wird durch eben diese Einengung der Personen auf Warenproduzenten bzw. -konsumenten ermöglicht[102]: Als reine, weder dem Zugriff des Staates noch dem der Gesellschaft unterliegende Intim- und Privatsphäre[103].

cc) Concept of countervailing power

Zur weiteren Aufhellung von Freiheitswirkungen einer innerwirtschaftlichen Gewaltenteilung liegt es — dem Namen dieses ökonomischen Ansatzes entsprechend — nahe, ihn auf eine etwaige verfassungsrechtliche Aussagekraft hin zu untersuchen. *J. K. Galbraith*[104] geht von der Annahme aus, daß der Wettbewerb als hemmender Einfluß auf private Wirtschaftsmacht im großen und ganzen überholt sei; diese werde heute vielmehr „durch die Gegenkraft (countervailing power) jener im Zaum gehalten, die ihr unterworfen sind. Erstere erzeugt letztere"[105]. Diese selbsterzeugten Gegenkräfte werden in den Gewerkschaften gesehen — sie seien um so stärker, je mächtiger ihr spezifischer Kontrahent sei[106] — und in anderen Zusammenballungen von Arbeiter- und Käuferinteressen[107], die durch Lohnforderungen u. ä. einen Anteil am Reingewinn ihrer Gegner für sich buchen und so automatisch dessen Marktmacht neutralisieren würden[108].

---

[101] Vgl. etwa *F. Böhm*, Wirtschaftsordnung und Staatsverfassung, S. 40, 68; *M. Friedmann*, Kapitalismus und Freiheit, S. 43 f.

[102] Vgl. *Habermas*, Strukturwandel, S. 29 ff., S. 39 u. passim.

[103] Der Umstand, daß Markt und Medien diesen letzten Residualbereich des Individuums zunehmend besetzen, stempelt diese Feststellung nicht als Ideologie ab, sondern dieser Vorgang wird erst von dieser Prämisse aus als Freiheitsgefahr erkennbar und kritisierbar.

[104] American Capitalism. The concept of countervailing power, 1952 (zit. nach der dt. Übersetzung von 1956); s. dazu *Andreae / Glahe* (Hrsg.), Das Gegengewichtsprinzip (4 Bde.); *H. J. Seraphim*, Volkswirtschaftspolitik, S. 103 ff.

[105] *Galbraith*, S. 127.

[106] z. B. in der Stahl-, Auto-, Elektroindustrie, S. 130 ff.

[107] z. B. Einkaufsgenossenschaften, Kettenläden, Versandhandel, S. 132 ff.

[108] *Galbraith*, S. 128, 152; Galbraiths Konzept geht da nicht auf, wo sich Interessen nicht schlagkräftig organisieren lassen (Arbeitslose, Hausfrauen)

Die staats- und verfassungsrechtliche Relevanz von Galbraiths These zeigt sich einmal auf dem Felde staatlicher Aufgaben — hierin liegt wohl ihre wesentliche politische Stoßrichtung: Die Förderung vorhandener bzw. noch fehlender ökonomischer Gegenkräfte wird nicht nur zur „wichtigsten Friedensaufgabe" der Regierung, sondern sogar Rechtspflicht des Staates[109], d. h., es werden Subventionsansprüche von Kleinverbänden zwecks Errichtung von Arbeitnehmer-, Konsumenten- und Kleinhändlerkartellen begründet. Blickt man auf die Grundrechte, so gewinnt vor allem die Koalitionsfreiheit an Gewicht, deren ökonomisch-freiheitssichernde Relevanz untermauert wird. Für den Eigentumsschutz von Großunternehmen sind legitimatorische Aspekte dieser ökonomischen These dagegen nicht ersichtlich[110]; denn Galbraiths Konzept der innerwirtschaftlichen Gewaltenteilung hat nicht die unmittelbaren Freiheitswirkungen durch dezentrale Wirtschaftsorganisation im Blick, sondern im Gegenteil deren — durch Gegenkräfte zu neutralisierende — Macht. Seine These liefert also lediglich Gesichtspunkte für eine spezifische Sozialbindung etwa bei fehlenden und nicht mobilisierbaren Gegenkräften.

b) Gewaltenteilung zwischen Staat und Wirtschaft

Die wesentlichen Freiheitswirkungen des großen Produktiveigentums aber liegen darin, daß es ein Element von Gewaltenteilung zwischen Staat und Gesellschaft darstellt.

aa) Kompetenzausgrenzung

Diese gewaltenteilende Funktion läßt sich einmal vom Boden des klassisch-liberalen Verständnisses als Ausgrenzung staatsfreier Sphären beschreiben. Wenn die wesentlichen Entscheidungen im Bereich des Wirtschaftens von privater Seite getroffen werden, so sind sie damit notwendig dem Staatsapparat entzogen. Wenn Planungs- und Entscheidungskompetenzen für Produktion und Verteilung von Gütern und Dienstleistungen nicht beim Staat liegen, so ist damit die Ausübung politischer Gewalt und damit der Einsatz staatlicher Machtmittel von vornherein sachlich begrenzt. Zwar ist so auch das mögliche Anwendungsfeld für die verfassungsrechtliche Einbindung dieser Macht (insbesondere Grundrechte, Rechtsstaatsprinzip) sachlich eingeschränkt. Doch liegt gerade hierin eine wesentliche Bedingung für Stärke, Effektivität und langfristige Erhaltung dieser Freiheitsgarantien: Flächendeckende Ausweitung der Staatsmacht bis hart an den Rand individueller Residualbereiche würde bedeuten, daß die rechtsstaatlichen Garantien durch eine derartige Erweiterung ihres Anwendungs- und Geltungsbereichs in ihrer Intensität eher geschwächt als

---

und wo wegen inflationärer Tendenzen Verteilungskämpfe zwischen Gegenmächten auf dem Rücken nachfragewilliger Konsumenten ausgetragen werden können.

[109] Ebd., S. 150 f.

[110] Anders *Galbraith*, der selbst (S. 176) ohne nähere Begründung von einer „indirekten Rechtfertigung" spricht.

gestärkt würden[111]. Wie sollte etwa die — heute schon durch Umwelt- und Energieprobleme ins Schwanken geratene — Balance der drei Staatsgewalten erhalten werden können, wenn der Staat selbst die Produktions- und Verteilungsaufgaben wahrzunehmen hätte[112]? Wie ließe sich die Beachtung der Verordnungsermächtigung des Art. 80 GG bei der dann notwendigen Fülle administrativer Maßnahmen sicherstellen, wie Gefährdungen des föderativen Staatsaufbaus vermeiden? Wie wären schließlich die wirtschaftliche Entfaltungsfreiheit, die Tarifautonomie und die Berufsfreiheit zu gewährleisten[113]? Diese Probleme der faktischen, u. U. auch rechtlichen Aushöhlung rechtsstaatlicher Garantien werden allein schon durch die schlichte Ausgliederung der Wirtschaft aus dem Bereich der Staatstätigkeit vermieden.

bb) Konfliktbegrenzung

Eine Wirtschaftsordnung mit dezentraler Entscheidungsstruktur begrenzt mögliche Konflikte auf die jeweils betroffenen Wirtschaftseinheiten — räumlich, sachlich und damit auch in der Intensität. In einem zentralistischen System hingegen richten sich etwa Lohnkämpfe einer Branche gegen den Plan, gegen die durch ihn definierten und zu realisierenden Gemeinwohlinteressen und damit gegen das Ganze selbst. Wirtschaftliche Forderungen implizieren dann Forderungen nach Veränderung der politischen Herrschaftsverhältnisse, Streik wird zu Meuterei[114]. Anders im dezentralen System der Privatautonomie: Der Konflikt beschränkt sich hier grundsätzlich auf eine Branche in einer bestimmten Region; er bleibt begrenzt. Damit nimmt zugleich die potentielle Intensität derartiger Konflikte ab: Der Einsatz ist nicht höher als es dem spezifischen Konflikt adäquat ist, denn es findet keine unnötige „Überlagerung“[115] verschiedener Bereiche statt, indem eine ökonomische Frage zugleich zu einer politischen, juristischen oder Weltanschauungsfrage würde. Damit aber können Konflikte auch so ausgetragen werden, daß — jedenfalls zeitweise — ein begrenzter und akzeptierter Zustand sozialen Friedens zustande kommt. Lohnauseinandersetzungen im zentralistischen System dagegen sind Kampf einer Partikulargruppe gegen das Gemeinwohl, derartige Auseinanderset-

---

[111] So zu Recht *Böckenförde*, Der Staat 1976, S. 474 N. 32; *C. Schmitt*, Verfassungsr. Aufsätze, S. 128.

[112] Hierauf hat schon *Partsch*, ORDO VI (1954), S. 36 ff. hingewiesen.

[113] Zu diesen Fragen *Kriele*, Legitimitätsprobleme, S. 123 ff.; *Friauf / Wendt*, S. 66 ff.

[114] *H. Freyer*, Theorie d. gegenw. Zeitalters, S. 168; *Dahrendorf*, Gesellschaft und Freiheit, S. 224 f.; s. a. *Trotzki* (1937): „In einem Land, in dem der einzige Arbeitgeber der Staat ist, bedeutet Opposition langsamen Hungertod“ (zit. bei *Hayek*, Weg zur Knechtschaft, S. 128).

[115] *Dahrendorf*, Gesellschaft und Freiheit, S. 225.

zungen können also kaum stattfinden. Der Konflikt schwelt damit weiter und darf, da sonst dem System die Legitimitätsfrage gestellt würde, nicht ausbrechen. In der dezentralen Wirtschaftsordnung dagegen erlaubt die Begrenzung des Konflikts — seiner Implikationen und seiner Folgen —, Auseinandersetzungen offen zu führen[116] d. h. sie so auszutragen, daß der soziale Frieden sowohl in anderen Bereichen ungefährdet bleibt als auch im Konfliktbereich ein expliziter „Friedensvertrag" der Kontrahenten möglich wird.

cc) Offenheit und Reversibilität

Es werden nicht nur Konflikte begrenzt, sondern auch die Auswirkungen möglicher Fehler. Wenn eine zentrale Instanz entscheidet, so wirkt eine Fehlentscheidung flächendeckend und richtet größeren Schaden an als die einer autonomen Teileinheit. Im dezentralen System wird keine Teilkatastrophe ohne weiteres zur Totalkatastrophe[117]. Zwar setzen sich auch förderliche Innovationen nicht schlagartig durch, sondern müssen sich erst über das Steuerungsinstrument des Marktes durchsetzen; doch ist es gerade der Vergleich mit konkurrierenden „Altsystemen", der erst die wirkliche Beurteilung der Vor- und Nachteile von Innovationen ermöglicht.

Wenn ein dezentrales Ordnungs- und Entscheidungsmodell sich widersprechende und konkurrierende Einzelentscheidungen erlaubt — und in der Regel wegen der Verschiedenheit von Interessen, Werten, Beurteilungen u. ä. auch tatsächlich zur Folge hat —, dann liegt hierin nicht nur ein Effektivitätsvorsprung, sondern auch ein Freiheitsvorsprung. Denn es bietet real existierende — nicht nur in einer „Möglichkeitswelt" denkbare — Alternativen, an denen sich individuelle und gesellschaftliche Wahlfreiheit orientieren kann.

Diesem Freiheitsgewinn, dieser konkreten Offenheit nach vorne entspricht eine erleichterte Revidierbarkeit von bereits getroffenen Entscheidungen. Da sie begrenzt, in ihrer Reichweite absehbar und hinsichtlich der Verantwortung einem genau bestimmbaren Entscheidungsträger zugeordnet sind, entfällt der langwierige Prozeß einer den bürokratischen Wächtern des Gemeinwohls gegenüber zu erbringenden Revisionsbegründung. In noch größerem Umfang besteht dieser Freiheitsvorsprung hinsichtlich der Reversibilität der Systementscheidung selbst: Sind gewachsene dezentrale Einheiten einmal von einer

---

[116] *Fraenkel*, Reformismus und Pluralismus, S. 427.

[117] *C. F. v. Weizsäcker*, Merkur 1978, S. 767; *Rittner*, Funktionen des Eigentums, S. 22 f.; s. a. *E. Streißler*, Privates Produktiveigentum, 76 ff., 95 ff., der den Gesichtspunkt der Effizienz allerdings verabsolutiert — das GG bezweckt den Schutz persönl. und gesellsch. Freiheit, nicht ökonomischer Effizienz.

Zentralmacht übernommen oder zerstört, so ist es dieser Gewalt offenbar nur schwer möglich, ihren Griff von sich aus wieder zu lockern oder Kompetenzen abzugeben.

dd) Reduktion von Komplexität

Herausbildung und Differenzierung von weitgehend autonomen Subsystemen bedeutet Reduktion von Komplexität[118]. Die „Richtigkeit" einer Entscheidung bemißt sich zunächst lediglich nach den Kriterien desjenigen Subsystems, von dem sie getroffen wird. Wer z. B. einen Betrieb errichten will, braucht nur nach den Gewinnchancen zu fragen, wer ein Haus baut, nur danach, ob es seinen Wohnbedürfnissen entsprechen wird. Über weitere Konsequenzen seines Tuns braucht er explizit nicht bzw. nur im Rahmen seines spezifischen Rationalitätskriteriums nachzudenken: Ob sein Vorhaben in die Landschaft paßt, ob es die Landesverteidigung behindert oder nicht, was es Dritten zumutet usw., also alle komplexen und von ihm nicht übersehbaren Folgen seiner Entscheidung für das Gemeinwohl. Indem — soweit möglich — überblickbare und damit verantwortbare Entscheidungen ermöglicht werden, wird ein Stück Freiheit autonomer Entscheidungsträger konstituiert. Ihr entspricht deren volle und alleinige Verantwortung im Rahmen der vorgegebenen Rationalitätskriterien[119].

Zugleich wird auch der Staat als Repräsentant des Gesamtsystems von der Realisierung der in den jeweiligen Subsystemen aggregierten spezifischen Komplexität und Vernunft freigestellt: Er braucht nicht allgemein und verbindlich zu entscheiden (und darf es auch nicht), welches Haus etwa Wohnbedürfnisse besonders gut befriedigt oder welche Rundfunksendungen oder Bücher dem Gemeinwohl so dienen, daß ihre Produktion gerechtfertigt ist. Auch in dieser Entlastung des Staates liegt ein Stück Freiheitssicherung für den Einzelnen: „Meine Freiheit als einzelner besteht darin, daß ich mit meinem Votum als Bundestags- oder Landtagswähler nicht auch meine Interessenvertretung als Arbeitnehmer oder Beamter, als Elternteil oder Rundfunkhörer, als Hausbesitzer oder Sparer entschieden habe und in allen diesen Lebensbereichen auf politisch gleich vorprogrammierte Entscheidungs- und Verwaltungsinstanzen treffe[120]."

---

[118] s. *Luhmann*, Grundrechte als Institution, S. 19 ff., 33, 172 ff., 186 ff. u. passim.

[119] *Schelsky*, Systemüberwindung, S. 56: Sie hätten eine „je eigentümliche Herrschaftsselbständigkeit"; Schelskys weitergehende Behauptung, daß diese autonomen Einheiten allein Sachgesetzlichkeiten folgten und daher auch von demokratiefreigestellten Sachkennern zu führen seien (a.a.O.), ist aus ihrer gewaltenteilenden Funktion nicht herzuleiten. Denn die Aufteilung individueller Interessenwahrnehmung auf verschiedene Machtträger besteht unabhängig von deren Binnenstruktur, wie schon das Beispiel etwa der Tarif-

ee) Präventivwirkung gegenüber Totalitarismus

Private Unternehmungen sind wie andere gesellschaftliche Verbände in ihrer gewaltenteilenden Funktion — unabhängig von ihrer Rückführbarkeit auf die Personalität einzelner Individuen — potentielle Bastionen gegen den politischen Totalitarismus. Denn ebenso wie Herrschaftssysteme absoluten Charakters zur Gleichschaltung und Einebnung gesellschaftlicher Differenzierungen neigen, erzeugen homogene soziale Verhältnisse die Tendenz zu cäsaristischer Herrschaft[121].

Basis — oder Überbau — für einen großen Teil derartiger Entwicklungen ist seit der „zweiten" Französischen Revolution von 1792[122] ein plebiszitär-identitäres Verständnis von Demokratie. Demokratie wird hier verstanden als „Identität von Herrschern und Beherrschten"[123] und beruht — so *C. Schmitt* im Anschluß an *Rousseau* — auf der Voraussetzung einer „völligen Homogenität und Einheitlichkeit"[124]. Wenn durch den Besitz etwa die politische Gleichheit gestört oder gefährdet sei, wäre es „nicht demokratisch", sich auf die Heiligkeit des Privateigentums zu berufen[125]. Es liegt auf der Hand, daß gegenüber diesem Idealbild die Wirklichkeit des parlamentarisch-demokratischen Verfassungsstaates als Korrumpierung im Interesse der jeweiligen Privilegieninhaber erscheinen muß[126].

Die Praktiker der Identitätstheorie geraten allerdings dann, wenn sie an die Macht gelangen, in einen circulus vitiosus absoluter Machtentfaltung: Sie haben zunächst einmal Privilegien zu beseitigen, die durch nichts anderes als gerade durch ihre Andersartigkeit definiert sind d. h., sie haben sich dem Geschäft der „Ausscheidung oder Vernichtung des Heterogenen"[127] zu widmen. Dies jedoch ist eine Sisyphusarbeit ohne Ende, denn eine völlig egalitäre und homogene Gesellschaft ist nicht herstellbar[128]. Je weitergehend Homogenität viel-

---

vertragsparteien oder der Gemeinden zeigt, deren Führungseliten demokratisch legitimiert sind.

120 Ebd., S. 57.

121 Dies ist jedenfalls die grundlegende Erfahrung der frühen Theoretiker eines umfassenden Föderativsystems (*Burke, Tocqueville, Proudhon*); die Beispiele reichen vom antiken Sparta über den Absolutismus und Robespierre bis hin zum modernen Totalitarismus faschistischer und kommunistischer Prägung.

122 Die im Gegensatz zur „ersten", bürgerlichen Revolution von 1789 totalitären Charakter hatte, vgl. *Fraenkel*, Reformismus, S. 358 ff., 400 f.; *ders.*, Westliche Demokratie, S. 205 ff.; *Kriele*, Staatslehre, S. 224 ff.

123 *C. Schmitt*, Verfassungslehre, S. 234.

124 Ebd., S. 294.

125 Ebd., S. 256.

126 s. dazu *Kriele*, Staatslehre, S. 166 ff., 266 f.

127 *C. Schmitt*, Geistesgesch. Lage d. Parlamentarismus, S. 14.

128 *E. Fraenkel*, Reformismus, S. 359; *Dahrendorf*, Ungleichheit, S. 32.

mehr erzwungen wird, desto stärker springen die noch verbleibenden Ungleichheiten ins Auge[129]. Sie sind es dann, die dem egalitären Totaliterarismus immer wieder Aufgabe und Legitimation geben[130].

Der historische Gegner einer sozialen Gewaltenteilung ist also nicht ein individualistisch gefärbter Liberalismus, sondern die rousseauistische Tradition der Identität von Untertanen und Herrschern[131]. Für eine begrenzte Souveränität des Staates durch Kompetenzbeschränkung sowie seiner Organe durch innerstaatliche Gewaltenteilung oder auch einer begrenzten Souveränität von Interessenverbänden ist in ihr folgerichtig kein Platz. „Um den Gemeinwillen richtig zum Ausdruck zu bringen, ist es von maßgeblicher Bedeutung, daß es im Staat keine Sondergruppen gibt und jeder Bürger sich seine Meinung selbständig bildet[132]." Nur wenn die Bürger frei sind von der Beeinflussung durch Machtansprüche stellende Partikulargruppen, kann sich die volonté génerale durchsetzen. Wie dies geschehen soll, wenn — wie in jeder historischen Situation — geschichtlich gewachsene Partikulargruppen bereits vorhanden sind, sagt *Rousseau* nicht; so konnte er zum Stammvater totalitärer Ideologen von Robespierre bis hin zu Lenin werden[133].

Wo aber Kompetenzen und Apparaturen zur totalen, alle Lebensbereiche umfassenden Herrschaft bereitliegen und nicht erst gesellschaftliche Widerstandsnester zerstört werden müssen, ist der Griff nach der absoluten Staatsmacht so wahrscheinlich wie das In-die-Handnehmen eines umherliegenden Werkzeugs. „Nichts Mögliches bleibt latent, und es gibt keine Machtmittel, die brachlägen[134]."

Die Existenz heterogener, differenzierter und differenzierender sozialer Mächte ist mithin geradezu identisch mit der Abwesenheit eines egalitären Totalitarismus: Das Grundprinzip der repräsentativ-pluralistischen Demokratie ist Vielfalt[135]. Wenn also in der schrittweisen

---

[129] „Der Haß der Menschen gegen das Vorrecht wächst in dem Grade, in dem die Vorrechte seltener und kleiner werden", *Tocqueville*, Demokratie in Amerika, S. 790; s. a. *ders.*, Der alte Staat und die Revolution, 3. Teil, Kap. 4 u. 5, S. 175 ff.

[130] Hinzu tritt dann noch der Zwang, mittels Manipulation, Volkspropaganda und anderer Mittel den „Anschein des gewonnenen Paradieses" (*Dahrendorf*, Ungleichheit, S. 32 FN. 22) zu erwecken und zu erhalten.

[131] Vgl. *E. Fraenkel*, Westliche Demokratien, S. 205 ff.; *ders.*, Reformismus, S. 400 f., 424 ff.

[132] *Rousseau*, Contrat Social, Buch II, Kap. 3; gegen die innerstaatliche Gewaltenteilung („Taschenspielerkunststück"), ebd., Kap. 2.

[133] „La terreur ist das Werk von Männern, die in Sparta und Rom ihre geistige Heimat und in Rousseau ihren geistigen Ahnherren erblickten", *E. Fraenkel*, Westliche Demokratien, S. 218.

[134] *H. Freyer*, Theorie d. gegenw. Zeitalters, S. 166.

[135] Vgl. *Dahrendorf*, Gesellschaft und Freiheit, 241 f.; s. a. *v. Humboldt*, Grenzen der Wirksamkeit, S. 22 ff., 31, der für die Entfaltung des Einzelnen „Mannigfaltigkeit der Situationen" fordert (22).

Beseitigung intermediärer Mächte die Tendenz liegt, günstigere Bedingungen für einen möglichen Totalitarismus herzustellen, so müssen diese gesellschaftlichen Subsysteme auch ihren legitimen Platz in Theorie und Normengefüge einer repräsentativ-demokratischen Verfassung haben. Die richtige Frage ist dann nicht, ob personaler Charakter der Grundrechte und Grundrechtsschutz von Großunternehmen miteinander vereinbar sind[136], sondern wie das Anwendungsgebiet der Grundrechte in Ausdehnung und Intensität sein muß, um den von ihnen bezweckten Schutz personaler Freiheit effizient d. h. auch im gesellschaftlichen Vorfeld gewährleisten zu können.

Hinzuweisen ist schließlich auf die Analogie zwischen sozialer Gewaltenteilung und anderen natur- und gesellschaftswissenschaftlichen Paradigmen: Dezentralität, Konkurrenz, Kampf um Nischen, die Verfahren von checks and balances sowie von trial und error auf abgegrenzten Teilbereichen kennzeichnen nicht nur liberale Wirtschaftstheorie seit *Ad. Smith,* sondern haben ihre Parallelen in *Darwins* Evolutionstheorie, in *Poppers* Wissenschaftstheorie und schließlich auch in liberaler Verfassungstheorie[137]: Der demokratische Verfassungsstaat sichert den jeweils erreichten Differenzierungsgrad autonomer Subsysteme und damit den erreichten Stand des Fortschritts in seinem Recht und in seinen Institutionen, er basiert auf dem Konkurrenzkampf der politischen Meinungen und Parteien und er ist offen für immer neue Lösungen, wenn diese auf Teilbereichen stattfinden und nicht als tabula-rasa-Pläne für eine völlige Neukonstruktion die politischen und gesellschaftlichen Evolutionsbedingungen gefährden.

III. Soziale Gewaltenteilung und Sicherung der Individualfreiheit

Wenn einerseits sozialen Mächten der Status von Grundrechtsträgern eingeräumt wird, wenn andererseits die Grundrechte in erster Linie Freiheit und Würde des Einzelnen schützen wollen[138], so stellt sich die Frage, ob man nicht den Teufel mit dem Beelzebub austreibt: Anstelle des übermächtigen Staates bedrohen nun übermächtige Verbände das Individuum. Dabei geht es weniger um einen neo-feudalen oder -ständischen Charakter dieser Mächte: Grundrechtsträgerschaft verleiht weder Hoheitsgewalt oder äquivalente Macht noch sind die Grundrechte mögliche Abwehrrechte des Einzelnen gegen Bedrohungen durch gesellschaftliche Mächte. Die Frage nach einem möglichen Leerlaufen des eigentlich intendierten Schutzes der privaten Einzelnen stellt sich also vor allem als Frage nach der Souveränität und Handlungsfähigkeit des Staates. Denn er ist es, der im wesentlichen pri-

[136] Hier liegt der eigentliche Regelungsgehalt des Art. 19 III GG: Die Grundrechte sichern nicht nur individuelle Autonomie, sondern auch die Zwecksetzungskompetenz juristischer Personen.

[137] Dazu *Kriele,* Staatslehre, S. 165 ff.

[138] BVerfG NJW 1979, 699 ff.

vate Freiheit im gesellschaftlichen Raum konstituieren, sichern und ausbauen kann; er ist der Adressat der Grundrechte, für ihn können sie Handlungs- und Unterlassungspflichten begründen.

1. Rationalitätsdefizit?

Es liegt nahe, den Gedanken sozialer Gewaltenteilung als verfassungsrechtliche Wiederauflage eines laisser faire zu interpretieren[139], in dem das Vertrauen darauf, daß zusammenhanglos sich äußernde Einzelwillen zu Fortschritt und Gemeinwohl führen könnten, in Wirklichkeit bedeutet, die Rationalität des Gesamtsystems und seiner Entwicklung dem blinden Zufall oder den jeweils Mächtigen zu überlassen.

Hier ist zweierlei zu bedenken: Zum einen ist schon nach klassischer liberaler Theorie nicht nur die Erhaltung der Bedingungen von Markt und Pluralität Aufgabe des Staates, sondern auch die Wahrnehmung der vom Markt und von den Interessengruppen nicht repräsentierten Bedürfnisse und Gruppen sowie schließlich die präventive und repressive Abwehr der aus der Verfolgung rein privater Ziele sich ergebenden Gefahren für das Gemeinwohl und für die Freiheitsrechte Dritter[140]. Insoweit gibt es also auch für die Unternehmen eine Instanz, die verbindlich Gemeinwohl definiert und verbindlich darüber entscheidet, welche privaten Interessen (kraft ihrer Fundamentalität oder als Minderheitsrechte)[141] Vorrang genießen. Allerdings findet diese unmittelbare Konkretisierung des Gemeinwohls — abgesehen von grundrechtlichen Zielbestimmungen — nur implizit statt, nicht als ausdrückliche Formulierung eines gesellschaftlichen Leitbildes und Entwicklungszieles, an dem staatliche und gesellschaftliche Aktivitäten sich messen lassen müßten.

Zum anderen ist es zwar richtig, daß die Verwirklichung von Vernunft und Gerechtigkeit in der Gesellschaft zu einem großen Teil dem freien Spiel der Kräfte überlassen und nicht von einer zentralen Stelle verbindlich wahrgenommen wird. Doch auch der Grund hierfür liegt nicht in einem blinden Vertrauen auf die „invisible hand", die alles zum Guten führt und aus „private vices" „public benefits" macht, sondern in der geschichtlichen Erfahrung, daß es zwar Gemeinwohl gibt, und daß es auch formuliert werden kann, aber eben mit verschiedenen Ergebnissen. Wenn es nun so ist, daß es keine allgemein kon-

---

[139] s. dazu *v. Arnim*, Gemeinwohl, S. 148 ff.

[140] Zu den Staatsfunktionen bei *Ad. Smith* s. *Tuchtfeldt*, ORDO Bd. 27 (1976), S. 29 ff.; sie reichen von der Bekämpfung von Wettbewerbsbeschränkungen (Wohlstand, S. 112) bis hin zu staatlicher Preisfestsetzung bei fehlender Konkurrenz (ebd., S. 124).

[141] Vgl. *Kriele*, Rechtsgewinnung, S. 235 ff. u. Staatslehre, S. 29 ff., 50 ff. sowie Recht u. prakt. Vernunft, S. 58 f.

sentierten Methoden oder Kriterien gibt, eine dieser Auffassungen als die wahre und ideologiefreie herauszufinden, so kommt es entscheidend darauf an, daß keine von ihnen verbindlich gemacht wird. Denn es kann nur im freien Diskurs und nur auf der Basis von Einsicht und Überzeugung die Chance bestehen, daß so etwas wie Rationalität des Gesamtsystems und Vernunft in der Gesellschaft sichtbar werden[142]. Indem die Chance für einen vielleicht möglichen, jedenfalls aber Näherungsschritten zugänglichen, gerechten Endzustand der Gesellschaft offengehalten wird, wird zwar auf die Herstellung einer umfassenden Vernunft hier und jetzt verzichtet d. h. bestehende Unvernunft und Ungerechtigkeiten werden somit bewußt in Kauf genommen. Damit wird jedoch der geschichtlichen Erfahrung Rechnung getragen, daß die Durchsetzung von Vernunft und Gerechtigkeit durch Zwang und Befehl statt durch Einsicht und Überzeugung bisher noch immer in den Polizeistaat oder in den Bürgerkrieg geführt hat.

2. Ideologischer Charakter?

Die Begründung von Grundrechtsschutz für soziale Mächte kommt den Inhabern dieser Macht zugute, für den Bereich der Eigentumsgarantie also denjenigen, die über die Produktionsmittel verfügen. Ist der Gedanke sozialer Gewaltenteilung also eine „affirmative“[143] Ideologie, die dem Staat zugunsten partikularer Interessen umfassend die Hände bindet oder ihn gar in den Dienst dieser Interessen zu stellen sucht?

Nun ist der Ideologieverdacht ständiger Begleiter jedes, der sich — mit welchen Ergebnissen auch immer — mit der Eigentumsgarantie beschäftigt; dies liegt offenbar in der Natur der Sache. So (un)berechtigt Ideologiekritik jeweils auch sein mag, widerlegen bzw. erhärten läßt sie sich nur selten. Entsprechende Argumentationen führen vielmehr meist zu einer Vertiefung des Konflikts, weil sie ihrerseits einem — nunmehr gesteigerten — Ideologieverdacht unterliegen: Sie können eigentlich nur auf dem mangelnden Willen oder der mangelnden Fähigkeit des Kontrahenten beruhen, die objektive Funktion seiner Argumente zu erkennen. In gleicher Weise allerdings bestätigt man den Ideologievorwurf, wenn man — wie dies hier geschehen soll — auf eine entsprechende Verteidigung verzichtet.

---

142 Also nicht dadurch, daß der Mensch Einsicht in den göttlichen Schöpfungsplan gewinnt und sich zum Herrn seiner Geschichte macht, indem er sie selbst in die Hand nimmt, sondern indem er ohne hybride Selbstüberschätzung seine Grenzen einhält (*Ad. Smith, W. v. Humboldt, J. S. Mill*). Insoweit ist der Deismus schon der frühen Liberalen mehr als ein höflich formulierter Atheismus: Ihm liegt das Vertrauen und die Hoffnung auf das Weiterwirken des göttlichen Plans in der Geschichte zugrunde (s. a. *M. Hereth*, A. Smith, S. 83 ff.).

143 Vgl. etwa *Hartwich*, Sozialstaatspostulat, S. 353 ff.; *Däubler*, Eigentum, S. 219; anders *Abendroth*, Grundgesetz, S. 78 f.

Immerhin verliert der erhobene Ideologievorwurf an Gewicht, wenn man sich vor Augen hält, daß die Antinomie zwischen Arbeitern und Arbeitgebern nur noch stark abgeschwächt und als gesellschaftlicher Teilkonflikt fortbesteht. Denn der Klassengegensatz hat sich heute im wesentlichen auf den Verteilungskampf reduziert; hier aber besteht verfassungsrechtlich garantierte Waffengleichheit heterogener Gesellschaftsorganisationen. Was die „Macht- und Ausbeutungsmechanismen“[144] angeht, so läßt sich nur konstatieren, daß sie seit einem Jahrhundert konstant im Schwinden begriffen sind. Zum einen im allgemeinen Bewußtsein: Die Arbeitnehmer haben es offensichtlich abgelehnt, sich diejenige Interpretation zu eigen zu machen, die ihre Arbeitsverhältnisse ausschließlich als Ausbeutung im Interesse der Kapitalinhaber beschreibt. Dies ist auch nicht verwunderlich, denn die „rechnerische“ Aneignung des von ihnen erzeugten Mehrwerts liegt als „Ausbeutung“ jenseits des durch die Erlebnisse im 19. Jahrhundert abgesteckten Erfahrungshorizonts. Zum anderen entspricht dieses Bewußtsein der Realität und spiegelt die Entwicklung des sozialen Rechtsstaats mit seinen umfassenden Bestimmungen zum Schutze der Arbeitnehmer wider — vom Arbeitsplatzschutz bis hin zur sozialen Sicherung durch Renten-, Kranken- und Arbeitslosenversicherung. Der alte Klassengegensatz ist heute zu einem begrenzten Konflikt unter anderen geworden[145]; im übrigen existiert ein breiter, Integration ermöglichender nichtkontroverser Sektor mit einem generellen Konsens.

Außerdem ist auch für denjenigen, der sich den Ideologievorwürfen gegen die These vom Verfassungsschutz auch des Großunternehmens kraft seiner gewaltenteilenden Funktion anschließen wollte, folgendes zu bedenken: Die Gefahr, daß der Staat gegenüber der Vielzahl organisierter Interessen handlungsunfähig wird oder gar zur Beute einer bestimmten gesellschaftlichen Schicht werden könnte, kann mit der entsprechenden Gefahr des Totalitarismus bei einer weitgehend homogenisierten Gesellschaft kaum gleichgestellt werden. Denn die Ziele einer jeweiligen Klassenherrschaft sind begrenzt und erreichbar. Auch kann sich eine Partikulargruppe nur dadurch an der Macht halten, daß sie ihre Maßnahmen als im öffentlichen Interesse stehend legitimiert. Insoweit besteht ein innerer Zwang, wenigstens den Anschein von Rechtsstaatlichkeit und Beachtung von Menschenrechten zu wahren[146]. Außer-

---

[144] *Hartwich*, S. 354.

[145] Auf die „Neue Soziale Frage“ (*Biedenkopf*) hat *Scheuner* schon 1960 aufmerksam gemacht (Staatstheorie, S. 509): „Vielleicht sollten schon längst andere Schichten zum Gegenstand sozialpolitischer Aufmerksamkeit geworden sein, als nur die Arbeiterschaft, deren Aufstieg zu sozialer Anerkennung und ausreichender Teilhabe am Gesamtprodukt ... als vollzogen angesehen werden kann.“

[146] Vgl. *Kriele*, Recht u. prakt. Vernunft, S. 11.

dem ist für die Klasse, die sich des Staatsapparates bemächtigt hat, keine Notwendigkeit ersichtlich, auch diejenigen Rechte und Freiheiten zu unterdrücken, deren Wahrnehmung sie in ihrem spezifischen Klasseninteresse nicht gefährdet.

Anders im totalitären System einer Weltanschauungselite: Hier wird nicht nur richtiges Verhalten, sondern auch richtiges Bewußtsein gefordert. Denn der Anspruch im Totalitarismus geht aufs Ganze; die Ziele irdischer Heilsgewißheit und politischer Erlösungsmythologie sind anders als die Durchsetzung schlicht egoistischer Partikularinteressen grundsätzlich unbegrenzt und tendieren von sich aus zu Repression und Erziehungsdiktatur. Die Verteidigung und Verwirklichung der objektiven und vom Klasseninteresse unterdrückten Wahrheit fordert und rechtfertigt jedes Opfer: Von der zwangsweisen Belehrung und Erziehung der noch Irrenden bis zur Ausschaltung derjenigen, die sich endgültig als Feinde von Wahrheit und Gerechtigkeit ausgewiesen haben.

3. Souveränitätsverlagerung?

Die Auslegung und Legitimation eines Grundrechts vom Gedanken sozialer Gewaltenteilung her ist nicht nur für die Eigentumsgarantie relevant, sondern für eine Fülle anderer Grundrechte ebenso; der Koalitionsfreiheit z. B. sowie der Presse- und Wissenschaftsfreiheit ist dieser institutionelle Bezug von vorneherein immanent[147]. Dezentralität läßt sich als „durchgängiges Strukturprinzip innerhalb der gesamten Grundrechtsordnung“[148] auffinden[149]. Grundrechtsschutz wird also nicht nur für natürliche Personen, sondern teleologisch aus der gewaltenteilenden Funktion der einzelnen Grundrechte heraus auch für gesellschaftliche Mächte konstituiert — und zwar unabhängig von deren Binnenstruktur allein kraft ihrer Existenz als autonomer Entscheidungsträger. Damit wird die Fundierung eines umfassenden „organisationsrechtlichen Grundrechtsverständnisses“[150] möglich, in dem die Grundrechte auch zu Kompetenz- und Freiheitsrechten sozialer Verbände als gesamtgesellschaftlicher Organe werden.

Daß in dieser verfassungsrechtlichen Absicherung gesellschaftlicher Kompetenzen die Gefahr liegt, staatliche Souveränität und Handlungsfähigkeit allzuweit zugunsten sozialer Mächte zu verkleinern, wird niemand bestreiten können. Aber sie darf auch nicht überschätzt werden.

---

[147] s. *R. Scholz*, Mitbestimmung, S. 39, und Grenzen staatl. Aktivität, S. 123 ff.; zur Meinungs- und Pressefreiheit, s. *Kriele*, Staatslehre, S. 339.

[148] *R. Scholz*, Mitbestimmung, S. 39.

[149] Vgl. *Scheuner*, Staatstheorie, S. 135 ff.; *Zacher*, Der Staat 1970, S. 161 ff.; *Häberle*, Verfassung, S. 121 ff., 143 ff.; eine Übersicht über die neuere Literatur zur gesellschaftlichen Machtbildung durch Verbände gibt *W. Schmidt*, Der Staat 1978, S. 244 ff.

[150] s. *Leisner*, DÖV 1975, 77.

Denn erstens wird heute ausdrücklich anerkannt, daß der Staat mit den Partikulargruppen nicht auf eine Stufe gestellt werden kann[151], sondern einen Verband sui generis bildet. Er hat die Funktion, das „Parallelogramm der ökonomischen, sozialen und politischen Kräfte“[152] so zu verschieben, daß Gemeinwohl als Resultante möglich wird, er hat die Verwirklichung oligopolistischer Ansprüche sozialer Teilgewalten zu verhindern und schließlich hat er die Interessen der nichtorganisierbaren und damit schwächsten Bevölkerungsteile wahrzunehmen[153].

Zweitens ist die Redeweise von der Macht der Verbände über den Staat selbst ein normativer topos, in dem sich das Fehlen quantitativer Erfassungsmethoden ebenso niederschlägt wie der unvermeidbare Abschied von einem allzu gottvaterähnlichen Staatsbild. Will man nicht schon die Existenz eines verbreiteten, entsprechenden Unbehagens als hinreichendes Indiz für die Realität des ihm zugrunde liegenden Vorgangs nehmen, so ist die Frage nach der durch Verbandsmacht gefährdeten Souveränität des Staates jedenfalls offen.

Sollte sie zu bejahen sein, so wäre drittens zu fragen, welche erfolgversprechendere Alternative zur Erhaltung staatlicher Souveränität in Betracht käme als die institutionalisierende Einbindung dieser Mächte in die Verfassung. Eine Verfassungs- und Staatstheorie jedenfalls, die Verbände zu verfassungsrechtlichen persona non grata erklärt und sie soweit wie möglich aus ihrem Gegenstandsbereich fernhält, nimmt sich selbst die Möglichkeit differenzierender und regulierender Einflußnahme. Denn Verbandsmacht hat da die größere Durchsetzungschance, wo eine rechtlich nicht verfaßte Grauzone besteht, wo es also keinen rechtlichen Standard gibt, an dem diese Machtausübung sich messen und legitimieren lassen müßte. Dieser Standard aber läßt sich nur gewinnen, wenn man bereit ist, zwischen verfassungslegitimer und -illegitimer Machtausübung zu unterscheiden d. h. auch eine legitime Verfassungs - und Gesellschaftsfunktion von Verbänden, sc. des „Großeigentums“ anzuerkennen bereit ist[154].

Viertens darf Gewaltenteilung zwischen Staat und Eigentum nicht als Teilung der politischen Herrschaft mißverstanden werden[155]; im demokratischen Verfassungsstaat ist die Ausübung von Herrschaft beim Staat und seinen Organen monopolisiert.

[151] So zunächst *H. Laski* (1916), der diese Auffassung allerdings später (1938) explizit aufgegeben hat; s. d. Darst. bei *Fraenkel*, westl. Demokratien, S. 203 ff.

[152] *Fraenkel*, Reformismus, S. 430 (ff.).

[153] Ebd., S. 424 ff., 432 f.

[154] Dies jedenfalls dann, wenn der Verfassungstext mehr sein will als Organisations- und Handlungsgrundlage allein des staatlichen Apparates.

[155] Vgl. aber *Schelsky*, Gewaltenteilung, S. 56, der von politischen und wirtschaftlichen „Herrschaftspositionen“ spricht.

Es ist daher auch Vorsicht gegenüber der These angebracht, daß der Entlastung des Staates von bestimmten Aufgaben, insbesondere der zentralen Wirtschaftsführung und -verwaltung, ein nicht auf die Staatsgewalt übertragener, sondern zurückbehaltener Teil der Volkssouveränität zugrunde liege[156]. Diese vom Volk sich vorbehaltene „Gesellschaftsgewalt“ ist keine souveräne Gegengewalt gegenüber der des Staates. Denn sie wäre dann unmittelbar beim Volk gebliebene und von ihm ausgeübte Souveränität, die des Staates dagegen erschiene lediglich als vermittelte und auf Organe delegierte Repräsentativgewalt zweiter Klasse. Ein derartiges Verständnis aber wäre nicht mit Art. 20 Abs. 2 GG vereinbar: Die vom Volk ausgehende und von ihm durch Wahlen und vermittels der Staatsorgane ausgeübte Gewalt ist seine ungeteilte Gewalt; eine Herrschaftsordnung neben und an Art. 20 Abs. 2 GG vorbei gibt es nicht[157]. Vielmehr sind die Strukturen politischer Herrschaftsentfaltung vollständig vom Grundgesetz erfaßt; nicht verfaßte Nebenbereiche der Volksherrschaft würden diesen universalen Geltungsanspruch der Verfassung in Frage stellen.

Außerdem ist folgendes zu bedenken: Beruhte die „Wirtschaftsgewalt“ auf einem nicht an den Staat delegierten Teil von Volkssouveränität, so hätte das Parlament kein Recht zu einer Inkorporierung des wirtschaftlichen Systems in die staatliche Organisation. Es könnte entsprechende Kompetenzen auch nicht nachträglich vom Volk als ursprünglichem Träger aller Herrschaftsgewalt bekommen; denn nach Inkrafttreten der Verfassung sind dessen politische Rechte im wesentlichen auf die Teilnahme an den Wahlen beschränkt, die Verfassungsordnung selbst ist seinem Zugriff entzogen[158]. Leitet sich aber die Autonomie des Wirtschaftssystems aus einem entsprechenden Akt des Verfassungsgesetzgebers her, so könnte diese Entscheidung von ihm grundsätzlich auch wieder rückgängig gemacht werden. Die Antwort des Grundgesetzes ist hier eindeutig: Abgesehen von der durch Art. 15 GG bereits dem einfachen Gesetzgeber verliehenen Sozialisierungsbefugnis können gerade im Hinblick auf Art. 79 Abs. 3 GG keine Zweifel daran bestehen, daß es dem Verfassungsgesetzgeber erlaubt ist, die Eigentumsgarantie auf den Schutz persönlichkeitsessentiellen Eigentums einzuschränken[159].

Gewaltenteilung zwischen Staat und Eigentum darf also lediglich als „Funktionenteilung“ verstanden werden d. h. als Herausnahme eines

---

[156] *F. Böhm*, ORDO XVII (1966), S. 119 ff., 134 ff., 138.

[157] Vgl. *Isensee*, Der Staat 1978, S. 167.

[158] *Kriele*, Staatslehre, S. 225.

[159] Vgl. *Maunz/Dürig*, GG, Art. 79 Rdn. 42, noch weitergehende Einschränkungen würden wohl den Grundsatz des Art. 1 GG berühren; weitere unantastbare Fundamentalnormen zu konstruieren verbietet der spezifische Charakter des Art. 79 III GG, vgl. *Maunz/Dürig*, Rdn. 24.

abgesteckten Lebensbereiches aus einer als potentiell umfassend gedachten Staatsgewalt; die Unternehmen dürfen nicht als „Staat im Staate“ aufgefaßt werden[160]. Dem Verfassungsschutz sozialer Gewaltenteilung durch Eigentum liegt also eine Entscheidung des Verfassungsgesetzgebers zugrunde, die er auch wieder zurücknehmen kann. Eigentum ist also nicht eine rivalisierende politische Gegenmacht, seine freiheitssichernd-gewaltenteilende Funktion beruht nicht darauf, daß es den Staat als Gegner in Schach hält und dessen Machtanspruch durch Gegenzüge und -drohungen neutralisiert[161], sondern allein darauf, daß dem Staat durch Ausgliederung von Kompetenzen die Mittel zu absoluter Machtentfaltung entzogen werden.

4. Gewaltenteilung und „Wirtschaftsverfassung“

Das Bundesverfassungsgericht — zuletzt eindrucksvoll im Mitbestimmungurteil[162] — und die herrschende Lehre[163] haben *Nipperdeys* Versuch, die Marktwirtschaft als grundgesetzlich garantiert zu sehen[164], zurückgewiesen. Sie haben damit dem Gesetzgeber — jedenfalls „sofern er dabei das Grundgesetz beachtet“[165] — wirtschaftspolitisch freie Hand verschafft. Er darf diese Handlungsfreiheit nun nicht wieder dadurch verlieren, daß die entsprechend interpretierten Einzelgrundrechte mosaikartig so zusammengesetzt werden, daß sich von neuem das Bild einer verfassungsgarantierten Marktwirtschaft bietet. Der Gedanke sozialer Gewaltenteilung durch Eigentum darf also nicht als eine verdeckt am einzelnen Grundrecht ansetzende Neuauflage der Theorie von der Wirtschaftsverfassung mißverstanden werden. Zwar haben „Gewaltenteilung durch Eigentum“ und „Wirtschaftsverfassung“ gemeinsam, daß sie — beide zu Recht — die Vorstellung einer Trennung von Staat und Wirtschaft aus dem relativ unverbindlichen und verfassungstheoretisch ungeklärten Status einer vorgefundenen „Verfassungsvoraussetzung“[166] herausheben und als unmittelbares und originäres Gewährleistungsobjekt der Verfassung selbst beschreiben. Aber hinsichtlich des Schutzes der Marktwirtschaft besteht doch ein entscheidender Unterschied: Mit der These von der Wirtschaftsverfassung sollte das neoliberale — wie auch immer im einzelnen zu definierende — Wirtschaftsmodell festgeschrieben werden d. h. Eigentum wäre gewährleistet wegen und nach

[160] *Stern*, VVDStRL 35 (1976), 153.

[161] s. aber *M. Friedmann*, Kapitalismus, S. 29, 36.

[162] BVerfG NJW 1979, 702 im Anschluß an BVerfGE 4, 7 (18).

[163] Zum heutigen Stand der — kaum noch übersehbaren — Diskussion s. *Tettinger*, BB 1977, 1617 ff.; a. A. etwa *Rupp*, Grundgesetz und „Wirtschaftsverfassung“, S. 41 N. 68; *Zuck*, Wirtschaftsverfassung, S. 7 u. pass.

[164] Soziale Marktwirtschaft und Grundgesetz, passim.

[165] BVerfGE 4, 7 (18); BVerfG NJW 1979, 702.

[166] *H. Krüger*, Festschr. Scheuner, S. 286.

Maßgabe seiner modelltheoretischen Funktionalität. Anders bei der Gewaltenteilungsthese: Hier steht das Eigentum allein kraft seiner dezentralisierenden Funktion im Zentrum des Verfassungsschutzes, das marktwirtschaftliche System ist als Annex lediglich faktisch und nur insoweit mitgeschützt, wie es Lebens- und Verwirklichungsbedingung für die Erfüllung dieser Dezentralisierungsaufgabe ist[167]. Das Grundgesetz ist damit offen für jede Wirtschaftsordnung, die die Struktur dezentraler Wirtschaft beibehält. Eine Inhaltsbestimmmung des Verfassungsrechts nach Maßgabe schwankender und vor allem nicht primär freiheitsbezogener ökonomischer Doktrin findet nicht statt.

5. Konkretisierende Wirkung teleologischer Argumentation

Schließlich ist im Hinblick auf die Handlungsfähigkeit des Staates folgendes zu bedenken: Daß Unternehmen und soziale Mächte sich auf Grundrechte berufen dürfen, ist kein novum, sondern entspricht im Gegenteil der seit jeher geübten Praxis[168]. Nur hängt diese Praxis gewissermaßen in der Luft; denn die mühsamen Versuche, das personale Substrat von Individualgrundrechten bei gesellschaftlichen Großverbänden „gebündelt" oder „repräsentiert" wiederzufinden[169], können weder überzeugen noch sind sie zur Strukturierung der praxisrelevanten Gesichtspunkte sinnvoll und geeignet. Groß- und Produktiveigentum erscheinen dann entweder als grundsätzlich legitimationsschwach — und damit mehr oder weniger jedem Eingriff zugänglich[170] —, oder als ebenso sakrosankt wie das gegenständliche Umfeld persönlich-individueller Autonomie — und damit prinzipiell unangreifbar[171].

Begründet man nun den Grundrechtsschutz von „unpersönlichen" Großunternehmen mit dem Gedanken sozialer Gewaltenteilung, so entzieht man zwar dem Staat in der Tat eine Fülle potentieller Eingriffs- und Zugriffsmöglichkeiten: Einmal sind die einzelnen Unternehmen als die eigentlichen Träger dieser dezentralen Ordnung und Verfassung geschützt, zum andern wäre eine flächendeckende Aufhebung dieser Gewaltenteilung in der Form einer umfassenden Übernahme von produzierenden oder verteilenden Wirtschaftseinheiten in den Staatsapparat als Verstoß gegen die Eigentumsgarantie verfassungswidrig[172].

---

[167] Ebenso *Friauf/Wendt*, Eigentum, S. 69.

[168] s. d. Nachw. oben C II 3. c) zu Art. 19 III GG.

[169] Zu den entspr. Diskrepanzen im Mitbestimmungsurteil des BVerfG s. o. C II 3. d).

[170] Vgl. etwa *Rittstieg*, Eigentum, S. 363 u. passim.

[171] Vgl. etwa *W. Weber*, Festschr. Michaelis, S. 318 ff., 320; *Kimminich*, BK, Art. 14 Rdn. 14 ff.; *Leisner*, Kleineres Eigentum, S. 85 f.

[172] Zu Art. 15 GG s. u. D IV.

Andererseits wird dem Staat durch diese spezifische Begründung Handlungsfähigkeit zurückgegeben. Denn wenn man „soziale Gewaltenteilung“ als ratio legis der Eigentumsgarantie ernst nimmt, so hat sie nicht nur legitimierende Aspekte, sondern auch Eigentumsschutz begrenzende und relativierende. Sie hat insoweit die Struktur jeder rational-teleologischen Argumentation, die notwendig eine Grenze zieht zwischen dem, was sie begründet und dem, was sie als unbegründet stehen läßt.

Benutzt man jedoch die Erkenntnis von der mit dem Privateigentum an Produktionsmitteln verbundenen Ordnung der Dezentralität lediglich zu dem Zweck, das personale Legitimationsdefizit möglichst folgenlos zu kompensieren, so verliert sie ihre Legitimationskraft. Denn zum einen wäre dann der Vorwurf einer ideologischen, „alternativen Legitimationsstrategie“[173] für die verfassungsrechtliche Absicherung einer ungleichen Güterverteilung berechtigt. Zum anderen — und dies wiegt schwerer — wäre auch für die Dogmatik der Eigentumsgarantie nichts gewonnen. Denn nicht nur die Konkretisierung des Eigentumsbegriffes in Art. 14 GG bedarf der Aufhellung und Präzisierung durch die ratio legis dieses Grundrechts, sondern auch die Abgrenzung zwischen zulässigen und unzulässigen Inhaltsbestimmungen sowie zwischen Sozialbindung und Enteignung. Auch die Abwägung bei der Höhe der zu leistenden Entschädigung sowie schließlich die Konkretisierung des Wesensgehalts nach Art. 19 Abs. 2 GG sind nur möglich, wenn man das telos der Eigentumsgarantie im Auge hat. Wenn Art. 14 den Zweck hat, die vergegenständlichte Freiheit des Einzelnen zu schützen, so bedeutet dies, daß Eingriffe um so schwieriger und begründungsbedürftiger werden, je näher sie der geschützten Person kommen[174]. Ebenso muß gelten: Wenn Art. 14 GG den Zweck hat, soziale Gewaltenteilung zwischen Staat und Wirtschaft zu garantieren, so folgt daraus, daß für den eingreifenden Staat die Hürden um so höher sein müssen, je mehr er diese gewaltenteilende Funktion autonomer Wirtschaftseinheiten gefährdet. Welche Relevanz staatliche Eingriffe in die Wirtschaft und Unternehmen haben, läßt sich also nur beurteilen, wenn man eine Vorstellung von dem verfassungsgeschützten Lebensnerv des jeweiligen Gutes hat.

Wo diese Grenzen für staatliches Tätigwerden im einzelnen zu ziehen sind, wird sich abstrakt kaum genau angeben lassen. Die Gründe hierfür sind vielfältigster Art[175]. Zu ihnen gehört einmal, daß das Theorem sozialer Gewaltenteilung nur vergleichsweise allgemein formuliert ist und bisher weder historisch noch systematisch aufgearbeitet wurde

---

[173] *Däubler*, Eigentum, S. 219.

[174] BVerfGE 20, 150 (159) u. DVBl. 1980, S. 366, 367; *Kriele*, NJW 1976, 780 f.; *Grabitz*, AöR 1973 (Bd. 98), 580 u. passim.

[175] Vgl. zum folg. *R. Scholz*, Grenzen staatl. Aktivität, S. 127.

— und zwar weder als soziologischer Ansatz zur Beschreibung sozialer Wirklichkeit noch als normativ-juristischer zur Legitimation des Verfassungsschutzes von Unternehmen. Ein anderer, mindestens ebenso schwerwiegender Grund ist der mangelnde Überblick über die Vielfalt und den Artenreichtum der auf die Wirtschaft einwirkenden Tätigkeit des Staates; hier scheint es — sieht man einmal vom klassischen Feld der Eingriffsverwaltung ab — weder hinreichende klassifikatorische Ansätze noch empirische Bestandsaufnahmen zu geben, die über die Analyse und Beschreibung monetärer Bewegungen hinausgingen. Unter diesen Umständen wäre es leichtfertig, allein vom normativen Gehalt des Art. 14 GG ausgehend aus dem Begriff der sozialen Gewaltenteilung so etwas wie einen eigentumsgrundrechtlich gesicherten Kernbestand dezentraler Wirtschaftsordnung abstrakt deduzieren zu wollen. Hier wird sich zunächst wohl nur an Hand konkreter Einzelfälle mehr Klarheit erreichen lassen, die den Vergleich von Handlungsalternativen für den Staat unter dem Blickwinkel der Dezentralitätsfreundlichkeit ermöglichen.

Immerhin lassen sich — wenn auch nur vom geschützten Rechtsgut aus und damit ohne Berücksichtigung etwa überwiegender Gemeinwohlbelange — Schwerpunkte andeuten. Hilfreich kann hier eine vorsichtige Analogie zur innerstaatlichen Gewaltenteilung sein. Dies bedeutet einmal, daß nur ein gewisser „Kernbereich" an privatautonomer Wirtschaftsweise absolut geschützt sein kann[176], nicht der jeweils vorhandene konkrete status quo der Aufgabenteilung zwischen Staat und Wirtschaft. Zum anderen läßt sich daran denken, den geschützten Autonomiebereich zu differenzieren nach Kompetenzen, Organisation und Führungspersonal[177].

Zentrale Bedeutung dürfte dabei der Kompetenzteilung zwischen dem Staat und den privaten Wirtschaftseinheiten zukommen: Die Letztentscheidungskompetenz bei unternehmensrelevanten Entscheidungen, insbesondere hinsichtlich Zweck und Mittel des Unternehmens, darf grundsätzlich nicht beim Staat liegen, sondern steht den entsprechenden Organen des Unternehmens zu. Direkte Investitionslenkung etwa in der Form alternativloser Handlungsgebote würde daher unmittelbar das Zentrum sozialer Gewaltenteilung berühren[178]. Die Argumentations- und Begründungslast des eingreifenden Staates für das Gewicht der wahrgenommenen Gemeinwohlinteressen wäre hier also ungleich höher

---

176 Vgl. BVerfGE 9, 265 (280) zur innerstaatl. Gewaltenteilung.

177 Vgl. *Stern*, Staatsrecht I, S. 626; *Hesse*, Grundzüge, S. 197 ff. (zur innerstaatl. Gewaltenteilung).

178 s. *Friauf/Wendt*, S. 92 ff.; *Stern*, FamRZ 1976, 131; weniger dagegen die indirekte Investitionslenkung durch Datensetzungen, Subventionsbedingungen u. ä.: hier bleibt alternatives — wenn auch ökonomisch u. U. weniger vorteilhaftes — Verhalten möglich.

zu veranschlagen als etwa bei der reinvestiven Vermögensbildung, die dem Unternehmen seine Manövriermasse beläßt, oder bei der Mitbestimmung, wie sie durch das Mitbestimmungsgesetz 1976[179] konstituiert wird, die jedenfalls insoweit dezentralisierungsneutral ist, als sie die Unternehmen in ihrer „Funktionsfähigkeit"[180] und damit in ihrer Autonomie unangetastet läßt.

Hinsichtlich des Führungspersonals ist aus dem Prinzip Gewaltenteilung zu Recht gefolgert worden, „daß politische und wirtschaftliche Herrschaftspositionen nicht identisch sein dürften"[181]; denn Funktionen und Entscheidungskompetenzen auf verschiedene Träger zu verteilen gehört schon definitorisch zum Begriff Gewaltenteilung. Allerdings ergibt auch hier ein Vergleich mit den Inkompatibilitätsvorschriften innerstaatlicher Gewaltenteilung, daß es sich kaum um einen strikt durchgeführten Grundsatz handeln kann. So ist etwa noch ungeklärt, ob ein allgemeines Verbot der Häufung von staatlichen Funktionen in einer Person allein schon aus dem Prinzip Gewaltenteilung entnommen werden kann. Nach herrschender Meinung gilt Inkompatibilität nämlich nur dort, wo ihr durch entsprechende Spezialvorschriften Wirkung verliehen ist[182] d. h. im wesentlichen im Verhältnis zwischen Jurisdiktion und den beiden anderen Staatsgewalten. So bestehen auch für das Verhältnis zwischen Staat und Wirtschaft nur punktuelle Inkompatibilitätsregelungen, etwa für den Bundespräsidenten, die Kabinettsmitglieder oder die Bundesverfassungsrichter, denen die Wahrnehmung wirtschaftlicher Leitungsfunktionen grundsätzlich untersagt ist[183]. Begreift man diese Regelungen weniger als erweiterte Befangenheitsvorschriften zur generellen Vermeidung individueller Interessenkollisionen, sondern mehr als Konkretisierungen eines allgemeinen Prinzips einer umfassenden Gewalten- und Funktionenteilung[184], so gewinnen sie einen vorwiegend institutionellen Charakter. Methodisch wäre damit grundsätzlich der Weg zu einer vorsichtigen Ausdehnung des Anwendungsbereichs dieser Bestimmungen in Richtung auf ein generelles Verbot gleichzeitiger Wahrnehmung von staatlichen und wirtschaftlichen Führungsaufgaben eröffnet.

---

179 BGBl. I, 1153.

180 BVerfG NJW 1979, 705 f.

181 *Schelsky*, Systemüberwindung, S. 56.

182 StGH Bad.-W. DÖV 1970, 240; *Stern*, Staatsrecht I, S. 247, 272; a. A. *P. Schneider*, Amt und Mandat, 1968, m. w. Nachw.; weitergehend wohl auch BVerfGE 18, 172 (183); s. a. *Leisner*, Festschr. Maunz, S. 267 ff.

183 Art. 94 I S. 3 GG (Richter am BVerfG); Art. 55 II GG (Bundespräsident); Art. 66 GG (Kanzler und Kabinett); hinzu treten gesetzliche Regelungen wie etwa § 4 I RiG.

184 Vgl. BVerfGE 18, 172 (183); *Stern*, Staatsrecht I, S. 272, 627, 831.

Versteht man Art. 14 GG als Garantie sozialer Gewaltenteilung für den Bereich der Wirtschaft, so würde er schließlich — in Analogie zur innerstaatlichen Gewaltenteilung — neben der Trennung von Aufgaben und Führungspersonal auch die Trennung der jeweiligen Organisationen gewährleisten. Dies könnte einmal bedeuten, daß der wirtschaftliche Apparat nicht dadurch in den Dienst des Gemeinwohls gestellt werden darf, daß er Teil des staatlichen wird, zum anderen, daß derjenige Teil staatlicher Organisation, der erwerbswirtschaftlich tätig wird, der Autonomie gegenüber dem Staat um so mehr bedarf, je weniger er aus sozialstaatlicher oder sonst gemeinwohlorientierter Motivation tätig wird. Insoweit fällt also vom Begriff sozialer Gewaltenteilung auch Licht auf die noch ungeklärte Frage, ob und in welcher Form der Staat erwerbswirtschaftlich tätig werden darf[185]. Unter dem Gesichtspunkt der Dezentralisationswirkung durch einzelne Wirtschaftseinheiten hätte der Staat die Möglichkeit, diese entweder zu privatisieren oder sie auf andere Weise aus einem Über- und Unterordnungsverhältnis zu entlassen, um so eine äquivalente Wirkung zu erzielen[186]. Damit wäre dann u. U. auch die Frage nach dem Verfassungsschutz derjenigen öffentlichen Unternehmen neu zu stellen, die in dieser machtverteilenden Wirkung nicht hinter privaten zurückstehen[187].

So wie also einerseits das Verständnis des Art. 14 GG als Dezentralisationsgarantie im Wirtschaftsbereich den Staat in seiner erwerbswirtschaftlichen Tätigkeit auf die Achtung und Schaffung von Autonomie für seine wirtschaftenden Einheiten verweist, so eröffnet es ihm andererseits Handlungsspielräume: Wenn Großeigentum wegen seiner dezentralisierenden Funktion geschützt ist, so greift die Sperre des Art. 14 Abs. 1 GG erst dann durch, wenn die faktischen oder rechtlichen Elemente dieser Autonomie angegriffen werden d. h. erst dann, wenn die Aufgabe des Produzierens und Verteilens von Gütern und Dienstleistungen vom Staat mittelbar oder unmittelbar in eigene Regie übernommen wird. Solange der Staat diese öffentliche Aufgabe nicht zur staatlichen macht d. h. solange er sie der privaten Sorge der Beteiligten überläßt oder lediglich ihre Erfüllung durch seine Behörden überwacht oder es bei Richtlinien für die Aufgabenerfüllung beläßt[188], hält er sich im Rahmen der Eigentumsgarantie. Denkbar bleibt daher, daß der Staat

[185] s. *Bull*, Staatsaufgaben, S. 276 ff. m. w. Nachw.

[186] Vgl. *v. Hayek*, Verfassung der Freiheit, S. 289/290.

[187] „Staatsbesitz oder Privatbesitz, diese Frage hat für die Organisation des Wettbewerbs überhaupt keine allzu große Bedeutung", *Miksch*, Wettbewerb, S. 104/105; ebenso *K. Hax*, FinArch 1968, S. 37 ff.; s. a. *Scholler/Broß*, DÖV 1978, 238 ff., die die Anwendbarkeit des Art. 14 GG auf in öffentlicher Hand befindliches Eigentum bejahen (S. 243).

[188] Zu diesen Abstufungen bei der Wahrnehmung öffentl. Aufgaben s. *H. Peters*, Festschr. Nipperdey, Bd. II, S. 878 ff.

für Unternehmen eine Art öffentlich-rechtlichen Status begründet; denn öffentlich-rechtliche Organisation bedeutet nicht ohne weiteres eine Verstaatlichung auch der in Kompetenz- und Aufgabenwahrnehmung sich niederschlagenden und der Gesellschaft zugehörigen Funktion[189]. Ein derartiges Zusammentreffen von organisatorischer öffentlich-rechtlicher „Hülse" mit privater Wahrnehmung von grundrechtlich geschützten Sachbereichen als Inhalt wäre kein staatsrechtliches Unikat, sondern gehört im Gegenteil zu den gängigen Gestaltungsformen für die Realisierung öffentlicher Aufgaben. Prominenteste Beispiele sind hier Rundfunk und Fernsehen[190], die Universitäten[191] sowie die Kirchen[192], weniger die Gemeinden, deren Autonomie zwar auch durch Art. 28 Abs. 2 GG verfassungsrechtlich garantiert ist, die aber doch als „verlängerter Arm des Staates" Teil seiner Organisation bleiben[193]. Hier wird anschaulich[194], daß Dezentralität in ihrem staatsmachtbeschränkenden wie auch in ihrem innergesellschaftlichen Aspekt auch unter öffentlich-rechtlicher Flagge und mit Grundrechtsschutz stattfinden kann.

IV. Soziale Gewaltenteilung und Sozialisierungsermächtigung

Sieht man die Großunternehmen deshalb als „Eigentum" im Sinne des Art. 14 GG an, weil die Eigentumsgarantie eine dezentrale Wirtschaftsordnung schützt und weil die Privatunternehmen diese verkörpern, so stellt sich die Frage, wie diese Aussage mit der Existenz des Art. 15 GG vereinbar ist. Denn Sozialisierung heißt ja auf den ersten Blick nichts anderes als Übernahme der Produktionsmittel in eine einheitliche und zentralisierte Staatsgewalt und -organisation, also vollständige oder teilweise Beseitigung dieser Dezentralität. Wie kann einerseits durch Art. 14 GG verfassungsgeschützt d. h. dem einfachen Gesetzgeber entzogen sein, was andererseits Art. 15 GG gerade in seine Hand gibt? Diese Frage stellt sich zwar für jeden, der — mit welcher Begründung auch immer — die Eigentumsgarantie als Garantie auch des Privateigentums an und von Großunternehmen interpretiert; aber sie stellt sich hier doch in besonderer Schärfe. Denn bei der traditionel-

---

189 s. *R. Scholz*, Koalitionsfreiheit, S. 200 f., 222; *Dürig*, GG, Art. 19 III Rdn. 47.

190 *Ossenbühl*, Rundfunk, S. 21, 28 ff., 42 ff.; *Dürig*, GG, Art. 19 III Rdn. 42.

191 *R. Scholz*, GG, Art. 5 III Rdn. 132 f.; *Dürig*, GG, Art. 19 III Rdn. 43.

192 *Meyer-Teschendorf*, AöR 1978, 289 ff.; *Dürig*, GG, Art. 19 III Rdn. 41.

193 Vgl. *Dürig*, GG, Art. 19 III Rdn. 48.

194 Die Liste ähnlicher Institutionen — „private" Tätigkeit im Rahmen öffentlich-rechtlicher Organisation — ließe sich fast beliebig erweitern, von den berufsständischen Korporationen bis hin zu öffentlich-rechtlichen Sparkassen und Versicherungen (s. d. Beispiele bei *Meyer-Teschendorf*, S. 297 ff.); Gegenbeispiel sind beliehene Unternehmer: sie nehmen staatliche Aufgaben in privatrechtl. Organisation wahr.

len, an die personale Freiheit anknüpfenden Eigentumsbegründung ist die Kollision mit der mehr gesellschaftlich relevanten Sozialisierungsermächtigung weniger offensichtlich als bei einer ebenfalls gesellschaftlich ansetzenden Eigentumsbegründung. Für die verfassungsdogmatische Bewältigung dieser Antinomie bieten sich im Grundsatz nur zwei Möglichkeiten: Entweder man versucht, Garantie des Großeigentums und Sozialisierungsermächtigung miteinander zu „versöhnen" d. h. man räumt entweder der Eigentumsgarantie auf Kosten des Art. 15 GG den Vorrang ein bzw. umgekehrt der Sozialisierungsermächtigung auf Kosten des Art. 14 GG oder man erkennt diese Antinomie als unausweichlich und verfassungsrechtlich vorgegeben an.

1. Relativierung der Eigentumsgarantie

Man könnte zunächst daran denken, gesamtgesellschaftliche Funktionenteilung nicht als verfassungsdogmatisch auslegungsrelevanten Schutzzweck des Art. 14 GG zu verstehen, sondern als lediglich verfassungspolitisches Desiderat ohne Verfassungskraft. Damit aber wäre nichts erreicht. Denn zum einen wird der Rückgriff auf dieses telos ja gerade als legitimatorischer und den Eigentumsbegriff konstituierender Gesichtspunkt benötigt, um unter „Eigentum" i. S. d. Art. 14 GG auch die Großunternehmen fassen zu können. Zum anderen bliebe auch dann noch ungeklärt, wieso Art. 14 GG dem Gesetzgeber dasjenige entziehen soll, was ihm Art. 15 GG in die Hand gibt.

Konsequenter wäre es daher, den unter dem Stichwort „Freiheitsrecht auf Nichtsozialisierung"[195] diskutierten Ansatz weiter auszubauen. Geht man davon aus, daß jedenfalls im Bereich der Grundrechte das Fehlen einer staatlichen Handlungsermächtigung gleichbedeutend ist mit dem Vorhandensein eines subjektiv-öffentlichen (Grund)Rechts, so ließe sich die Sozialisierungsermächtigung als negativ formuliertes Grundrecht verstehen: Während sonst die Grundrechte vom zu schützenden Gut her gefaßt sind, wäre Art. 15 GG — seiner systematischen Stellung im Katalog der Grundrechte entsprechend — spiegelbildlich vom potentiell eingreifenden Staat her formuliert und als selbständiges Grundrecht für wirtschaftliche Unternehmen zu werten[196]. Die Eigentumsgarantie würde so entlastet: Ihr wären — in Übereinstimmung mit dem Schwerpunkt ihrer ideengeschichtlichen Tradition — allein diejenigen Rechtspositionen zuzurechnen, die den bei den Großunternehmen vermißten Bezug zur Individualfreiheit und -entfaltung ihres Trä-

[195] *H. Krüger*, Grundrechte, Bd. III, 1, S. 267, 302, 322; *Leisner*, JZ 1975, 272 ff.; s. a. *Maunz*, GG, Art. 15 Rdn. 3.

[196] Vgl. *Ridder*, Soziale Ordnung, S. 104, der Art. 15 allerdings als „echtes" Grundrecht derjenigen verstehen will, die ein Interesse daran haben, daß vergesellschaftete Unternehmen nicht reprivatisiert werden; dagegen *Isensee*, DÖV 1978, 235: „dogmatische Spottgeburt".

gers aufwiesen[197]; den institutionellen Part der gesellschaftlichen Freiheitssicherung durch Funktionsteilung würde dann Art. 15 GG übernehmen können: Grundsätzlicher Schutz dezentralisierter Wirtschaftsweise, soweit nicht die Voraussetzungen für eine Sozialisierung vorliegen und (kumulativ) der Gesetzgeber seine Vergesellschaftungsermächtigung wahrgenommen hat. Sozialisierungsgesetze wären also in Analogie zur Schranken- und Inhaltsbestimmung des Art. 14 Abs. 1 Satz 2 GG als die Reichweite des Grundrechts auf Nichtsozialisierung konkretisierende, konstitutive Staatshandlungen zu beschreiben.

Eine derartige Uminterpretation der Art. 14 und 15 GG als spezifische Gewährleistungsbereiche der jeweils individual- bzw. gesellschaftlich fundierten Eigentumsarten hätte allerdings geringe Durchsetzungschancen, so bestechend sie auf den ersten Blick auch sein mag. Sie hätte nicht nur die völlig herrschende Meinung gegen sich — einschließlich derer, die in Art. 15 GG ein Freiheitsrecht auf Nichtsozialisierung sehen wollen[198] —, sondern wäre auch eine zwar systematisch vertretbare, aber unhistorische Konstruktion vom grünen Tisch aus: Die Eigentumsgarantie meinte schon immer auch und gerade den Schutz des Produktivvermögens. Hinzu kämen auch dogmatische Schwierigkeiten, insbesondere hinsichtlich Inhaltsbestimmung und Sozialbindung sowie der auch für Großunternehmen relevanten Enteignung ohne Sozialisierungscharakter. Da Art. 15 GG hierzu nichts aussagt, müßten die Regelungen des Art. 14 GG in analoger Anwendung und zugeschnitten auf die spezifische Schutzrichtung des Prinzips Funktionenteilung übernommen werden. Insoweit ist zweifelhaft, ob durch eine derartige Uminterpretation viel gewonnen wäre[199].

2. Relativierung der Sozialisierungsermächtigung

Die Sozialisierungsermächtigung des Grundgesetzes hat in der Praxis des Verfassungsrechtes bisher keine Rolle gespielt; daran wird sich wohl auch in absehbarer Zeit nichts ändern[200]. Es ist daher nicht verwunderlich, daß die Verfassungsrechtslehre zum Teil ihr Augenmerk darauf gerichtet hat, diese gesellschaftliche Wirklichkeit auch durch eine verfassungsdogmatische Relativierung des Art. 15 GG nachzuvollziehen. Allerdings geht zu Recht niemand so weit, aus dem faktischen Nichtvollzug dieser Norm auch ihr normatives „Obsolet-Werden" zu folgern;

---

[197] In diese Richtung *Raiser*, VVDStRL 10, 159 (s. a. S. 167).

[198] So jedenfalls *Krüger*, Grundrechte, Bd. III, 1, S. 314 (Art. 15 beabsichtige nicht, ein Grundrecht zu sein); weitergehend wohl *Leisner*, JZ 1975, 272 ff.

[199] Eher lösbar — und im übrigen keine spezifische Folge des hier diskutierten Ansatzes — wären Definitions- und Abgrenzungsprobleme für den Produktionsmittelbegriff.

[200] Ebenso *Maunz*, GG, Art. 15 Rdn. 1; *Herzog*, „Eigentum", Ev. Staatslexikon, Sp. 522.

einen derartigen „Rechtsgrund des Normuntergangs" gibt es nicht[201]. Auch *Ridder* hat seine dementsprechende — mit Fragezeichen versehene — These[202], die 1951 eine Sozialisierung befürwortende Funktion hatte, heute aber eher sozialisierungshindernd wirken würde, nicht aufrecht erhalten[203].

Die Bemühungen, Verfassungswirklichkeit und Verfassungsdomatik in dieser Frage einander anzunähern, haben verschiedene Angriffsflächen in der Sozialisierungsermächtigung gefunden. Neben der Einführung eines ungeschriebenen Tatbestandsmerkmals der Sozialisierungseignung als immanenter Schranke der staatlichen Sozialisierungsmacht[204] und der Forderung, auch die Entschädigung nach Art. 15 Satz 2 GG müsse den Marktwert erreichen[205] — was auf eine faktische Blokkade der Sozialisierungsermächtigung hinausliefe[206] — sind hier insbesondere die Einschränkung zulässiger staatlicher Vergesellschaftungsmotive und die restriktive Auslegung des Produktionsmittelbegriffs zu nennen.

So soll Sozialisierung nicht zulässig sein, wenn sie aus fiskalischen Motiven betrieben wird[207], wenn sie Monopolstellungen privater Unternehmen brechen soll[208], wenn sie sich als Verwirklichung einer wissenschaftlichen Lehrmeinung darstellt[209], wenn sie nicht zur Abwendung konkreter Mißstände — und auch hier nur als ultima ratio — angewandt wird[210], wenn sie in den Kernbereich der Eigentumsgarantie eingreift[211] und über eine Teilsozialisierung von Einzelbereichen sozialisierungsfähiger Objekte hinausgeht[212] usw. Es ist hier nicht der Ort, die Berechtigung dieser Eingrenzungen detailliert zu untersuchen. So unbestritten richtig es ist, daß eine zentralistische Planwirtschaft mit dem Grundgesetz nicht vereinbar wäre — insoweit also darf Art. 15 GG in der Tat nicht als archimedischer Punkt mißbraucht werden, um Föderalismus, Gewaltenteilung, Rechtsstaat und Grundrechte aus den An-

---

[201] Vgl. *Isensee*, DÖV 1978, 234; *Kimminich*, BK, Art. 15 Rdn. 19—22.

[202] *Ridder*, VVDStRL 10 (1951), 147, 149 (These 9).

[203] *Ridder*, Soziale Ordnung, S. 100 ff.

[204] *E. R. Huber*, WirtschaftsVerwR, Bd. II, S. 152 ff.; *Kimminich*, Rdn. 33 bis 36.

[205] *Leisner*, JZ 1975, 276; *W. Weber*, Festschr. Michaelis, S. 354 (anders noch NJW 1950, 403 und VVDSTRL 10 [1951], 165); dagegen auch *Ipsen*, VVDStRL 10 (1951), 174.

[206] s. *Dopatka*, Sozialisierung von Unternehmen, S. 163—172.

[207] *Kimminich*, Rdn. 11.

[208] *von Mangoldt/Klein*, Grundgesetz, Bd. I, S. 463; *Abraham*, BK (Erstbearbeitung), Art. 15, Erl. II 5.

[209] *Krüger*, Grundrechte, Bd. III, 1, S. 284.

[210] Ebd., S. 285.

[211] *Leisner*, JZ 1975, 274/275.

[212] Ebd., S. 275; a. A. *Krüger*, Grundrechte, Bd. III, 1, S. 316.

geln zu heben[213] —, so wenig überzeugend ist es für einen unbefangenen Betrachter, wenn der zur Vergesellschaftung ermächtigte Staat das Bild eines durch viele kleine Stricke bis zur Bewegungslosigkeit gefesselten Gulliver bietet. Selbst wenn man nicht so weit gehen will, Art. 14 und 15 GG als „Ausflüsse von nicht miteinander vereinbaren Wirtschaftssystemen" zu verstehen[214], so bleiben doch Zweifel, ob diese vielfältigen Bindungen den Vorstellungen des Verfassungsgebers entsprechen können. Die Auffassung jedenfalls, die Sozialisierungsermächtigung sei „von vornherein nicht als Instrument zur Umgestaltung der Wirtschaftsordnung gedacht"[215] gewesen, trifft nicht zu: Im Gegenteil hat der Abgeordnete *Carlo Schmid* im Grundsatzausschuß dezidiert und wiederholt darauf hingewiesen, daß mit Art. 15 GG die Möglichkeit zu einer „strukturellen Umwandlung der Wirtschaftsverfassung" geschaffen werden solle[216]. Nur auf der Grundlage des Offenhaltens dieser Möglichkeit kam ein Konsens zustande[217]. Die durch den damaligen Kompromiß erreichte Integration darf nun nicht nachträglich durch eine umfassende interpretatorische Restringierung des Art. 15 GG gefährdet werden[218].

Dies gilt insbesondere auch für den von der herrschenden Lehre vertretenen engen Produktionsmittelbegriff[219]. Produktionsmittel sollen danach lediglich die Mittel zur Herstellung und Gewinnung von Gütern sein, also Fabriken, Bergwerke o. ä., nicht aber die Unternehmen des tertiären Sektors wie Banken, Versicherungen und Verkehrsbetriebe[220]. Daß diese Restriktion weder vom Wortlaut noch vom Sinn noch von der Entstehungsgeschichte des Art. 15 GG gedeckt ist, wird inzwischen allerdings auch von eher konservativer Seite zunehmend konstatiert[221]. Das häufig gebrauchte Argument, bei einem weitgefaßten Produktionsmittelbegriff wäre die Nennung der Naturschätze des Art. 15 GG überflüssig[222], überzeugt nicht. Denn zum einen ist ein Pleonasmus — wie er

---

213 Insoweit zu Recht *E. R. Huber*, WirtschVerwR Bd. II, S. 152 (Grundrechte zu „nullifizieren"); *Scholz*, Grenzen staatlicher Aktivität, S. 121.

214 So *Maunz*, GG, Art. 15 Rdn. 7; ähnlich *Raiser*, AöR Bd. 78 (1952), 119; *Ridder*, VVDStRL 10 (1951), 125, 146; *Rupp*, GG und „Wirtschaftsverfassung", S. 41.

215 *Kimminich*, BK, Art. 15 Rdn. 37.

216 *C. Schmid*, JbÖR Bd. 1 (NF), S. 154/155, 156.

217 So *v. Mangoldt/Klein*, VVDStRL 10 (1951), 150 f.

218 Art. 15 GG ist auch „innenpolitisches Ventil", vgl. *Maunz*, GG, Art. 15, Rdn. 7.

219 Dazu krit. *Dopatka*, Sozialisierung, S. 180 ff.

220 *Maunz*, GG, Art. 15 Rdn. 14; *Kimminich*, Rdn. 30; *E. R. Huber*, WirtschVerwR, Bd. II, S. 164 f.; insbes. *Henkel*, DÖV 1975, 317 ff. mit umfassendem Überblick über die aktuelle Diskussion; s. a. die Kontroverse *Groß/Gauland*, DÖV 1975, 344 ff.

221 *Bettermann*, WiR 1973, 248 ff.; *Papier*, VVDStRL 35 (1976), 85 FN 126; s. a. *Abendroth*, Grundgesetz, S. 65; *Groß*, DÖV 1975, 344 ff.

sich im übrigen auch in der Formulierung „Grund und Boden" findet — kein „juristischer Fehltritt"[223]. Zum anderen ist es durchaus sinnvoll, Naturschätze besonders aufzuführen, da sie auch unproduktiv, noch ungenutzt oder in ihrem Wert als Ressourcen noch unentdeckt sein können[224]. Auch die Entstehungsgeschichte gibt keinen Hinweis darauf, daß im Gegensatz zur herkömmlichen Begrifflichkeit der Volkswirtschaftslehre wie auch sozialistischer Tradition nur die Betriebe der Gütererzeugung gemeint gewesen wären[225]. Im Gegenteil sprechen Sinn und Zweck der Sozialisierungsermächtigung für den weiten, auch Banken und Versicherungen umfassenden Produktionsmittelbegriff. Denn insbesondere bei den Banken liegen ja die eigentlichen Gravitationsfelder privatwirtschaftlicher Produktionsweise. Indem sie dem sekundären Sektor die Kredite geben und an fast allen Großunternehmen führend beteiligt sind, sind sie gerade diejenigen Institute, in denen die von Art. 15 GG ins Auge gefaßte wirtschaftliche Machtentfaltung in besonderer Weise konzentriert ist. „Wer die Banken für nicht sozialisierungsfähig hält, braucht in der Bundesrepublik gar nicht erst über die Sozialisierung der Industrie zu reden[226]." Das Interpretationskunststück, mit den Banken und Versicherungen als Kapitalsammelstellen das Kernstück kapitalistischer Wirtschaftsweise dem Zugriffsbereich der Sozialisierungsermächtigung zu entziehen, ist also weder juristisch noch ökonomisch haltbar[227].

Das Konzept einer „Harmonisierung" von Art. 14 und 15 GG mittels einer Minimalisierung der Reichweite des Art. 15 GG kann also nicht überzeugen. Im Hinblick auf die ratio legis der Eigentumsgarantie, gesamtgesellschaftlich eine Funktions- und Aufgabenzentralisierung zu verhindern, wäre dies im übrigen auch dann der Fall, wenn man der herrschenden Meinung folgen könnte. Denn auch eine extrem restriktiv ausgelegte Sozialisierungsermächtigung würde immer noch die Aufhebung dieser Funktionsteilung für die jeweils vergesellschafteten Teilbereiche erlauben. Wollte man den als Funktionsteilungsgarantie verstandenen Kernbereich der Eigentumsgarantie sozialisierungsfest machen, so wäre dies wohl nur dadurch möglich, daß man Vergesellschaftung nur dann für zulässig erklärt, wenn die sozialisierten Unternehmen als hinreichend autonome Einheiten geführt würden und so weiterhin als Träger einer gewissen Dezentralität bestehen blieben[228]. Dann

[222] s. die in FN 220 genannten.

[223] *Bettermann*, WiR 1973, 248.

[224] Vgl. ebd., S. 248.

[225] Ebd., S. 248; zur Entstehungsgeschichte s. JbÖR Bd. 1 (NF), S. 154 f.

[226] *Bettermann*, WiR 1973, 250; dagegen *Henkel*, DVBl. 1975, 323, der immerhin die Industriebeteiligungen u. ä. der Banken für sozialisierungsfähig erklärt.

[227] *Bettermann*, WiR 1973, 250.

allerdings müßte entgegen einhelliger Meinung Verstaatlichung, d. h. Inkorporierung in den unmittelbaren Staatsapparat, als unzulässiges Mittel der Vergesellschaftung bezeichnet werden.

3. Fazit

Im Ergebnis bleibt also nur die Möglichkeit, die Antinomie zwischen Verfassungsgarantie des Privateigentums von Großunternehmen und Verfassungsermächtigung, eben dieses Privateigentum zu beseitigen, als unausweichlich vom GG vorgegeben anzuerkennen[229]. Die Auslegung des Art. 14 und Art. 15 GG hat mithin jeweils gesondert zu erfolgen, sozusagen bei jeweils abgedeckter Konträrnorm. Es ist erst die Anerkennung dieser Antinomie, die eine Auslegung verhindert, bei der mit unzulänglichen Mitteln und unzulänglichen Ergebnissen versucht wird, A und non-A interpretatorisch auf den gemeinsamen Nenner eines ein-bißchen-A zu bringen. Die Einheit der Verfassung kann nicht weiter reichen als ihre Normen es zulassen. Während Gesetze etwa als punktuell zweckbezogene Handlungsinstrumente eines als Einheit zu verstehenden Staates auf eine Widersprüche beseitigende Auslegung angewiesen sind, muß die Verfassung als Integrations- und Konsensgrundlage des Gemeinwesens dem Interpreten Grenzen setzen: Auch wo sie bewußt grundlegende Gegensätze der sie tragenden Gruppen zum Ausdruck gebracht hat, bleibt sie als Verfassung verbindlich. Verfassungsformulierte Zukunftshoffnungen — welcher Seite auch immer — dürfen nicht durch einen interpretatorischen Handstreich beseitigt werden. Diese Einheit der Verfassung liegt hinsichtlich Art. 14 und 15 GG also allein im Offenhalten der Möglichkeit einer strukturellen Umwandlung der Wirtschaftsverfassung bei gleichzeitigem Verfassungsschutz der bisherigen privaten Wirtschaftsweise.

Versucht man, diesen Zustand verfassungsdogmatisch zu beschreiben, so bietet sich am ehesten die Rechtsfigur der aufschiebenden Bedingung an: Private Produktionsmittel sind soweit und solange verfassungsgeschützt, wie sie nicht durch ein Sozialisierungsgesetz als actus sui generis sozialisiert sind. Dieser, durch ihre dezentralisierende Wirkung indizierte Schutz darf durch ihre latente Sozialisierungsfähigkeit nicht ausgehöhlt werden. Umgekehrt aber kann auch der Eigentumsschutz von Unternehmen keine latente oder immanente Schranke für Sozialisierungen sein. Ob und inwieweit Vergesellschaftungen stattfinden, ist eine rein politische Entscheidung[230]. Sie bedarf allerdings eines konstitu-

---

[228] Vgl. *Däubler*, Eigentum, S. 234 ff.

[229] So *Ridder*, VVDStRL 10 (1951), 125, 146; *v. Mangoldt/Klein*, VVDStRL 10, 150 f.; *Raiser*, VVDStRL 10, 158 und Demokratie (1978), S. 53; *Rupp*, Grundgesetz und „Wirtschaftsverfassung", S. 40 f.

[230] *Ridder*, VVDStRL 10, 145 u. passim; der Versuch, verfassungsrechtliche

tiven Aktes in Form eines Parlamentsgesetzes[231], d. h., diejenigen, die Sozialisierungen durchführen, werden in die offene politische Verantwortung gegenüber dem Wähler gezwungen.

Sozialisierungsvoraussetzungen in Art. 15 GG aufzunehmen, wurde im Grundsatzausschuß ausdrücklich abgelehnt, vgl. *Grewe*, JbÖR Bd. 1 (NF), S. 156.

[231] Diesen Punkt hat insbes. *W. Jellinek* als wesentlich betont, VVDStRL 10 (1951), 163.

E. Zur Einheit der Eigentumsgarantie

I. Die Sachbereiche der Eigentumsgarantie

Der Gang der bisherigen Überlegungen hat zu dem Ergebnis geführt, daß sich vom Schutzzweck der Eigentumsgarantie her — richtiger: von den Schutzzwecken her — unterschiedliche Gegenstands- und Gewährleistungsbereiche herauskristallisiert haben:

— Personenbezogene Privatrechte sind verfassungsgeschützt, weil sie als gegenständlicher Entfaltungsbereich des Einzelnen seine individuelle Freiheit sichern helfen.

— Subjektiv-öffentliche Rechte sind — so jedenfalls die noch herrschende Meinung — deswegen verfassungsgeschützt, weil sie eigenen Arbeitseinsatz des Individuums widerspiegeln[1].

— Groß- und Produktiveigentum ist geschützt, weil es Freiheit durch soziale Gewaltenteilung sichern hilft.

Diese Schutzzwecke konstituieren einen jeweils eigenen Sachbereich, sie sind — sieht man einmal von Überschneidungen und Unschärfen an ihren Randbereichen ab — nur für ihr spezifisches Gewährleistungsfeld einschlägig. So läßt sich das heutige Groß- und Produktiveigentum weder auf den Nenner aufgesummter Leistungen seiner Eigentümer bringen noch als das gegenständliche Substrat der personalen Entfaltung ihrer Eigentümer begreifen. — Ähnlich ist es mit den subjektiv-öffentlichen Rechten: Wollte man ihren Eigentumsschutz auf der Basis „vergegenständlichter Entfaltungsraum des Einzelnen" begründen, so müßten gerade diejenigen subjektiv-öffentlichen Rechte, deren der Einzelne am meisten bedarf, den intensivsten Verfassungsschutz genießen[2]. Auch das telos sozialer Gewaltenteilung ist für sie nicht einschlägig, denn die Eigentumsgarantie sichert hier nicht eine bereits vorhandene Teilung gesamtgesellschaftlicher Gewalt, sondern zwingt im Gegenteil den Staat, bei einmal vorgenommenen Maßnahmen auf dem Gebiet privatautonomer Lebenssicherung und Wirtschaftsweise grundsätzlich und für den wesentlichen Kernbereich weiterhin tätig und präsent zu

[1] s. o. B II 3. a). Sieht man sie — richtigerweise — mehr wegen ihres freiheitl. Aspektes geschützt, so stellen sie auch dann — wenn auch nicht so augenfällig — einen selbständigen Garantiebereich innerhalb der Eigentumsgarantie dar: Sie sind eher staatlich konstituierte Teilhaberechte als außerstaatlich fundierte Abwehrrechte, s. o. B II 3. b).

[2] s. o. B II 3. b), ee).

bleiben. Zwar liegt auch im Eigentumsschutz staatsgerichteter Rechte ein Element der Entstaatlichung, indem diese Rechte dem prinzipiell staatsfreien Bereich der Gesellschaft zugeordnet werden; doch ist dies erst die Folge der durch „Leistung" oder „Freiheitssicherung" begründeten Äquivalenz von privaten und öffentlichen Rechten, also nicht die eigentliche Legitimation. — Schließlich läßt sich eine gewisse Ausschließlichkeit der genannten Schutzzwecke der Eigentumsgarantie auch für den Bereich des unmittelbar personenbezogenen Eigentums feststellen: Zum einen hängt sein Verfassungsschutz nicht davon ab, inwieweit es auf eigene Arbeit seines Inhabers zurückzuführen ist, zum anderen ist das personale Eigentum — von Überschneidungen für einzelne Bereiche, wie etwa den Betrieb des Eigentümer-Unternehmers, einmal abgesehen — keine grundsätzlich gewaltenteilende Macht. Eigentum an Eigenheimen, Konsumgütern und Kleinbetrieben stellt allenfalls eine rudimentäre Beschränkung zentralistischer Staatsmacht dar. Die Erfahrung mit totalitären Systemen zeigt, daß dieses Eigentum zwar Basis für den Rückzug in ein unpolitisiertes Privatleben sein kann, dem Staat aber zuwenig an Kompetenzen und Entfaltungsraum für seine totalitären Machtansprüche entzieht.

Wenn also die Eigentumsgarantie aus verschiedenen, teleologisch konstituierten Teilgarantien besteht, so ist damit die Frage nach der Einheit der Eigentumsgarantie gestellt: Lassen sich ein die Integrität der persönlich-materiellen Freiheitssphäre schützendes Abwehrrecht, ein Recht auf gerechte, eigenen Arbeitseinsatz berücksichtigende Teilhabe an den vom Generationenverbund erwirtschafteten Mitteln und ein drittes, gesellschaftliche Kompetenzen absicherndes Verfassungsrecht als Teilinstitute eines einheitlichen Grundrechts interpretieren?

II. Wirkung teleologischer Argumentation

Diese Frage stellt sich deshalb in aller Schärfe, weil Norm und Schutzzweck nicht voneinander zu trennen sind.

Erstens: Der Zweck legitimiert die Norm, er weist sie als rational begründet aus bzw. offenbart das Fehlen von Rationalität da, wo ein Schutzzweck nicht ersichtlich ist — sei es, daß dieser bestimmte Randbereiche nicht abdeckt, sei es, daß er überhaupt fehlt. Wenn also Anwendungsbereich einer Norm und ihr Zweck sich nicht decken, so bedeutet dies, daß entweder falsche Vorstellungen über ihre ratio bestehen oder daß sie auf von ihr nicht gemeinte Sachverhalte angewandt wird, ihr Anwendungsbereich also teleologisch zu reduzieren wäre. Würde man anders verfahren, nämlich bei Versagen des einen Schutzzwecks so lange andere zur Hand zu nehmen, bis es endlich gelungen wäre, den in Frage stehenden Anwendungsbereich durch einen ihm gemäßen Schutzzweck abzudecken, so könnte dies nur zweierlei bedeuten: Es besteht entweder ein bisher noch nicht bewußt erkannter oder formulierter Grund, gerade diese Norm auf gerade diesen Sachverhalt anzuwenden — dann bedarf dieser Grund der bewußten Herausarbeitung und Formulierung also ratio legis —, oder ein derartiger Grund besteht nicht. Dann ist das ‚Springen‘ von telos zu telos willkürlich und steht im Verdacht, Ausdruck vorhandener, aber nicht begründbarer Wertungen und Vorurteile, also ideologisch motiviert zu sein. Denn die jeweils herausgegriffenen Schutzzwecke sind dann nichts anderes als Spielmaterial, als mehr oder wenig beliebig einsetzbare Argumentationsbruchstücke in der Hand des Interpreten.

Damit aber wäre die „Fassadenfunktion“[3] der klassischen juristischen Methode wiederhergestellt — allerdings auf höherer, quasi-rationaler und weniger durchschaubarer Ebene. Die Aufhebung des „tarnenden Schleiers“[4], hinter dem sich Rechtsfindung abspielte, hätte also nichts anderes zutage gefördert als einen neuen, vielleicht noch dichter gewebten Schleier von Schein- oder Teilrationalität.

Zweitens: Die ratio einer Norm ist der Schlüssel für ihre Interpretation und für ihre konkrete Dogmatik. Wenn nun verschiedene Schutzzwecke, deren innerer Zusammenhang untereinander ungeklärt ist, unverbunden und jeweils wechselnd nebeneinander Anwendung finden, so geht auch die dogmatische Begrifflichkeit im Rahmen einer Norm verloren. Von den Gegnern der „Auflösung“ des Eigentumsbegriffs ist dies immer wieder ins Feld geführt worden[5] — und zwar so lange zu Recht, wie an der Fiktion eines historisch einheitlichen Eigentumsbegriffs festgehalten wurde. Wenn aber diese Fiktion aufgegeben und die verfassungsrechtliche Ausdifferenzierung des Eigentumsbegriffs so weit fortschreitet, daß teleologisch konstituierte, selbständige Einzelinstitute der Eigentumsgarantie Konturen gewinnen, so treten derartige Bedenken zurück. Denn innerhalb dieser Institute ist dann wieder mehr begriffliche Schärfe und dogmatische Strukturierung möglich. Wenn etwa der für personenbezogenes Eigentum einschlägige Gesichtspunkt, daß Eingriffe des Staates um so schwieriger und begründungsbedürftiger werden, je näher sie der Person des Eigentümers kommen, auf Großunternehmen übertragen wird[6], so stehen diese einigermaßen schutzlos da[7]. Ebenso wäre es, wenn man auf den Anteil des durch die

---

[3] *Haverkate*, Gewißheitsverluste, S. 132.

[4] *Kriele*, Theorie der Rechtsgewinnung, S. 15.

[5] *C. Schmitt*, Verfassungsrechtl. Aufsätze, S. 110 ff.; *Kirchheimer*, Funktionen des Staats, S. 223 ff.; *Dürig*, JZ 1954, 4 ff.

[6] Nach *Leisner*, Sozialbindung, S. 20, eine unzulässige „Osmose“.

[7] Besonders deutlich BVerfG NJW 1979, 699 ff. — Mitbestimmungsurteil —; dazu o. C II 3. d).

Unternehmenseigentümer selbst Erarbeiteten abstellen wollte. Der spezifische Gesichtspunkt für Unternehmen kann sich vielmehr nur im Rekurs auf den für sie einschlägigen Schutzzweck ergeben: Eingriffe des Staates werden um so problematischer, je mehr sie die gewaltenteilende Funktion dieser Einheiten bedrohen, also ihre kompetenzielle, organisatorische und personelle Autonomie berühren[8]. — Der Schutzzweck ist somit nicht nur Richt- und Leitlinie für die dogmatische Konkretisierung von Eigentumsbegriff und Eigentumsbindung, sondern wird neben der Abwägung bei der Höhe der Entschädigung nach Art. 14 Abs. 3 Satz 2 GG vor allem bei der Bestimmung des Wesensgehalts nach Art. 19 Abs. 2 GG relevant. Hier spätestens ist die Einsicht unvermeidlich, daß eine Norm nicht mehrere, beliebig austauschbare oder nebeneinander anwendbare Schutzzwecke haben darf: Ihr Wesensgehalt wäre dann nicht mehr formulierbar. Ein offener Katalog mehr oder weniger frei wählbarer Wesensgehalte für ein Grundrecht wäre mit Art. 19 Abs. 2 GG unvereinbar.

III. Einheit der Eigentumsgarantie?

1. Differenzierung allein im Rahmen der Sozialbindung?

Der herkömmliche dogmatische Umschlagplatz für Differenzierungen innerhalb der Eigentumsgarantie ist neben der Inhalts- und Schrankenbestimmung nach Art. 14 Abs. 1 Satz 2 GG insbesondere die Sozialbindung des Eigentums nach Art. 14 Abs. 2 GG[9]. Nachdem die Auseinandersetzung um die Konkretisierung der Eigentumsbindung mittels allgemeiner Kriterien (Privatnützigkeit[10], modifizierte Einzelakttheorie[11], Schweretheorien[12]) sich als wenig fruchtbar erwiesen hat, hat sich heute eine Differenzierung nach der „Art des Eigentums"[13] durchgesetzt, in der das Ausmaß jeweiliger Sozialbindung nach Sachbereichen und nach dem Ausmaß sozialer Verflochtenheit kasuistisch konkretisiert wird. Ausgehend vom Bodeneigentum[14] hat diese Berücksichtigung eines „so-

[8] Hier liegt der Grund für den — vom personalen Freiheitsbezug her nicht überzeugend zu begründenden — Schutz ihrer „Funktionsfähigkeit" (BVerfG NJW 1979, 705 f.); dazu oben D III 5.

[9] Vgl. *Badura*, Verh. 49. DJT, S. 11 f. m. w. Nachw.; insbes. *Kimminich*, Der Staat 1975, 406 f. und BK, Rdn. 16, 97 ff., 104 ff. zu Art. 14 GG; *W. Weber*, Festschr. Michaelis, S. 320, 325.

[10] Vgl. *Reinhardt*, Verfassungsschutz des Eigentums, S. 14, 33.

[11] Vgl. BGHZ 6, 270 (279/280).

[12] *W. Jellinek*, Verwaltungsrecht, S. 413; BVerwG in ständiger Rechtsprechung seit BVerwGE 5, 143 (145).

[13] BGHZ 23, 30 (32); s. a. *L. Raiser*, AÖR 1952/53 (Bd. 78), S. 119.

[14] s. d. Darstellung bei *Kimminich*, BK, Rdn. 114 zu Art. 14 GG u. *Maunz*, GG, Art. 14 Rdn. 63 f.

zialen Bezugs und einer sozialen Funktion"[15] auch unter dem Stichwort einer jeweils spezifischen „Situationsgebundenheit" ihren Ausdruck gefunden[16].

Warum sollte es nicht ausreichen, im Bereich der Sozialbindung nach Eigentumsarten zu diffferenzieren und im übrigen an einem einheitlichen Eigentumsbegriff des Art. 14 GG festzuhalten? Dem Bedürfnis nach der Einheit eines Grundrechts könnte damit ebenso Rechnung getragen werden wie den jeweiligen Besonderheiten von Produktionsmittel-, öffentlich-rechtlichem Teilhabe- und persönlichem Eigentum.

a) Dogmatische Inkonsequenz

Wenn dieser Weg zur Wahrung der Einheit der Eigentumsgarantie nicht gangbar ist, so zunächst deswegen, weil es dogmatisch inkonsequent ist, im Rahmen der Eigentumsbindung mit der sozialen Funktion und sachbereichsspezifischen Einbettung von Eigentumsobjekten in ihr soziales Umfeld, also „funktional", zu argumentieren, gleichzeitig aber an einem unteleologisch verstandenen einheitlichen Begriff „Eigentum" festzuhalten[17]. Außerdem ist ein derartiges Interpretationsverfahren faktisch nicht mehr durchführbar: Der Begriff verfassungsrechtlichen Eigentums ist seit der Zeit der Weimarer Reichsverfassung kein vorverfassungsrechtlich feststehender Begriff mehr, auf den zunächst einmal als Basis für die weitere Interpretation zurückgegriffen werden könnte; verfassungsrechtlicher und privatrechtlicher Eigentumsbegriff sind endgültig auseinandergefallen[18]. Im übrigen würde auch die Feststellung, die Verfassung verwende einen Begriff ebenso wie etwa das BGB oder die allgemeinen Anschauungen, die teleologische Aussage implizieren, daß dies zu Recht geschehe — weil nämlich so der entsprechenden Intention der Verfassung genügt werde. Auf der einen Stufe im dogmatischen Aufbau des Art. 14 GG teleologisch zu argumentieren, auf der anderen — ihr gedanklich vorgelagerten — aber den tradierten „historischen" Ansatz beizubehalten, ist also weder lege artis vertretbar noch praktisch durchführbar.

---

[15] BVerfGE 42, 263 (294); NJW 1979, 704 f.

[16] Neben dem Bodenrecht — BGHZ 23, 30 — insbesondere im Wasserrecht — BGHZ 60, 126 (130 f.) —, im Immissionsschutzrecht — BVerwGE 50, 49 (56) — sowie im Naturschutzrecht — BVerwGE 49, 365 (372).

[17] Vgl. die Widersprüche bei *Kimminich*, Der Staat 1975: Wenn in der WRV eine — teleologisch begründete — Erweiterung des Eigentumsbegriffs auf bisher schutzlose Rechte stattfand (S. 398), dann bestimmt das telos auch den Eigentumsbegriff, nicht nur die Sozialbindung; wenn es nur für die Sozialbindung einschlägig ist (so S. 407), so müßten diese Rechte schon vor der „Erweiterung" des Eigentumsbegriffs eigentumsgeschützt gewesen sein (so S. 407 im Widerspruch zu S. 398).

[18] *Papier*, VVDStRL 35, 62 f.; s. a. o. A II 2.

b) Preisgabe des verfassungsintendierten Schutzes?

Darüber hinaus läuft man Gefahr, sich den Blick auf das telos der Eigentumsgarantie überhaupt zu verstellen. Denn bei der Sozialbindung geht es im wesentlichen um die Legitimation von Bindungen des Eigentums, nicht um Begründungen für seinen Schutz. Damit steht von vornherein mehr die „Außenseite" als die „Innenseite" der Eigentumsgarantie im Blickpunkt. Eine abgewogene Entscheidung aber, ob i. E. dem verfassungsgeschützten Objekt oder entgegenstehenden öffentlichen oder privaten Belangen der Vorrang einzuräumen ist, setzt voraus, daß hinreichend klare Vorstellungen über den Grund für den Verfassungsschutz des in Frage stehenden Eigentumsrechts bestehen.

aa) Keine Identität zwischen Schutzzweck und faktischer Sozialfunktion

Eine „funktionale" Argumentation, die von einem „Typus der jeweils einschlägigen Einzelerscheinung des Eigentums"[19] ausgeht, steht in der Gefahr, die verfassungsrechtliche Normativität von Grundrechten preiszugeben zugunsten einer an faktischen Zuständen und wirtschaftlichen Abläufen orientierten Sicht. Nicht die historisch veränderlichen Verwertungs- und Nutzungsbedingungen etwa des Boden-, Produktiv- oder auch Konsumeigentums sind Gegenstand der Eigentumsgarantie, sondern diejenigen Funktionen eines Eigentumsobjekts, in denen sich der verfassungsrechtlich intendierte Freiheitsschutz niederschlägt[20]. Primärer Ausgangspunkt der Interpretation darf also nicht eine soziologisch-empirisch ermittelte Funktion des in Frage stehenden Objekts sein, sondern die Funktion des in Frage stehenden Grundrechts. Der rechtswissenschaftliche Funktionsbegriff ist damit von vornherein teleologisch, d. h. zweckhaft und normativ angelegt[21]. Erst in einem zweiten Schritt wird die Frage nach der Faktizität der realen Grundrechtsausübung sinnvoll[22] und notwendig[23]. Insoweit erscheint die verbreitete Zurückhaltung von juristischer Seite gegenüber *Luhmanns* Versuch, die „Sinnerfüllung" von Grundrechten mittels einer „Orientierung an den empirischen Wissenschaften"[24] zu erreichen, durchaus berechtigt, zumal er selbst — wenn auch wohl mehr salvatorisch — konstatiert, daß

---

[19] *Schwerdtfeger*, Mitbestimmung, S. 228; dagegen zu Recht *Rupp*, Fusionskontrolle, S. 105 f.

[20] So zu Recht *Dürig* (bei *R. Weber*, JZ 1978, 209).

[21] *R. Scholz*, Koalitionsfreiheit, S. 97.

[22] Ebd., S. 98.

[23] Daß die Grundrechte ihrerseits nicht im luftleeren Raum, sondern in einer konkreten historischen Situation formuliert und ausgelegt werden, daß also Normzwecke und Normwirklichkeit sich gegenseitig bedingen und konstituieren, wird erst erkennbar, wenn beides voneinander unterschieden wird.

[24] Grundrechte als Institution, S. 207.

soziologische Aussagen allein noch keine juristische Dogmatik sein könnten[25].

bb) „Sozialbezug“ als Leerformel

Die Frage nach der faktischen Funktion eines Objekts der Eigentumsgarantie, nach seiner „Situationsgebundenheit“ und seinem „Sozialbezug“, führt zunächst nur insoweit weiter, als sie den Blick auf entscheidungsrelevante Sachverhalte lenkt. Sie bietet jedoch keinerlei materielle Maßstäbe für die Bewertung dieses sozialen Bezugs und für die Abwägung der durch sie indizierten öffentlichen oder privaten Belange mit dem Rechtsgut des betroffenen Dritten[26]. Daß ein Grundstück etwa in der Nähe eines Wasserschutzgebietes liegt, ist für sich allein ebensowenig Kriterium für Reichweite und Intensität des Eigentumsschutzes wie der besonders ausgeprägte Sozialbezug eines Großunternehmens. Da die Feststellung situativer Besonderheiten zunächst also nichts mehr als Sachverhaltsermittlung ist, darf sie nicht dazu führen, daß tragende Wertungen hinter einer „Evidenz“ von Fakten verschwinden oder daß für ganze Sachbereiche allein aus dem Begriff einer „Sozial- oder Situationsgebundenheit“ eine im Vergleich zu anderen Fallgruppen verschärfte Sozialbindung herausgelesen wird. Gerade wenn öffentliche Interessen von höchstem Rang in Frage stehen, kommt es wesentlich darauf an, auch die „Innenseite“ der Eigentumsgarantie, das Ausmaß der jeweiligen Betroffenheit zu artikulieren und den Grund des je spezifischen Eigentumsschutzes deutlich hervortreten zu lassen. Erst dann ist eine sachgerechte Abwägung mit entgegenstehenden öffentlichen Belangen möglich.

cc) „Sozialbezug“ als Einstieg in die schutzzweckbestimmte Argumentation

Differenzierungen im Rahmen der Sozialbindung können allerdings auch ein erster Schritt auf dem Weg zur Artikulierung grundrechtsteleologischer Aspekte sein: Wenn sie nämlich die faktische Funktion des Gewährleistungsobjekts und die verfassungsrechtlich intendierte Funktion der Gewährleistungsnorm miteinander konfrontieren und so im „Hin- und Herwandern des Blicks“ den Norminhalt sowie die verfassungsrechtlich relevanten Besonderheiten des garantierten Objekts herausarbeiten[27]. — Ein Beispiel bietet hier die Diskussion zu dem früher ehernen Kernsatz des Polizeirechts, daß der Störer keine Entschädigung bekomme. Jahrelang wurde versucht, einem als „irgendwie ungerecht“[28] empfundenen Ergebnis mittels polizeirechtlicher Dogmatik

[25] *Luhmann*, S. 208.

[26] *R. Scholz*, Koalitionsfreiheit, S. 98; *Kimminich*, BK, Rdn. 114 zu Art. 14 GG.

[27] Vgl. *Kriele*, Theorie der Rechtsgewinnung, S. 162 ff.

abzuhelfen: Es fehle an der polizeirechtlichen Verursachung, soweit die Störerrolle dem Eigentümer arglistig zugeschoben werde[29], soweit er sich plangemäß verhalten habe[30], soweit er in Befolgung staatlich verordneten Handelns agiert habe[31] usw.; z. T. ist sogar auf die — dem Polizeirecht sonst fremden — Gesichtspunkte der zeitlichen Priorität[32] und des individuellen Verschuldens[33] zurückgegriffen worden. Erst in letzter Zeit hat sich die Einsicht durchgesetzt, daß der Schutzzweck der Eigentumsgarantie nicht durch polizeirechtliche Dogmatik in Frage gestellt werden darf[34], sondern daß umgekehrt die Eigentumsgarantie das Polizeirecht überformt und seine Interpretation bestimmt[35]. Wenn Art. 14 GG die materielle Existenzgrundlage des Einzelnen gewährleisten will, wenn andererseits diese Existenzgrundlage als Folge polizeilicher Maßnahmen vernichtet wird, so ist entweder der Störerbegriff verfassungskonform zu interpretieren oder der Rechtssatz aufzugeben, daß polizeiliche Störereigenschaft und Sozialbindung identisch seien[36]. — Wenn sich die schutzzweckbestimmte Argumentation aber erst einmal im Bereich der Sozialbindung durchgesetzt hat, so ist der Weg zu einer umfassenden teleologischen Auslegung allgemein, d. h. auch für den Inhalt des in Frage stehenden Grundrechts eröffnet.

2. Unterschiedliche Eigentumsbegriffe in Art. 14 Abs. 1 und 14 Abs. 3 GG?

Ließe sich die Sprengkraft teleologischer Argumentation für die Einheit der Eigentumsgarantie entschärfen, wenn man den erweiterten Eigentumsbegriff allein auf die Enteignung nach Art. 14 Abs. 3 GG beschränken und Art. 14 Abs. 1 GG als Institutsgarantie allein des zivilrechtlichen Sacheigentums verstehen wollte[37]? Hiergegen bestehen erhebliche Bedenken: Zum einen ist die entsprechende Äußerung *Rupps* nicht als „Harmonisierungsversuch" gemeint, sondern bezweckt im Gegenteil, der herrschenden Meinung die Begründungsbedürftigkeit eines allzu selbstverständlich angenommenen Eigentumsschutzes von Anteils- und Unternehmenseigentum vor Augen zu führen. Zum andern wäre nicht recht einzusehen, warum das nach Art. 14 Abs. 3 GG enteig-

---

28 *Redeker*, JZ 1968, 541 zum Schweinemästerfall (BGHZ 45, 23 ff.).

29 *Egerer*, Plangewährleistungsanspruch, S. 59.

30 *Drexelius*, GewArch 1972, 93.

31 *Drews/Wacke/Vogel*, Polizeirecht I, S. 468.

32 Vgl. *W. Jellinek*, Verwaltungsrecht, S. 443.

33 *Scholz-Forni*, VerwArch 30, 244 ff.

34 *Friauf*, Festschr. Wacke, S. 100; *Reiland*, VerwArch 66 (1975), S. 255 ff.

35 *Friauf*, Polizei- u. Ordnungsrecht, S. 180 ff.

36 Zum Diskussionsstand s. *Erler*, Gefahrenabwehr, S. 110 f., 152 ff.

37 Vgl. *Rupp*, Fusionskontrolle, S. 102 ff.

nungsfähige Eigentum ein anderes sein sollte als das nach Art. 14 Abs. 1 GG geschützte. Was wäre außerdem gewonnen, wenn die Risse innerhalb der Eigentumsgarantie nicht unmittelbar durch Art. 14 Abs. 1 GG, sondern stattdessen zwischen Art. 14 Abs. 1 und Art. 14 Abs. 3 GG bzw. innerhalb des Art. 14 Abs. 3 GG verliefen? Der Schaden schiene im Gegenteil größer, sowohl was den — eingeschränkten? — Anwendungsbereich der Sozialbindung anginge als auch hinsichtlich der Reichweite des Art. 14 Abs. 1 GG. Denn gerade für den problematischen Bereich, also für subjektiv-öffentliche Rechte sowie Unternehmenseigentum stellt sich die Frage nach ihrem Eigentumsschutz primär nicht als Entschädigungsfrage, sondern als die nach der Zulässigkeit staatlicher Eingriffe. Umformungen im Bereich der sozialen Sicherung oder des Unternehmensrechts sind eigentlich entschädigungsunfähig: Im ersten Fall würden finanzielle Versorgungsansprüche durch ebenso auf Geld gerichtete — wenn auch u. U. verringerte — Entschädigungsansprüche ersetzt, im zweiten wäre weder das Interesse der Betroffenen auf Entschädigung gerichtet noch wären entsprechende Verluste an vermögenswerten Rechten — etwa bei einer Reform der Unternehmensverfassung — notwendige Folge staatlichen Handelns.

3. Institutsgarantie und soziale Gewaltenteilung

Ebensowenig läßt sich die genannte Spannung dadurch auflösen, daß man die Institutsgarantie des Art. 14 GG ins Spiel bringt und die Gewährleistung des gesellschaftlich relevanten Groß- und Produktiveigentums als institutionelles Korrelat zur Gewährleistung personalbezogener subjektiver (privater und öffentlicher) Rechte interpretiert[38]. Zwar ist hier in der Tat eine gewisse Parallelität zum telos sozialer Gewaltenteilung gegeben, da die Institutsgarantie anders als die Individualgarantie den gesellschaftlich-institutionellen Bezugsrahmen im Blick hat, also gerade den Bereich, in dem freiheitssichernde Wirkungen des Produktiveigentums deutlich werden; darüber hinaus haben soziale Gewaltenteilung und Institutsgarantie gemeinsam, daß sie letztlich Instrumente zur Sicherheit von Individualfreiheit sein wollen. — Dennoch besteht ein entscheidender Unterschied: Die institutionelle Seite der Eigentumsgarantie setzt die teleologisch definierte Rechtsstellungsgarantie voraus; sie ist Absicherung der Individualfunktion auf gesellschaftlicher Ebene, also deren institutionelle Verlängerung in den gesellschaftlichen Bereich hinein[39]. Die Institutsgarantie für personalbezogenes Eigentum ge-

[38] So aber *Scheuner*, Einführung, S. 44, 52; *Friauf/Wendt*, Eigentum, S. 46, 69 m. w. Nachw.; *Badura/Rittner/Rüthers*, Gemeinschaftsgutachten, S. 194 ff., 223 ff., 246 ff.; dagegen zu Recht BVerfG NJW 1979, 702.

[39] s. BVerfG NJW 1979, 702; so wohl auch *Häberle*, Wesensgehaltgarantie, S. 97 f.

währleistet also lediglich das Rechtsinstitut des Eigentums als Mittel und Basis individueller Existenz und Freiheitsentfaltung; sie ist also keine eigenständige Legitimation für den Schutz gesellschaftlicher Mächte. Deren „individueller“ Verfassungsschutz bedarf mithin eigener teleologischer Begründung — wie sie mit ihrer Eigenschaft als Träger sozialer Gewaltenteilung gegeben ist[40]. — Jede durch ihr jeweiliges telos zusammengehaltene Gruppe verfassungsrechtlich geschützter Eigentumsobjekte beansprucht also grundsätzlch über die Individualgarantie hinaus institutionellen Schutz durch eine jeweils auf sie bezogene spezifische Institutsgarantie. Insoweit führen die Gemeinsamkeiten zwischen sozialer Gewaltenteilung als Schutzzweck und Institutsgarantie des Art. 14 GG nicht zu einem Abbau der inneren Spannungen im Gefüge der Eigentumsgarantie, sondern eher zu ihrer Verschärfung und Komplizierung.

4. Ausgliederung von Eigentumsgruppen?

Ohne praktische Relevanz dürfte schließlich die abstrakte Möglichkein sein, Art. 14 GG als Garantie lediglich des personenbezogenen Eigentums — also bis hin zum mittelständischen Eigentümerbetrieb — zu verstehen und für die beiden anderen Bereiche einen je eigenständigen verfassungsrechtlichen Standort zu suchen: Für subjektiv-öffentliche Rechte etwa ein von Art. 14 GG abzulösender Vertrauensschutztatbestand oder ein neu zu schaffender Art. 14 a GG[41] und für das große Produktiveigentum die zum Grundrecht uminterpretierte Sozialisierungsermächtigung[42]. Hierbei würde es sich lediglich um Konstruktionen vom grünen Tisch des Verfassungsrechtlers aus handeln; Lehre und gefestigte Rechtsprechung sind sich darüber einig, daß sowohl erdiente subjektiv-öffentliche Rechte wie auch Großunternehmen von der Garantie des Art. 14 GG erfaßt werden.

5. Eigentumsgarantie und Schutzzweck der Verfassung

Das unverbundene Nebeneinanderstehen dreier unterschiedener Teilgarantien des Art. 14 GG enthält die Gefahr, daß die eine gegen die andere ausgespielt wird: Soziale Gewaltenteilung gegen den Schutz der Individualsphäre, Ausbau des Systems sozialer Sicherung gegenüber dem Schutz der bestehenden Güterverteilung oder übersteigerter Schutz der durch personenbezogenes Eigentum vermittelten überdurchschnittlichen Freiheitschance gegenüber gerechter Teilhabe an den vorhandenen Gütern. Die Einheit der Eigentumsgarantie müßte sich nun um so

---

[40] Dazu oben D II.
[41] *Meydam*, Diss., S. 107, 88 ff., 93 ff.
[42] Zum „Grundrecht auf Nichtsozialisierung“ s. o. D IV 1.

eher wieder herstellen lassen, je mehr man sie in den Gesamtzusammenhang des Grundgesetzes hineinstellt und sie als Ausprägung allgemeiner Verfassungszwecke sieht.

a) Vorrang der Individualfreiheit

Hier kann nun grundsätzlich kein Zweifel daran bestehen, daß im Zentrum der Grundrechte und damit auch der Eigentumsgarantie der Schutz von Freiheit und Würde steht[43]. Dies folgt schon aus Art. 1 GG, der als „oberstes Konstitutionsprinzip“[44] der Verfassung Staatstätigkeit und -untätigkeit legitimiert und ihr die Richtung weist. Grundrechte, Wesensgehaltsgarantie, Rechtsweggarantie, Art. 79 Abs. 3 GG, Demokratie-, Rechts- und Sozialstaatsprinzip sowie vertikale und horizontale Aufteilung der Staatsmacht sind verfassungsrechtliche Instrumente und Institute, die auf diesen Schutz des Individuums funktional bezogen sind[45]. Überwiegende Gemeinwohlbelange können nur dann Eingriffe in Grundrechtspositionen rechtfertigen, wenn sie ihrerseits — wie vermittelt auch immer — den Schutz von Würde und Freiheit der Einzelnen bezwecken.

Damit wird auch der wesentliche Unterschied zwischen der Eigentumsgarantie der Individualfreiheit sichernden Rechte und der Eigentumsgarantie für die Träger sozialer Gewaltenteilung deutlich: Der Schutz von Freiheit und Würde des Einzelnen ist verfassungsrechtliches Axiom, das keiner weiteren verfassungsteleologischen Begründung bedarf. Die Entscheidungsautonomie von Großunternehmen dagegen ist nicht Selbstzweck, sondern — wie auch die innerstaatliche Gewaltenteilung — nur als Instrument zur Sicherung persönlicher Freiheit begründet. Damit ist ein grundsätzliches Rangverhältnis zwischen den Teilgarantien des Art. 14 GG hergestellt: Im Konfliktfall genießt der Schutz der materiellen Freiheitssphäre des Einzelnen Vorrang gegenüber dem Gedanken sozialer Gewaltenteilung.

Mit dieser Erkenntnis ist jedoch nicht mehr als ein sehr allgemeiner Richtpunkt gesetzt, dessen verfassungsdogmatische Umsetzung nicht mehr an Präzisierung leisten kann als sein Ausgangspunkt. Die Feststellung eines derartigen Fundamentalitätsverhältnisses ist nämlich noch keineswegs eine Neubegründung der Einheit der Eigentumsgarantie. Denn es ist gerade die letztlich für die Individuen freiheitssichernde Funktion sozialer Gewaltenteilung, die diesen Schutzzweck als verselbständigten und eigenständigen Schutzzweck der Eigentumsgarantie ausweist. Es wäre also kein Rationalitätsgewinn, in einem ersten Aus-

[43] Diesen Schutzzweck der Grundrechte hat das BVerfG besonders im Mitbestimmungsurteil — NJW 1979, 699 ff. — in den Vordergrund gestellt.

[44] *Dürig*, GG, Art. 1 Rdn. 14.

[45] Vgl. *Kriele*, Staatslehre, S. 149 ff. u. Menschenrechte, S. 9 ff., 51 f.

legungsschritt die spezifische Rationalität des Eigentumsschutzes von Trägern sozialer Gewaltenteilung zu begründen, um sie dann in einem zweiten Schritt wieder zurückzunehmen. Denn es ist durchaus denkbar, daß die in sozialer Gewaltenteilung liegende langfristige Sicherung individueller Freiheit — in jeweils konkret zu begründenden Einzelfällen — einen höheren Stellenwert beansprucht als die unmittelbare Betroffenheit einzelner Individuen.

b) Privatautonomie

Der primäre Zweck von Grundrechten ist es, einen Freiraum rechtlich zu konstituieren und zu sichern, in dem der Einzelne dem Zugriff des Staates entzogen ist und seine Entscheidungen in eigener Verantwortung nach selbst gewählten Maßstäben trifft. Stellt man die Eigentumsgarantie in diesen Zusammenhang, so erscheint sie als Garantie der materiellen Grundlagen privater Autonomie bzw. negativ formuliert, als Garantie der grundsätzlichen Staatsfreiheit privater und gesellschaftlicher Entscheidung über die Verwendung von materiellen Gütern. Der Begriff der Privatautonomie umfaßt insoweit also die Schutzzwecke „Sicherung des materiellen Freiraums persönlicher Entfaltung" und „soziale Gewaltenteilung" gleichermaßen. Auch die Unterstellung der subjektiv-öffentlichen Rechte unter die Eigentumsgarantie läßt sich als Versuch begreifen, ihren „eigentlich" privaten Charakter deutlich zu machen und ihm entsprechenden verfassungsrechtlichen Status zu geben. Dennoch wäre zweifelhaft, ob eine derart von Art. 14 GG intendierte Garantie staatsfreier Eigentumssphäre als Fundament oder Bindemittel für sich u. U. gegenläufig entwickelnde Teilinstitute dienen könnte. Denn Einheit der Eigentumsgarantie wird lediglich „negativ", in der Abwehr einer identitären Staats- und Gesellschaftsordnung konstituiert. Ein „positives" Leitbild für die konkrete Entwicklung und Zuordnung dieser Einzelinstitute wäre damit nicht gewonnen: Wenn die Wahrnehmung privater und gesellschaftlicher Freiheit heute ohne eine vom Staat geschaffene Basis nicht mehr denkbar ist — besonders deutlich bei Sozialversicherungsansprüchen, aber auch bei personenbezogenem und großem Produktiveigentum —, so kann das Ausmaß von Staatstätigkeit für sich allein kein Indikator für mögliche Grundrechtsgefährdungen sein. Neben die allgemeine Ambivalenz sozialstaatlicher Tätigkeit — effektive Freiheitssicherung auf der einen, Gefahr der fürsorgenden Entmündigung auf der anderen Seite — tritt so eine zweite, für die Eigentumsgarantie spezifische: Maßnahmen, die eine der Eigentumsgruppen begünstigen, insoweit also materielle Freiheitsräume erweitern, können zugleich ein Eingriff in eine andere Eigentumsgruppe darstellen, also Freiheitsräume innerhalb desselben Grundrechts verringern. Der Prozeß der Umverteilung von Freiheitsräumen muß, soweit er grundrechtsrelevante Dimensionen annimmt, also im Rahmen eines Grundrechts ausbalanciert werden. Wenn also eine allein unter dem Aspekt der Unterscheidung von Staat und Gesellschaft interpretierte Eigentumsgarantie für die Fragen effektiver Freiheitssicherung keine einheitlich eigentumsdogmatisch umsetzbare Aussagekraft hat, dann bleibt auch die Frage nach der Einheit der Eigentumsgarantie in ihrem auf die Auflösung von Konfliktlagen zwischen den jeweiligen Schutzzwecken abzielenden Gehalt offen.

c) Sozialer Frieden

Wenn die Verfassung ihren fundamentalen Sinn darin hat, Friedens- und Konsensgrundlage des Gemeinwesens zu sein[46], so muß dies auch für die Eigentumsgarantie gelten: Indem sie vorhandene Rechte dem Zugriff der Mehrheit entzieht, dient sie der Integration der Eigentümer in den demokratischen Verfassungsstaat und damit dem sozialen Frieden. Sie tut dies aber gleichermaßen, indem sie Ansprüche aus solidarisch getragener Daseinsvorsorge Eigentumsschutz zuerkennt und darüber hinaus dem Staat Eingriffsrechte zum Schutz Dritter sowie zur Erfüllung sozialstaatlicher Aufgaben gibt. Sie integriert damit auch diejenigen, die ihren Anspruch auf eine gerechtere Verteilung der vorhandenen Güter geltend machen. Die friedenssichernde Wirkung der Eigentumsgarantie liegt also nicht im einseitigen Schutz der bestehenden Reichtumsverteilung, sondern in der Aufrechterhaltung der die sozialen Schichtungen widerspiegelnden Balance zwischen Rechts- und Sozialstaat. Die Frage nach der Einheit der Eigentumsgarantie führt damit von der Verfassungsnorm zur sozialen Wirklichkeit; der Verfassungstext selbst stellt diese Einheit nicht her.

---

[46] s. *Kriele*, Recht u. prakt. Vernunft, S. 62 ff.

Literaturverzeichnis

Abendroth, Wolfgang: Das Grundgesetz, 5. Aufl., Pfullingen 1975

Adenauer, Konrad: Erinnerungen 1945—1953, Stuttgart 1965

Adorno, Theodor W.: Minima Moralia, Frankfurt 1970

Agnoli, J. / *Brückner*, P.: Die Transformation der Demokratie, Frankfurt 1968

Andreae / *Glahe* (Hrsg.): Das Gegengewichtsprinzip Bd. 1—4, 1966

Anschütz, Gerhard: Die Verfassung des Deutschen Reiches, Kommentar zur WRV, Vierte Bearbeitung, 14. Aufl., Berlin 1933

Apelt, Willibald: Geschichte der Weimarer Verfassung, München 1964

Arndt, Adolf (jun.): Das Problem der Wirtschaftsdemokratie in den Verfassungsentwürfen, in: Politische Reden und Schriften, Berlin u. a. 1976, S. 15 ff.

Arndt, Adolf (sen.): Die Verfassungsurkunde für den Preußischen Staat, 6. Aufl., Berlin 1907

— Die Verfassung des Deutschen Reiches, Kommentar, 3. Aufl., Berlin und Leipzig 1927

von Arnim, H. H.: Gemeinwohl und Gruppeninteressen, Frankfurt 1977

Aschenbrenner, Heinrich (Hrsg.): Lorenz von Stein — Staat und Gesellschaft, Zürich 1934

Badura, Peter: Eigentum im Verfassungsrecht der Gegenwart, in: Verhandlungen des 49. DJT, Band II, München 1972, S. 5 ff. (Schlußvortrag)

— Der Eigentumsschutz des eingerichteten und ausgeübten Gewerbebetriebs, AöR 1973 (Bd. 98), S. 153 ff.

— Die soziale Schlüsselstellung des Eigentums, BayVerwBl. 1973, S. 1 ff.

— Grundprobleme des Wirtschaftsverfassungsrechts, JuS 1976, S. 205 ff.

Badura / *Rittner* / *Rüthers*: Mitbestimmungsgesetz 1976 und Grundgesetz, Gemeinschaftsgutachten, München 1977

Ballestrem, Karl G.: Zur politischen Theorie des klassischen englischen Liberalismus, PVS 1976, S. 186 ff.

Batscha, Zwi: Gesellschaft und Staat in der politischen Philosophie Fichtes, Frankfurt 1970

Benda, Ernst: Industrielle Herrschaft und sozialer Staat, Göttingen 1966

Benda, Ernst / *Kreuzer*, Karl: Eigentum und Eigentumsbindung, Zeitschrift für Sozialreform (ZfSR) 1974, S. 1 ff.

Berle / *Means*: Modern Corporation and Private Property, 1932

Bettermann, Karl August: Juristische Personen des öffentlichen Rechts als Grundrechtsträger, NJW 1969, S. 1321 ff.

— Die Verfassungsmäßigkeit von Versicherungszwang und Versicherungsmonopolen öffentlich-rechtlicher Anstalten insbesondere bei der Gebäudeversicherung, in: WiR 1973, S. 184 ff.

Beyer, Gerald: Zur Beschwerdebefugnis von Verbänden wegen Grundrechtsverletzungen, Berlin 1976

Biedenkopf, Kurt H.: Die ordnungspolitische Funktionsteilung zwischen Unternehmung und Staat, in: Unternehmung und Staat (Roesle / Winterling, Hrsg.), Bern, Stuttgart 1974, S. 55 ff.

Blackstone, William: Commentaries on the Law of England, 1765

Bluntschi, J. C.: Allgemeine Staatslehre, 6. Aufl., Stuttgart 1886

— Stichwort „Eigentum", in: Deutsches Staats-Wörterbuch, Band III, Stuttgart und Leipzig 1858, S. 297 ff.

Böckenförde, Ernst-Wolfgang: Die Bedeutung der Unterscheidung von Staat und Gesellschaft im demokratischen Sozialstaat der Gegenwart, in: Staat, Gesellschaft, Freiheit, Frankfurt 1976, S. 185 ff.

— Die politische Funktion wirtschaftlich-sozialer Verbände und Interessenträger in der sozialstaatlichen Demokratie. Ein Beitrag zum Problem der „Regierbarkeit", Der Staat 1976, S. 457 ff.

Böhm, Franz: Wirtschaftsordnung und Staatsverfassung, Tübingen 1950

— Privatrechtsgesellschaft und Marktwirtschaft, in: ORDO Bd. XVII (1966), S. 75 ff.

— Der Zusammenhang zwischen Eigentum, Arbeitskraft und dem Betreiben eines Unternehmens, in: Das Unternehmen in der Rechtsordnung, Festgabe für H. Kronstein, Karlsruhe 1967, S. 11 ff.

Böhmer, Werner: Diskussionsbeitrag, in: Spanner, Pernthaler, Ridder (Hrsg.), Grundrechtsschutz des Eigentums, Karlsruhe 1977, S. 63—74

Bogs, Harald: Die Sozialversicherung im Staat der Gegenwart, Berlin 1973

Bogs, Walter: Die Einwirkung verfassungsrechtlicher Normen auf das Recht der sozialen Sicherheit, in: Verhandlungen des 43. DJT in München 1960, Band II/G, Tübingen 1962, S. 5 ff.

Brammen, Klaus: Die Ausdehnung der verfassungsrechtlichen Eigentumsgarantie auf Rechte des öffentlichen Rechts, Diss. Münster 1968

Brandt, Reinhardt: Eigentumstheorien von Grotius bis Kant, Stuttgart 1974

Breuer, Rüdiger: Die Bodennutzung im Konflikt zwischen Städtebau und Eigentumsgarantie, München 1976

Briefs, Goetz: Laissez-faire-Pluralismus, Berlin 1966

Brüggemeier, Gert: Entwicklung des Rechts im organisierten Kapitalismus, Band 1: Von der Gründerzeit bis zur Weimarer Republik, Frankfurt 1977

Buchner, Heribert: Die Bedeutung des Rechts am eingerichteten und ausgeübten Gewerbebetrieb für den deliktsrechtlichen Unternehmensschutz, München 1971

Buchner, R.: Deutsche Geschichte, Darmstadt 1976

Bull, Hans Peter: Die Staatsaufgaben nach dem Grundgesetz, Erweiterte Studienausgabe der 2. Aufl., Kronberg 1977

Burke, Edmund: The Works of the Right Honorable E. Burke, (Hrsg. J. C. Nimno), 2. Aufl. 1898—1899

— Betrachtungen über die Französische Revolution (ed. Henrich), Frankfurt 1967

Burnham, James: Managerial Revolution, 1941

Calliess, Rolf-Peter: Eigentum als Institution, München 1962

Chalfina, Raissa: Das persönliche Eigentumsrecht in der UdSSR, Moskau 1976

Chlosta, Joachim: Der Wesensgehalt der Eigentumsgewährleistung, Berlin 1975

Coing, Helmut: Grundzüge der Rechtsphilosophie, 2. Aufl., Berlin 1969

Constant, Benjamin: Über die Gewalt (ed. Zbinden), Bern 1942

— Über die Freiheit (ed. Muschg), Basel 1946

Däubler: Wolfgang / *Sieling-Wendeling*, U. / *Welkoborsky*, H.: Eigentum und Recht, Darmstadt und Neuwied 1976

Dahlmann, Friedrich Christoph: Ein Wort über die Verfassung (1815), hrsg. v. C. Varrentrap, Stuttgart 1886

Dahrendorf, R.: Gesellschaft und Freiheit, München 1961

— Über den Ursprung der Ungleichheit unter den Menschen, Tübingen 1961

Darwin, Charles: Die Abstammung des Menschen (1871), hrsg. und übersetzt von Heinrich Schmidt, Leipzig 1932

Dietze, G.: Zur Verteidigung des Eigentums, Tübingen 1978

Dopatka, Friedrich-Wilhelm: Darstellung und Kritik der herrschenden Auslegung von Art. 15 GG, in: G. Winter (Hrsg.), Sozialisierung von Unternehmen, Bedingungen und Begründungen, Frankfurt/M. 1976

Drews / Wacke / Vogel / Martens: Gefahrenabwehr, Allgemeines Polizeirecht (Ordnungsrecht) des Bundes und der Länder, 8. völlig neu bearbeitete Auflage, Erster Band: Organisationsrecht, Polizeiliches Handeln, Rechtsschutz und Ausgleichsansprüche, Köln, Berlin, Bonn, München 1975

Drexelius, Matth.: Bestandsschutz bei Gewerbebetrieben und polizeilicher Störerbegriff, GewArch 1972, S. 92 f.

Dürig, Günter: Das Eigentum als Menschenrecht, ZgesStW 109 (1953), S. 326 ff.

— Verfassungsrechtliche Eigentumsgarantie, Staatslexikon, Bd. 2, S. 1079

— Zurück zum klassischen Enteignungsbegriff, JZ 1954, S. 4 ff.

— Der Staat und die vermögenswerten öffentlich-rechtlichen Berechtigungen seiner Bürger, in: Festschrift für W. Apelt, München und Berlin 1958, S. 13 ff.

Egerer, Jürgen: Der Plangewährleistungsanspruch, Baden-Baden 1971

Ehmke, Horst: Grenzen der Verfassungsänderung, 1953

— Wirtschaft und Verfassung, Karlsruhe 1961

Emmerich, Volker: Wirtschaftsrecht der öffentlichen Unternehmen, Bad Homburg u. a. 1968

Engelken, Klaas: Zum Planungswertausgleich, DÖV 1974, S. 361 ff., 403 ff.

— Zur Ermittlung der Endwerte beim Planungswertausgleich, DÖV 1975, S. 296 ff.

— Ist der Planungswertausgleich verfassungswidrig? DÖV 1976, S. 8 ff.

Engels, Friedrich: Die Lage der arbeitenden Klasse in England (1843), Berlin (Dietz) 1952

— Der Ursprung der Familie, des Privateigentums und des Staats, Peking 1974

Erhard, Ludwig: Rede vom 17. 6. 1948, FAZ v. 15. 6. 1978, S. 12

Erler, A.: Maßnahmen der Gefahrenabwehr und verfassungsrechtliche Eigentumsgarantie (Schriften zum Öffentlichen Recht, Bd. 334), Berlin 1977

Esser, Josef: Gesetzesrationalität im Kodifikationszeitalter und heute, in: 100 Jahre oberste deutsche Justizbehörde (Recht und Staat, Heft 470), Tübingen 1977, S. 13 ff.

Euchner, Walter: Naturrecht und Politik bei John Locke, Frankfurt 1969

— Einleitung zu John Locke, Zwei Abhandlungen über die Regierung, Frankfurt 1977, S. 1—59

Eucken, W.: Die Wettbewerbsordnung und ihre Verwirklichung, ORDO 1949 (Bd. II), S. 1 ff.

— Grundsätze der Wirtschaftspolitik, Bern, Tübingen 1952

Fabricius: Mitbestimmung in der Wirtschaft, Frankfurt 1970

Feder, Gottfried: Das Programm der NSDAP und seine weltanschaulichen Grundlagen, 25.—40. Aufl., München 1931

Fenske, H.: „Gewaltenteilung", in: Brunner u. a. (Hrsg.), Geschichtliche Grundbegriffe, Bd. 2, Stuttgart 1975, S. 923 ff.

Fichte, J. G.: Grundlagen des Naturrechts nach Prinzipien der Wissenschaftslehre, Jena/Leipzig 1796/1797 (ed. F. Meiner), 1960

Förster, Wolfgang: Rolle und Wertung des Leistungsprinzips in den kommunistischen Staaten, in: Sinn und Unsinn des Leistungsprinzips, München 1974, S. 196 ff.

Forsthoff, Ernst: Verfassungsprobleme des Sozialstaats (1954), in: Rechtsstaat im Wandel, 2. Aufl., München 1976, S. 50 ff.

— Eigentumsschutz öffentlich-rechtlicher Rechtsstellungen, NJW 1955, S. 1249 ff.

— Zur Problematik der Verfassungsauslegung (1961), in: Rechtsstaat im Wandel, 2. Aufl., München 1976, S. 153 ff.

— Einleitung zu Montesquieu, Vom Geist der Gesetze, Tübingen 1967 (TB-Ausgabe)

— Zur Lage des verfassungsrechtlichen Eigentumsschutzes, in: Festgabe für Theodor Maunz, München 1971, S. 89 ff.

— Der Staat der Industriegesellschaft, 2. Aufl., München 1971

— Lehrbuch des Verwaltungsrechts, Band I, Allgemeiner Teil, 10. Aufl., München 1973

Forwick: Eigentum und Freiheit (Quellensammlung), München 1972

Fraenkel, Ernst: Möglichkeiten und Grenzen der politischen Mitarbeit der Bürger in einer modernen parlamentarischen Demokratie (1966), in: Reformismus und Pluralismus, Hamburg 1973, S. 389 ff.

— Strukturanalyse der modernen Demokratie (1970), in: Reformismus und Pluralismus, Hamburg 1973, S. 404 ff.

— Universitas litterarum und pluralistische Demokratie (1967), in: Reformismus und Pluralismus, Hamburg 1973, S. 354 ff.

— Deutschland und die westlichen Demokratien, 6. Aufl., Stuttgart u. a. 1974

Frantz, Constantin: Der Föderalismus als leitendes Prinzip, Mainz 1879 (Neudruck Aalen 1962)

Freyer, H.: Weltgeschichte Europas, 2. Band, Wiesbaden 1948

— Theorie des gegenwärtigen Zeitalters, Stuttgart 1955

Friauf, Karl Heinrich: Bemerkungen zur verfassungsrechtlichen Problematik des Subventionswesens, DVBl. 1966, S. 729 ff.

— Zur Problematik des Rechtsgrundes und der Grenzen der polizeilichen Zustandshaftung — Untersucht am Beispiel der Haftung für Zufallsfolgen des modernen Massenverkehrs, in: Festschrift für G. Wacke, Köln 1972, S. 293 ff.

— Eigentumsgarantie, Leistung und Freiheit im demokratischen Rechtsstaat, in: B. Gemper (Hrsg.), Marktwirtschaft und soziale Verantwortung, Köln 1973, S. 438 ff.

— Polizei- und Ordnungsrecht, in: Besonderes Verwaltungsrecht (I. von Münch, Hrsg.), 4. Aufl., Berlin, New York 1976, S. 153 ff.

— Unternehmenseigentum und Wirtschaftsverfassung, DÖV 1976, S. 624 ff.

Friauf, K. H. / *Wendt*, R.: Eigentum am Unternehmen, Köln 1977

Friedman, Milton: Kapitalismus und Freiheit, Stuttgart 1971

Galbraith, J. K.: Die moderne Industriegesellschaft, München 1968

— Der amerikanische Kapitalismus im Gleichgewicht der Kräfte, Stuttgart—Wien—Zürich 1956

Gebhard, Ludwig: Handkommentar zur Verfassung des Deutschen Reiches, München, Berlin, Leipzig 1932

Gehlen, Arnold: Die Seele im technischen Zeitalter, Hamburg 1957

— Soziologische Aspekte des Eigentumsproblems in der Industrie-Gesellschaft, in: Eigentum und Eigentümer, Veröff. der W. Raymond-Stiftung, Bd. 1, Köln und Opladen 1960, S. 164 ff.

— „Macht", (I) Soziologie der Macht, in: HdSW, Bd. 7, Stuttgart u. a. 1961, S. 77 ff.

Geiger, Willi: Die Eigentumsgarantie des Art. 14 GG und ihre Bedeutung für den sozialen Rechtsstaat, in: Eigentum und Eigentümer in unserer Gesellschaftsordnung, Veröffentlichungen der Walter-Raymond-Stiftung, Bd. 1, S. 185 ff., Köln, Opladen 1960

— Diss. vote zu BVerfGE 45, 142; BVerfGE 45, 182 ff.

von Gierke, Otto: Die soziale Aufgabe des Privatrechts (1889), Frankfurt 1948

— Labands Staatsrecht und die deutsche Rechtswissenschaft, 2. Aufl., 1961

Giese, Friedrich: Verfassung des Deutschen Reiches vom 11. August 1919, 7. Aufl., Berlin 1926

Grabitz, Ekkehard: Der Grundsatz der Verhältnismäßigkeit in der Rechtsprechung des Bundesverfassungsgerichts, AöR 98 (1973), S. 568 ff.

Griewank, Karl: Ursachen und Folgen des Scheiterns der deutschen Revolution von 1848, in: Böckenförde (Hrsg.), Moderne deutsche Verfassungsgeschichte, Köln 1972, S. 40 ff.

Groß, R. / *Gauland*, A.: Verstaatlichung der Banken und Grundgesetz, DÖV 1975, S. 344

Guardini, Romano: Das Ende der Neuzeit, Basel 1950

Habermas, Jürgen: Strukturwandel der Öffentlichkeit, 2. Aufl., Neuwied u. a. 1965

Häberle, Peter: Die Wesensgehaltgarantie des Art. 19 Abs. II Grundgesetz, 2. Aufl., Karlsruhe 1972

— Verfassungsinterpretation als öffentlicher Prozeß — ein Pluralismuskonzept (1976), in: Verfassung als öffentlicher Prozeß, Berlin 1978, S. 121 ff.

Hartwich, H.-H.: Sozialstaatspostulat und gesellschaftlicher status quo, 2. Aufl., Opladen 1977

Haussherr, H.: Wirtschaftsgeschichte der Neuzeit, 2. Aufl., Weimar 1955

Haverkate, Görg: Gewißheitsverluste im juristischen Denken, Berlin 1977

Hax, Karl: Die öffentliche Unternehmung in der Marktwirtschaft, FinArch N. F. Bd. 27 (1968), S. 37 ff.

v. Hayek, F. A.: Der Weg zur Knechtschaft (1944), München 1976

— „Politischer Liberalismus", in: HdSW Bd. 6, Stuttgart u. a. 1959, S. 591 ff.

— Die Verfassung der Freiheit, Tübingen 1971

Heck, Philipp: Gesetzesauslegung und Interessenjurisprudenz, AcP Bd. 112 (1914), S. 1 ff.

Heckhausen, Heinz: Leistung — Wertgehalt und Wirksamkeit einer Handlungsmotivation und eines Zuteilungsprinzips, in: Sinn und Unsinn des Leistungsprinzips, München 1974, S. 169 ff.

Hedemann, Justus W.: „Eigentum", in: Politisches Handwörterbuch, Hrsg. Paul Herre, Leipzig 1923, Band I, S. 475

Hegel, G. W. F.: Grundlinien der Philosophie des Rechts (ed. Hoffmeister), 4. Aufl., Hamburg 1955

Heller, Hermann: Rechtsstaat oder Diktatur? (1929), in: Gesammelte Schriften II, Leiden 1971, S. 443 ff.

— Europa und der Fascismus (1929/31), in Gesammelte Schriften II, Leiden 1971, S. 463 ff.

— Bürger und Bourgeois (1932), in: Gesammelte Schriften II, Leiden 1971, S. 625 ff.

Henkel, Joachim: Verstaatlichung der Banken? DVBl. 1975, S. 317

Henning, F.-W.: Die Industrialisierung in Deutschland 1800—1914, 3. Aufl., Paderborn 1976

Hereth, Michael: Adam Smith, in: Henningsen (Hrsg.), Vom Nationalstaat zum Empire, München 1970, S. 73

Herzog, Roman: „Eigentum", in: Ev. Staatslexikon, 2. Aufl., Stuttgart 1975, Sp. 514 ff.

Hesse, Konrad: Bemerkungen zur heutigen Problematik und Tragweite der Unterscheidung von Staat und Gesellschaft, DÖV 1975, S. 437

— Grundzüge des Verfassungsrechts der Bundesrepublik Deutschland, 10. Aufl., Heidelberg, Karlsruhe 1977

von Heynitz, Jobst: Abschöpfung von Bodenwertsteigerungsgewinnen und Eigentumsgarantie, DVBl. 1975, S. 474 ff.

von Hippel, Ernst: Untersuchungen zum Problem des fehlerhaften Staatsaktes (1924), 2. Aufl., Berlin/Göttingen/Heidelberg 1960

— Gewaltenteilung im modernen Staat, Köln 1950

Hobbes, Thomas: Leviathan (ed. Fetscher), Neuwied, Berlin 1966

Höffner, Joseph: Sozialphilosophie des Eigentums, in: Staatslexikon (Görres-Gesellschaft), Bd. 2, Freiburg 1958, Sp. 1066 ff.

Hölderlin, Friedrich: Gedichte (ed. E. Müller), Stuttgart 1952

Hofacker, Wilhelm: Grundrechte und Grundpflichten der Deutschen, Stuttgart 1926

Huber, Ernst-Rudolf: Grundrechte und wirtschaftliche Mitbestimmung, Stuttgart 1970

— Deutsche Verfassungsgeschichte seit 1789, Bd. V, 1914—1919, Stuttgart u. a. 1978

— Wirtschaftsverwaltungsrecht, Bd. II, 2. Aufl., Tübingen 1954

Huber, Hans: Gewerbefreiheit und Eigentumsgarantie, in: Festgabe für Gutzwiller, 1969, S. 535

Hubmann, Heinrich: Das Menschenbild unserer Rechtsordnung, in: Festschrift für H. C. Nipperdey, Bd. I, München und Berlin 1965, S. 37

von Humboldt, Wilhelm: Ideen zu einem Versuch, die Grenzen der Wirksamkeit des Staates zu bestimmen, Stuttgart 1967

Imboden, Max: Die Staatsformen, Basel, Stuttgart 1959

Ipsen, Hans Peter: Enteignung und Sozialisierung, VVDStRL 10 (1952), S. 74 ff.

— Gesetzliche Bevorratungsverpflichtungen Privater, erläutert am Modell des Gesetzes über Mindestvorräte an Erdölerzeugnissen vom 9. September 1965 (BGBl. I S. 1217), AöR Bd. 90 (1965), S. 395

— Das Bundesverfassungsgericht und das Privateigentum, AöR Bd. 91 (1966), S. 86 ff.

Isensee, Josef: Wirtschaftsdemokratie — Wirtschaftsgrundrechte — soziale Gewaltenteilung, Der Staat 1978, S. 161 ff.

— Fortgeltung des saarländischen Sozialisierungs-Artikels unter dem Grundgesetz, DÖV 1978, S. 233 ff.

Issing, O. / *Leisner*, W.: „Kleineres Eigentum", Grundlage unserer Staats- und Wirtschaftsordnung, Göttingen 1976

Jellinek, Walter: Verwaltungsrecht, 3. Aufl., Berlin 1931 (Neudruck Bad Homburg, Berlin, Zürich 1966) *von Jhering*, Rudolf: Der Zweck im Recht, 1. Aufl. 1877, 4. Aufl. 1904

Kägi, Werner: Von der klassischen Dreiteilung zur umfassenden Gewaltenteilung (1961), in: H. Rausch (Hrsg.), Zur heutigen Problematik der Gewaltentrennung, Darmstadt 1969, S. 286 ff.

Kaiser, Joseph H.: Verfassungsrechtliche Eigentumsgewähr, Enteignung und Eigentumsbindung in der Bundesrepublik Deutschland, in: Kaiser u. a., Staat und Privateigentum, Köln/Berlin 1960, S. 5 ff.

Kant, Immanuel: Metaphysik der Sitten (Meiner), 4. Aufl., Leipzig 1922

— Bemerkungen zu den Beobachtungen über das Gefühl des Schönen und Erhabenen, Akademieausgabe Bd. XX, Berlin 1942, S. 1 ff.

Kelsen, Hans: Die Hauptprobleme der Staatsrechtslehre entwickelt aus der Lehre vom Rechtssatz, 2. Aufl. 1923

Kimminich, Otto: Erweiterung des verfassungsrechtlichen Eigentumsbegriffs? Der Staat 1975, S. 397 ff.

Kirchheimer, Otto: Die Grenzen der Enteignung (1930), wieder abgedr. in: Funktionen des Staats und der Verfassung, Frankfurt 1972, S. 223 ff.

Kluxen, Kurt: Die Herkunft der Lehre von der Gewaltentrennung, in: H. Rausch (Hrsg.), Zur heutigen Problematik der Gewaltentrennung, Darmstadt 1969, S. 131 ff.

Köttgen, Arnold: Grundprobleme des Wasserrechts, Jena 1925

Kohn, Helmut / *Katzelsberger*, Friedrich: Steuerungsprobleme in Wirtschaft und Gesellschaft, zum Gutachten der Kommission für wirtschaftlichen und sozialen Wandel, Beilage zu „Das Parlament" vom 7. Mai 1977, Nr. 18/77

Kommentar zum Bonner Grundgesetz (Bonner Kommentar), Lieferung 1—39, Hamburg 1978

Kreft, Friedrich: Die Bemessung der Enteignungsentschädigung in der Rechtsprechung des Bundesgerichtshofs, DRiZ 1973, S. 335 ff.

— Der Eigentumsbegriff des Art. 14 GG in der höchstrichterlichen Rechtsprechung, JA 1976, S. 69 ff., 253 ff.

— Der Gewerbebetrieb als verfassungsrechtlich geschütztes Eigentum nach der Rechtsprechung des BGH, WM 1977, S. 382

Kremendahl, Hans: Kritischer Rationalismus und gesellschaftlicher Pluralismus: Rahmenbedingungen reformistischer Politik, in: Lührs u. a. (Hrsg.), Theorie und Politik aus kritisch-rationaler Sicht, Berlin, Bonn 1978

Kriele, Martin: Die vermutete Vernünftigkeit unseres Rechts. Zu Hegels Begriff der abstrakten Subjektivität, in: Legitimitätsprobleme der Bundesrepublik, München 1977, S. 47 ff.

— Die Herausforderung des Verfassungsstaates. Hobbes und englische Juristen, Neuwied, Berlin 1970

— Das Grundgesetz im Parteienkampf (1973), in: Legitimitätsprobleme der Bundesrepublik, München 1977, S. 131 ff.

— Wirtschaftsfreiheit und Grundgesetz (1974), in: Legitimitätsprobleme der Bundesrepublik, München 1977, S. 47 ff.

— Einführung in die Staatslehre. Die geschichtlichen Legitimitätsgrundlagen des demokratischen Verfassungsstaates, Reinbek 1975

Kriele, Martin: „Stand der medizinischen Wissenschaft" als Rechtsbegriff, NJW 1976, S. 355

— Menschenrechte zwischen Ost und West, Köln 1977

— Theorie der Rechtsgewinnung, 2. Aufl., Berlin 1976

— Recht und Politik in der Verfassungsrechtsprechung, NJW 1976, S. 777 ff.

— Recht und praktische Vernunft, Göttingen 1979

Kröner, Herbert: Die Eigentumsgarantie in der Rechtsprechung des BGH, 2. Aufl., Köln—München 1969

Krückmann, Paul: Anmerkung zu RG JW 1928, 645, ebd., S. 646

Krüger, Herbert: Sozialisierung, in: Bettermann / Nipperdey / Scheuner (Hrsg.), Die Grundrechte, Bd. III/1, Berlin 1958, S. 267 ff.

— Allgemeine Staatslehre, Stuttgart 1964

— Die öffentliche Verantwortung des Eigentümers (1961), in: Staat-Wirtschaft-Völkergemeinschaft, Berlin 1970, S. 153 ff.

— Von der Notwendigkeit einer freien und auf lange Sicht angelegten Zusammenarbeit zwischen Staat und Wirtschaft (1966), in: Staat-Wirtschaft-Völkergemeinschaft, Berlin 1970, S. 235 ff.

— Verfassungsvoraussetzungen und Verfassungserwartungen, in: Festschrift für Ulrich Scheuner, Berlin 1973, S. 285 ff.

Kunze, Otto: Mitbestimmung in der Wirtschaft und Eigentumsordnung, RdA 1972, S. 257 ff.

Laband, Paul: Das Staatsrecht des Deutschen Reiches, Bd. 1 (Neudruck der 5. Aufl., Tübingen 1911), Aalen 1964

Larenz, Karl: Methodenlehre der Rechtswissenschaft, 4. Aufl., Berlin/New York/Heidelberg 1979

Laslett, Peter (Hrsg.): John Locke, Two Treatises of Government, Cambridge 1960

Leibholz / Lincke: Denkmalschutz und Eigentumsgarantie, DVBl. 1975, S. 933

Leipold, Helmut (Hrsg.): Sozialistische Marktwirtschaften, München 1975

Leisner, Walter: Gewaltenteilung innerhalb der Gewalten, in: Festgabe für Theodor Maunz zum 70. Geburtstag, hrsg. von H. Spanner, P. Lerche u. a., München 1971, S. 267 ff.

— Sozialbindung des Eigentums, Berlin 1972

— Freiheit und Eigentum — die selbständige Bedeutung des Eigentums gegenüber der Freiheit, in: Festschrift für H. Jahrreiß zum 80. Geburtstag, Köln—Berlin—Bonn 1974, S. 135 ff.

— Der Eigentümer als Organ der Wirtschaftsverfassung, DÖV 1975, S. 73 ff.

— Der Sozialisierungsartikel als Eigentumsgarantie, JZ 1975, S. 272 ff.

Leisner, Walter / *Issing*, Otmar: „Kleineres Eigentum" Grundlage unserer Staats- und Wirtschaftsordnung, Göttingen 1976

List, Friedrich: Das nationale System der politischen Ökonomie (1841), Neudruck Basel 1959

Locke, John: Zwei Abhandlungen über die Regierung (ed. W. Euchner), Frankfurt 1977

Löwenstein, K.: Verfassungslehre, Tübingen 1959

Löwith, Karl: Der okkasionelle Dezisionismus von C. Schmitt, in: Gesammelte Abhandlungen, Stuttgart 1960, S. 93 ff.

Luhmann, Niklas: Grundrechte als Institution, Berlin 1965

Macpherson, C. B.: On the Concept of Property, in: Equality and Freedom: Past, Present and Future, ARSP Beiheft Neue Folge Nr. 10, Wiesbaden 1977

— Die politische Theorie des Besitzindividualismus, Frankfurt 1967

— Demokratietheorie, München 1977

Maihofer, Werner: Diskussionsbeitrag, in: Das Eigentum als Fundament der Rechts- und Gesellschaftsordnung, Köln 1973, S. 96 ff.

von Mangoldt, Hermann / *Klein*, Friedrich: Das Bonner Grundgesetz. Erläutert von Hermann von Mangoldt und Friedrich Klein, Bd. I, unveränderter Nachdruck, Berlin und Frankfurt a. M. 1966

Mann, F. K.: „Physiokratie", in: HdSW, Bd. 8, Stuttgart u. a. 1964, S. 296 ff.

Marcuse, Herbert: Kultur und Gesellschaft, Bd. 2, Frankfurt 1965

Marx, Karl: Ökonomisch-Philosophische Manuskripte, in: Lieber / Furth (Hrsg.), Frühe Schriften, Erster Band, Darmstadt 1962, S. 506 ff.

— Ökonomische Schriften, Erster Band, hrsg. von Hans-Joachim Lieber und Benedikt Kautsky, 3. Aufl., Darmstadt 1975

Marx, K. / *Engels*, F.: Manifest der kommunistischen Partei, in: Lieber / Furth (Hrsg.), Frühe Schriften II, Darmstadt 1971, S. 813 ff.

Maser, Siegfried: Die Geltung der Grundrechte für juristische Personen und teilrechtsfähige Verbände, Diss. Bonn 1964

Matthöfer, Hans: Wirtschaft und Staat als Partner im technologischen Innovationsprozeß, Bull. Nr. 51/1976, S. 478 ff.

Maunz, T. / *Dürig*, G. / *Herzog*, R. / *Scholz*, R.: Grundgesetz, Kommentar, Lieferung 1—16, München 1978

Meier, Alfred: Das Verhältnis zwischen Unternehmung und Staat — zusammenfassende Bemerkungen, in: Roesle / Winterling (Hrsg.): Unternehmung und Staat, Bern und Stuttgart 1974

Meier-Hayoz, Arthur: Vom Wesen des Eigentums, in: Festgabe für Karl Oftinger, Zürich 1969, S. 171 ff.

Mestmäcker, Ernst-Joachim: Recht und ökonomisches Gesetz: Über die Grenzen von Staat, Gesellschaft und Privatautonomie, Baden-Baden 1978

Meydam, Jan: Eigentumsschutz und sozialer Ausgleich in der Sozialversicherung, Diss. Bochum 1973

Meyer-Teschendorf, Klaus: Der Körperschaftsstatus der Kirchen, AöR 1978 (Bd. 103), S. 289 ff.

Miksch, Leonhard: Wettbewerb als Aufgabe, 2. Aufl. 1947

Mill, John S.: Grundsätze der politischen Ökonomie mit einigen ihrer Anwendungen auf die Sozialphilosophie (ed. Waentig), 7. Aufl. 1871

— Die Freiheit (ed. A. Grabowsky), Zürich 1945

v. Mises, Ludwig: „Wirtschaftlicher Liberalismus", in: HdSW, Bd. 6, Stuttgart u. a. 1959, S. 596 ff.

von Mohl, Robert: Enzyklopädie der Staatswissenschaften, Tübingen 1859

Molitor, Bruno: „Eigentum, (I) Soziologie des Eigentums", in: HdSW, Bd. 3, Stuttgart, Tübingen, Göttingen 1961, S. 33 ff.

Monopolkommission: Hauptgutachten 1973/1975, Mehr Wettbewerb ist möglich, Baden-Baden 1976

de Montesquieu, Charles: Vom Geist der Gesetze (ed. Forsthoff), Tübingen 1967

Müller, Friedrich: Juristische Methodik, 2. Aufl., Berlin 1976

Müller, Gebhard: Eigentum in unserer Zeit — eine verfassungsrechtliche Betrachtung, Deutsche Wohnungswirtschaft (DWW) 1971, S. 308 ff.

Naumann, Friedrich: Diskussionsbeitrag auf der Zweiten Kartellverhandlung des Vereins für Socialpolitik in Mannheim 1905, in: G. Brüggemeier, Entwicklungen des Rechts im organisierten Kapitalismus, Bd. 1, Frankfurt 1977, S. 158 ff.

Nawroth, Egon E.: Die Sozial- und Wirtschaftsphilosophie des Neoliberalismus, Heidelberg 1961

Negro, Franco: Das Eigentum, Geschichte und Zukunft, München/Berlin 1963

Neumann, Franz: Behemoth. Struktur und Praxis des Nationalsozialismus 1933—1944 (1944), Frankfurt 1977

Nicolaysen, Gert: Die Enteignung subjektiver öffentlicher Rechte, Diss. Hamburg (maschinenschr.) 1957

— Eigentumsgarantie und vermögenswerte subjektive öffentliche Rechte, in: Festschrift für Friedrich Schack, Hamburg 1966, S. 107

Nipperdey, Hans Carl: Soziale Marktwirtschaft und Grundgesetz, 3. Aufl., Karlsruhe 1965

Oechsle, Manfred: Zur wesensgemäßen Anwendung der Grundrechte auf juristische Personen des Zivilrechts, Diss. Tübingen 1960

Oestreich, Gerhard: Die Entwicklung der Menschenrechte und Grundfreiheiten, in: Die Grundrechte, Erster Band, Die Grundrechte in der Welt, 1. Halbband, Berlin 1966, S. 1 ff.

Opfermann, Wilhelm: Die Enteignungsentschädigung nach dem Grundgesetz, Berlin 1974

Ossenbühl, Fritz: Rundfunk zwischen Staat und Gesellschaft, München 1975

Papier, Hans-Jürgen: Unternehmen und Unternehmer in der verfassungsrechtlichen Ordnung der Wirtschaft, in: VVDStRL, Bd. 35, Berlin 1977, S. 55 ff.

— Verfassungsschutz sozialrechtlicher Rentenansprüche, -anwartschaften und -„erwerbsberechtigungen", Vierteljahresschrift für Sozialrecht (VjSfSR) 1973/74, S. 33 ff.

Paptistella, Werner: Eigentum und eigene Leistung, Diss. München 1974

Partsch, Karl Josef: Die verfassungsmäßige Sicherung von Wirtschaftsprinzipien, ORDO Bd. VI (1954), S. 19 ff.

Pascal, Blaise: Pensées, Tübingen 1948

Pernthaler, Peter: Qualifizierte Mitbestimmung und Verfassungsrecht, Berlin 1972

Peters, Hans: Die Gewaltentrennung in moderner Sicht (1954), in: H. Rausch (Hrsg.), Zur heutigen Problematik der Gewaltentrennung, Darmstadt 1969, S. 78 ff.

— Öffentliche und staatliche Aufgaben, in: Festschrift für Hans Carl Nipperdey, Bd. II, München und Berlin 1965, S. 877 ff.

Podlech, Adalbert: Eigentum — Entscheidungsstruktur der Gesellschaft, Der Staat 1976, S. 31 ff.

Poetzsch-Heffter, Fritz: Handkommentar der Reichsverfassung, 2. Aufl. 1920, 3. Aufl. Berlin 1928

Pross, Helge: Manager und Aktionäre in Deutschland. Untersuchungen zum Verhältnis von Eigentum und Verfügungsmacht, Frankfurt 1965

Proudhon, Pierre J.: Ausgewählte Texte (ed. Th. Ramm), Stuttgart 1963

Püttner, Günther: Unternehmen und Unternehmer in der verfassungsrechtlichen Ordnung der Wirtschaft, DÖV 1976, S. 433 ff.

— Das Depotstimmrecht der Banken, Berlin 1963

Quaritsch, Helmut: Eigentum und Polizei, DVBl. 1959, S. 455

— Staat und Souveränität, Frankfurt 1970

Raabe, Karl-Heinz: Projektionen eines „Korridors für den Staatssektor", in: D. Duwendag (Hrsg.), Der Staatssektor in der sozialen Marktwirtschaft, Berlin 1976, S. 37 ff.

Rabe, Hannah: Stichwort „Eigentum", in: Historisches Wörterbuch der Philosophie, herausgegeben von Joachim Ritter, Band 2: D—F, Basel/Stuttgart 1972, S. 339 f.

Radbruch, Gustav: Rechtsphilosophie, 6. Aufl., Stuttgart 1963

Raiser, Ludwig: Zur Eigentumsgarantie des Grundgesetzes, AöR, Bd. 78 (1952/3), S. 118 f.

— Krise der Demokratie?, in: Zur Verfassung unserer Republik, Vier republikanische Reden, Reinbek 1978

Ramm, Thilo: Einleitung zu: P. J. Proudhon, Ausgewählte Texte, Stuttgart 1963

Der Rat von Sachverständigen für Umweltfragen: Die Abwasserabgabe, 2. Sondergutachten, Stuttgart und Mainz 1974

Rausch, Heinz (Hrsg.): Zur heutigen Problematik der Gewaltentrennung, Darmstadt 1969

Recktenwald, H. Claus: Würdigung des Werkes, in: Adam Smith, Der Wohlstand der Nationen, München 1978, S. XV ff.

Redeker, Konrad: Staatliche Planung im Rechtsstaat, JZ 1968, S. 537 ff.

Reich, Charles: Das neue Eigentum, ZfSR 1975, S. 263 ff., 321 ff., 396 ff. (mit Einl. Leibfried, S. 257 ff.)

Reiland, Werner: Eigentumsschutz und Störerhaftung. Bemerkungen zu einer Grundfrage des Umweltschutzrechtes, VerwArch 66 (1975), S. 255 ff.

Reinhardt, Rudolf: Wo liegen für den Gesetzgeber die Grenzen gemäß Art. 14 des Bonner Grundgesetzes, über Inhalt und Schranken des Eigentums zu bestimmen? in: Reinhardt / Scheuner, Verfassungsschutz des Eigentums, Tübingen 1954

Renner, Karl: Die Rechtsinstitute des Privatrechts und ihre soziale Funktion (1904), Neuauflage Stuttgart 1965

Richter, Jan: Die Rechtsprechung des Bundesverfassungsgerichts zum Eigentumsbegriff des Art. 14 GG, Diss. Hamburg 1971

Ridder, Helmut: Enteignung und Sozialisierung, in: VVDStRL 10 (1952), S. 124 ff.

— Der Grundrechtsschutz des Eigentums, seine Grenzen und Beschränkungen im öffentlichen Interesse, in: Spanner, Pernthaler, Ridder (Hrsg.): Grundrechtsschutz des Eigentums, Karlsruhe 1977, S. 39 ff.

— Die soziale Ordnung des Grundgesetzes, Opladen 1975

Rinck, Gerd: Wirtschaftsrecht, 5. Aufl., Köln u. a. 1977

Ritter, Joachim: Person und Eigentum. Zu Hegels „Grundlinien der Philosophie des Rechts", in: M. Riedel (Hrsg.), Materialien zu Hegels Rechtsphilosophie, Bd. 2, Frankfurt 1975, S. 152 ff.

Rittig, Gisbert: „Macht", (II) Macht in der Wirtschaft, in: HdSW Band 7, Stuttgart u. a. 1961, S. 81 ff.

Rittner, Fritz: Unternehmensverfassung und Eigentum, in: Festschrift für W. Schilling, Berlin u. a. 1973, S. 363 ff.

— Die Funktionen des Eigentums im sozialen Rechtsstaat des Grundgesetzes, in: Das Eigentum als Fundament der Rechts- und Gesellschaftsordnung (Inst. d. dt. Wirtsch.), Köln 1973, S. 14 ff.

Rittstieg, Helmut: Eigentum als Verfassungsproblem, Darmstadt 1975

Römer, Peter: Entstehung, Rechtsform und Funktion des kapitalistischen Eigentums, Köln 1978

Röpke, Wilhelm: Jenseits von Angebot und Nachfrage, 4. Aufl., Zürich und Stuttgart 1966

Rohwer-Kahlmann, Harry: Die Krise des Eigentums, Ansprüche und Anwartschaften aus der Rentenversicherung unter Eigentumsschutz (Art. 14 GG), Zeitschrift für Sozialreform 1956, S. 239 ff., 308 ff.

— Grundgesetzlicher Eigentumsschutz für Sozialleistungen auch in der Rezession, Beil. zum Parlament, Heft 48/1975, S. 13 ff.

Rousseau, Jean Jacques: Der Gesellschaftsvertrag, München 1948

Rüfner, Wolfgang: Das Sozialrecht in der Rechtsprechung des Bundesverfassungsgerichts, VjSfSR 1974, S. 68 ff.

— Zur Bedeutung und Tragweite des Artikels 19 Abs. 3 des Grundgesetzes, AöR (Bd. 89) 1964, S. 261 ff.

— Unternehmen und Unternehmer in der verfassungsrechtlichen Ordnung der Wirtschaft, DVBl. 1976, S. 689 ff.

Rupp, Hans Heinrich: Privateigentum an Staatsfunktionen? Tübingen 1963

— Grundfragen der heutigen Verwaltungsrechtslehre, Tübingen 1965

— Fusionskontrolle als Verfassungsauftrag, in: E. Tuchtfeldt (Hrsg.), Soziale Marktwirtschaft im Wandel, Freiburg 1973, S. 91 ff.

— Grundgesetz und „Wirtschaftsverfassung", Tübingen 1974

Rupp-von Brünneck, Wiltraut: Zur Grundrechtsfähigkeit juristischer Personen, in: Festschrift für Adolf Arndt zum 65. Geburtstag, Frankfurt 1969, S. 439 ff.

— Diss. vote zu BVerfGE 32, S. 111, a.a.O., S. 129 ff.

Saladin, Peter: Grundrechte im Wandel, Bern 1970

— Unternehmen und Unternehmer in der verfassungsrechtlichen Ordnung der Wirtschaft, in: VVDStRL Bd. 35, Berlin 1977, S. 7 ff.

von Savigny, Friedrich Karl: System des Römischen Rechts, Bd. 1, Berlin 1840

Schack, Friedrich: Der Eigentumsschutz gewerblicher Rechtspositionen in der Rechtsprechung des Bundesgerichtshofes, BB 1963, S. 1227 ff.

Scharpf, Fritz W.: Demokratietheorie zwischen Utopie und Anpassung, Kronberg 1975

Schelcher, Walter: Art. 153. Die Rechte und Pflichten aus dem Eigentum, in: Die Grundrechte und Grundpflichten der Reichsverfassung, Kommentar zur WRV, Dritter Band (Art. 143—165), Berlin 1930, S. 196 ff.

Schelsky, Helmut: Systemüberwindung, Demokratisierung, Gewaltenteilung, München 1973

Schenke: Wolf Rüdiger: Gewährleistung bei Änderung staatlicher Wirtschaftsplanung, AöR 1976, S. 337 ff.

Scheuner, Ulrich: Grundlagen und Art der Enteignungsentschädigung, in: Reinhardt / Scheuner, Verfassungsschutz des Eigentums, Tübingen 1954, S. 63 ff.

— Die Garantie des Eigentums in der Geschichte der Grund- und Freiheitsrechte, in: Scheuner/Küng, Der Schutz des Eigentums, Hannover 1966, S. 7 ff.

— Die staatliche Einwirkung auf die Wirtschaft, Wirtschaftsrechtliche Aufsätze 1946—1970, Einführung S. 9 ff., Frankfurt 1971

— Die Aufgabe der Gesetzgebung in unserer Zeit (1960), in: Staatstheorie und Staatsrecht, Gesammelte Schriften, Berlin 1978, S. 501 ff.

— Konsens und Pluralismus als verfassungsrechtliches Problem (1976), in: Staatstheorie und Staatsrecht, Gesammelte Schriften, Berlin 1978, S. 135 ff.

v. Schiller, Friedrich: Werke (ed. P. Merker), Bd. 1 Gedichte, Leipzig o. J.

Schlarmann, Josef: Die Wirtschaft als Partner des Staates, Formen einer herrschaftslosen und kooperativen Wirtschaftspolitik, Hamburg 1972

Schlatter, Richard: Private Property. The History of an Idea, 2. Aufl., New York 1973

Schmidt, Walter: Gesellschaftliche Machtbildung durch Verbände, Der Staat 1978, S. 244 ff.

— „Vertrauensschutz" im öffentlichen Recht, JuS 1973, S. 529

Schmidt, W. Wieland: Grundrechte und Nationalität juristischer Personen, Heidelberg 1966

Schmidt-Aßmann, Eberhard: Buchbesprechung (Opfermann, Enteignungsentschädigung, 1974), Der Staat 1977, S. 142

Schmitt, Carl: Die geistesgeschichtliche Lage des heutigen Parlamentarismus, 3. unveränderte Aufl., Berlin 1961

— Verfassungslehre, Berlin 1954

— Grundrechte und Grundpflichten (1932), in: Verfassungsrechtliche Aufsätze, Berlin 1958, S. 181 ff.

— Die Auflösung des Enteignungsbegriffs (1929), in: Verfassungsrechtliche Aufsätze, Berlin 1958, S. 110 ff. (mit Nachtrag 1957, S. 118 ff.)

Schmitz, H. Robert: Verfassungsrechtlicher Eigentumsschutz subjektiv-öffentlicher Berechtigungen, Diss. Freiburg 1961

Schmölders, Günter: Ökonomische Verhaltensforschung, ORDO, Bd. V (1953), S. 203 ff.

— Leistungsprinzip und „Qualität des Lebens", in: Sinn und Unsinn des Leistungsprinzips, München 1974, S. 20 ff.

— Verhaltensforschung im Wirtschaftsleben, Reinbek 1978

Schneider, Egon: Enteignungseingriffe in Gewerbebetriebe, GewA 1969, S. 269 ff.

Schneider, Peter: Amt und Mandat, 1968.

Schneider, Rudolf: Rechtsnorm und Individualakt im Bereich des verfassungsrechtlichen Eigentumsschutzes, VerwArch 58 (1967), S. 197 ff., 301 ff.

Scholler, H. / *Broß*, S.: Grundrechtsschutz für juristische Personen des öffentlichen Rechts, DÖV 1978, S. 238 ff.

Scholz, Rupert: Koalitionsfreiheit als Verfassungsproblem, München 1971

— Grenzen staatlicher Aktivität unter der grundgesetzlichen Wirtschaftsverfassung, in: D. Duwendag (Hrsg.), Der Staatssektor in der sozialen Marktwirtschaft, Berlin 1976, S. 113 ff.

— Paritätische Mitbestimmung und Grundgesetz, Berlin 1974

Scholz-Forni: Über die Verantwortlichkeit des Urhebers eines polizeiwidrigen Zustandes und über den Ausschluß der Verantwortlichkeit eines Rechts, VerwArch Bd. 30 (1925), S. 11 ff., 244 ff.

Schulz, Gerhard: Faschismus — Nationalsozialismus, Frankfurt u. a. 1974

Schumann, Hans-Gerd: Edmund Burkes Anschauungen vom Gleichgewicht im Staat und Staatssystem, Meisenheim 1964

Schumpeter, Joseph A.: Kapitalismus, Sozialismus und Demokratie (1942), 2. Aufl., Bern 1950

Schwab, Dieter: Eigentum und Verfassung, Zur Eigentumsdiskussion im ausgehenden 18. Jahrhundert, Göttingen 1972

— „Eigentum", in: Geschichtliche Grundbegriffe, Lexikon zur politisch-sozialen Sprache in Deutschland, Bd. II, Stuttgart 1975, S. 65 ff.

Schwerdtfeger, Gunther: Unternehmerische Mitbestimmung der Arbeitnehmer und Grundgesetz, Frankfurt 1972

Sendler, Horst: Die Konkretisierung einer modernen Eigentumsverfassung durch Richterspruch, DÖV 1971, S. 16 ff.

— Zum Wandel der Auffassung vom Eigentum, DÖV 1974, S. 73 ff.

— Wassernutzung und Eigentum, ZfW 1975, S. 1 ff.

— Zum Funktionswechsel des Eigentums, GewA 1975, S. 353

Seraphim, Hans-J.: Theorie der Allgemeinen Volkswirtschaftspolitik, 2. Aufl., 1963

Sering, Paul: Der Faschismus als Revolte gegen Europa, in: Nolte (Hrsg.), Theorien über den Faschismus, Köln—Berlin 1967, S. 407 ff.

Šik, Ota: Marktwirtschaft ohne Kapitalismus, 1973

Simon, Helmut: Des anderen Last, Evangelische Kommentare 1977, S. 33 ff.

Smith, Adam: Der Wohlstand der Nationen (ed. Recktenwald), München 1978

Spaemann, Robert: Zur Kritik der politischen Utopie, Stuttgart 1977

Stahl, Friedrich J.: Die Philosophie des Rechts, Zweiter Band: Rechts- und Staatslehre auf der Grundlage christlicher Weltanschauung, 5. Aufl., Tübingen und Leipzig 1978

Starck, Christian: Die Auskiesungsurteile des Bundesgerichtshofs vor dem Bundesverfassungsgericht — BVerfG NJW 1977, S. 1960, JuS 1977, S. 732 ff.

Steffani, Winfried: Gewaltenteilung im demokratisch-pluralistischen Rechtsstaat, in: H. Rausch (Hrsg.), Zur heutigen Problematik der Gewaltentrennung, Darmstadt 1969, S. 313 ff.

Stein, Ekkehart: Qualifizierte Mitbestimmung unter dem Grundgesetz, Frankfurt 1976

— Die Wirtschaftsaufsicht, Tübingen 1967

— Vermögenspolitik und Grundrechte (Schriftenreihe des Bundesministers für Arbeit und Sozialordnung, Heft 21), Stuttgart, Köln, Berlin, Mainz 1974

— Staatsrecht, 6. Aufl., Tübingen 1978

Stein, Erwin: Zur Wandlung des Eigentumsbegriffes, in: Festschrift für Gebhard Müller, Tübingen 1970, S. 503 ff.

vom Stein, Karl Freiherr: Briefe und amtliche Schriften, Band II, Erster Teil, hrsg. von E. Botzenhart, W. Hubatsch, P. Thielen, Stutgart 1959

von Stein, Lorenz: Gegenwart und Zukunft der Rechts- und Staatswissenschaft Deutschlands, Stuttgart 1876

Stern, Klaus: Gesetzesauslegung und Auslegungsgrundsätze des Bundesverfassungsgerichts, Diss. München 1956

— Grundgesetz in Gefahr? Köln 1974

— Rechtliche und ökonomische Bedingungen der Freiheit, FamRZ 1976, S. 129

— Das Staatsrecht der Bundesrepublik Deutschland, Band I, München 1977

Stier-Somlo, Fritz: Die Verfassung des Deutschen Reiches vom 11. August 1919, 2. Aufl., Bonn 1920, 3. Aufl., Bonn 1925

Stödter, Rolf: Öffentlich-rechtliche Entschädigung, Hamburg 1933

Streißler, Erich: Privates Produktiveigentum — Stand und Entwicklungstrends der Auffassungen in kapitalistischen Ländern, in: Eigentum — Wirtschaft — Fortschritt (Veröff. der Walter-Raymond-Stiftung, Bd. 12), Köln 1970, S. 76 ff.

Suhr, Dieter: Eigentumsinstitut und Aktiengesellschaft, Hamburg 1966

— Entfaltung der Menschen durch die Menschen, Berlin 1976

— Das Mitbestimmungsgesetz als Verwirklichung verfassungs- und privatrechtlicher Freiheit, NJW 1978, S. 2361 ff.

Tettinger, Peter: Neuer Streit um die „Wirtschaftsverfassung"? BB 1977, S. 1617 ff.

Tietmeyer, Hans: Die Aufgabenteilung zwischen Staat und Privatsektor in der sozialen Marktwirtschaft, in: D. Duwendag (Hrsg.): Der Staatssektor in der sozialen Marktwirtschaft, Berlin 1976, S. 21 ff.

Tocqueville, Alexis de: Über die Demokratie in Amerika, München 1976

— Der alte Staat und die Revolution, München 1978

— Erinnerungen, Stuttgart 1954

Triepel, Heinrich: Goldbilanzverordnung und Vorzugsaktien (Gutachten), Berlin und Leipzig 1924

Tuchtfeldt, Egon: Über die Staatsfunktionen bei Adam Smith, ORDO Bd. 27 (1976), S. 29 ff.

Ule, Carl Hermann: Rentenkürzungen als Enteignung„ ZfSR 1956, S. 138 ff., 180 ff.

Vile, M. J. C.: Constitutionalism and the Separation of Powers, Oxford 1967

Vogel, Hans Jochen: Kontinuität und Wandlungen der Eigentumsverfassung, Schriftenreihe der Juristischen Gesellschaft e. V. Berlin, Heft 51, Berlin, New York 1976

Vossler, Otto: Alexis de Tocqueville, Frankfurt 1973

Wagner, Adolph: Grundlegung der politischen Ökonomie, Dritte Auflage, Erster Teil: Grundlagen der Volkswirthschaft, Leipzig 1892/1893, Zweiter Theil: Volkswirtschaft und Recht, besonders Vermögensrecht oder Freiheit und Eigenthum in volkswirthschaftlicher Betrachtung, Leipzig 1894

— „Staat in nationalökonomischer Hinsicht", in: Handwörterbuch der Staatswissenschaften, 1911

Wagner, Heinz: Recht als Widerspiegelung und Handlungsinstrument, Köln 1976

— Öffentlicher Haushalt und Wirtschaft, in: VVDStRL, Bd. 27, Berlin 1969, S. 47 ff.

Wannagat, Georg: Die umstrittene verfassungsrechtliche Eigentumsgarantie für die Renten der gesetzlichen Sozialversicherung, in: Soziale Sicherung durch soziales Recht, Festschrift für Horst Peters zum 65. Geburtstag, Stuttgart u. a. 1965, S. 171 ff.

Weber, Max: Wirtschaft und Gesellschaft, 5. Aufl., Tübingen 1972

— Die protestantische Ethik I (Aufsatzsammlung, hrsg. von J. Winckelmann), Hamburg 1975

Weber, Raimund: Das Eigentum und seine Schranken, Internationales Symposion (Bericht), JZ 1978, S. 208 ff.

Weber, Werner: Zur Problematik von Enteignung und Sozialisierung nach neuem Verfassungsrecht, NJW 1950, S. 401 ff.

— Eigentum und Enteignung, in: Neumann / Nipperdey / Scheuner, Grundrechte, Zweiter Band, Die Freiheitsrechte in Deutschland, Berlin 1954, S. 331 ff.

— Öffentlich-rechtliche Rechtsstellungen als Gegenstand der Eigentumsgarantie in der Rechtsprechung, AöR 1966 (Bd. 91), S. 382

— Die Teilung der Gewalten als Gegenwartsproblem, in: H. Rausch (Hrsg.), Zur heutigen Problematik der Gewaltentrennung, Darmstadt 1969, S. 15 ff.

— Das Eigentum und seine Garantie in der Krise, in: Festschrift für Michaelis, Göttingen 1972, S. 316 ff.

Weiner, B.: Theories of Motivation, Chikago 1972

von Weizsäcker, Carl Friedrich: Fragen zur Weltpolitik, München 1975

— Gehen wir einer asketischen Weltkultur entgegen? Merkur 1978, S. 745 ff.

Wendt, Rudolf: Eigentum am Unternehmen, s. Friauf/Wendt

Werner, Fritz: Entwicklungsgesetze der Stadt, 1963

— Über Tendenzen der Entwicklung von Recht und Gerechtigkeit in unserer Zeit, Karlsruhe 1965

Wieacker, Franz: Wandlungen der Eigentumsverfassung, Hamburg 1935

Wipfelder, Hans-Jürgen: Die grundrechtliche Eigentumsgarantie im sozialen Wandel, in: Recht und Staat, Festschrift für Küchenhoff, Band II, 1972, S. 747 ff.

Wolff, Hans-Jürgen: Verwaltungsrecht III, 4. Aufl., München 1978

Wolff, Hans-Jürgen / *Bachof*: Otto: Verwaltungsrecht I, 9. Aufl., München 1974

Wolff, Martin: Reichsverfassung und Eigentum, in: Festgabe für Wilhelm Kahl, Tübingen 1923, S. 3 ff.

Wolff, M. / *Raiser*, L.: Sachenrecht, 10. Aufl., Tübingen 1957

Zacher, Hans S.: Pluralität der Gesellschaft als rechtspolitische Aufgabe, Der Staat 1970, S. 161 ff.

Zbinden, Hans: Einleitung zu B. Constant, Über die Gewalt, Bern 1972

Zuck, Rüdiger: Wirtschaftsverfassung und Stabilitätsgesetz, München 1975

Zycha, Adolf: Die wirtschaftsliberalen Reformen: Grunderwerbsfreiheit, Gewerbe- und Vertragsfreiheit, in: Böckenförde (Hrsg.), Moderne deutsche Verfassungsgeschichte, Köln 1972, S. 341 ff.

Kolibri 360 GmbH
Ferdinand-Jühlke-Straße 7
99095 Erfurt, Deutschland
produktsicherheit@kolibri360.de

Druck:
CPI Druckdienstleistungen GmbH
im Auftrag der
Kolibri 360 GmbH
Ferdinand-Jühlke-Str. 7
99095 Erfurt